普通高等教育“十二五”规划教材
“管理应用型财会专业人才培养”新形态系列教材

纳税会计

杜　剑　周　松　主编

科学出版社
北　京

内容简介

本教材系统阐述了纳税会计涉及的各税种的计算和会计账务处理。在介绍纳税会计的概念与特点、税收环境与会计环境、纳税会计的发展和纳税会计基本理论的基础上，对增值税会计、消费税会计、关税会计、出口退税会计、企业所得税会计、个人所得税会计、资源税类会计、财产行为税类会计、环境保护税会计进行系统全面的阐述。

本教材内容覆盖面广、信息量大、系统性强，适合高等院校会计学、财务管理、审计学、财政、税收、企业管理、市场营销、金融学等专业的高年级本科生作为教材学习，适合相关专业的硕士研究生作为参考书使用，亦可作为工商企业等相关职业工作者的学习参考书，还适宜财政、审计、税务、物价和会计师、税务师等监管部门在监管时参阅，同时适合企事业单位和个人等纳税人在履行纳税义务和维护纳税权益、科学筹划纳税时参阅。

图书在版编目（CIP）数据

纳税会计 / 杜剑，周松主编. —北京：科学出版社，2018.6
普通高等教育“十二五”规划教材 “管理应用型财会专业人才培养”新形态系列教材
ISBN 978-7-03-056319-4

Ⅰ. ①纳… Ⅱ. ①杜… ②周… Ⅲ. ①税收会计-高等学校-教材 Ⅳ. ①F810.62

中国版本图书馆 CIP 数据核字（2018）第 009529 号

责任编辑：兰 鹏 / 责任校对：贾伟娟
责任印制：霍 兵 / 封面设计：蓝正设计

科学出版社 出版
北京东黄城根北街 16 号
邮政编码：100717
http://www.sciencep.com

石家庄名伦印刷有限公司 印刷
科学出版社发行 各地新华书店经销
*
2018 年 6 月第 一 版 开本：787×1096 1/16
2018 年 6 月第一次印刷 印张：15 1/4
字数：362 000

定价：42.00 元

（如有印装质量问题，我社负责调换）

编 委 会

前　言

纳税会计是高等院校经济管理类专业一门重要的专业课程，通过阐述相关的基本理论，介绍依据税法和会计准则的相关规定，对不同税种的计算、会计分录处理、纳税申报，以及不同税种在企业会计科目和会计报表中的构成。本书从典型案例入手，对企业纳税会计核心观念与方法进行了全面介绍。

本书以培养应用型经济管理人才为目标，系统阐述了纳税会计涉及的各税种的计算和会计账务处理。本书共 10 章，主要内容包括纳税会计导论、增值税会计、消费税会计、关税会计、出口退税会计、企业所得税会计、个人所得税会计、资源税类会计、财产行为税类会计、环境保护税会计，每章开篇均明确给出学习目标、内容提要、思维导图，便于在教学过程中把握教学内容、重点和难点，以及有关知识的相互联系，也便于教学内容和计划的安排。同时，本书每章开篇还通过引言部分的具体案例引导学生对该章即将学习的内容进行思考；每章之后附有复习思考题、练习题、案例讨论题，有利于学生通过思考探讨，提高对纳税会计理论和业务原理的认知程度。通过练习测算，学生熟练掌握纳税会计的相关技术方法；通过案例分析，促进互动教学，培养学生的分析能力、决策能力和创新能力。

本书适合作为高等院校会计学、财务管理、审计学、财政、税收、企业管理、市场营销、金融学等专业的本科教材，以及相关专业硕士研究生入学考试的参考教材，亦可作为工商企业等相关职业工作者的学习参考书，还适宜财政、审计、税务、物价和会计师、税务师等监管部门的监管需要，以及企事业单位和个人等纳税人履行纳税义务和维护纳税权益、科学筹划纳税的需要。

本书由贵州财经大学杜剑教授、周松副教授担任主编，贵州财经大学其他老师参编完成。各章的分工为：第 1 章由杜剑、陶然执笔，第 2 章由黎媛媛、杜剑、胡甜执笔，第 3 章由杜剑、王肇执笔，第 4 章由杜剑、胡甜执笔，第 5 章由杜剑、冯沛洪执笔，第 6 章由周松、杜剑、黄薇执笔，第 7 章由杨皎鹤、杜剑执笔，第 8 章由周松、黄薇、杨杨执笔，第 9 章由杨婧、杨杨执笔，第 10 章由杨杨、黄薇执笔。初稿完成后，成宇红统稿并校订，再由两位主编进行审稿，最后讨论定稿。

由于编者的水平和时间有限，本书可能存在不足之处，恭请广大师生及读者批评指正。

杜　剑

2018 年 1 月

目　　录

第1章

纳税会计导论

【学习目标】

1. 了解纳税会计的基本理论，认识学习纳税会计的重要性。
2. 通过学习纳税会计，了解税收环境与会计环境的不同。
3. 熟悉纳税会计的特征，为后续章节的学习奠定基础。

【内容提要】

本章主要介绍纳税会计的基本理论。通过本章的学习，应理解纳税会计的发展，区分税收环境与会计环境的不同，了解纳税会计的特点，以及掌握纳税会计的基本理论与方法，掌握纳税会计的概念。

【思维导图】

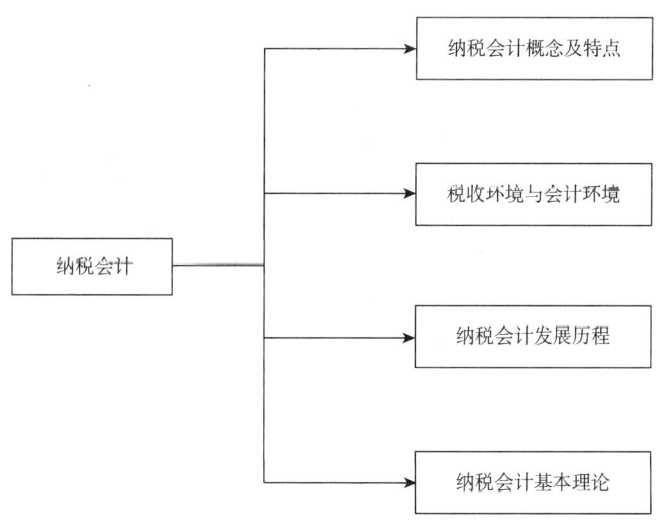

【引言】

税收改革是经济社会改革的突破口和先行军。面对越来越复杂的税收环境和越来越高的企业管理要求，市场经济相关法律法规的逐步健全，税收体制的不断完善，企业会计人员应该与时俱进，即从单一的会计分化为财务会计、纳税会计和管理会计，从而满足投资人、债权人、政府和企业管理当局等对企业会计信息的不同需求，纳税会计将在企业发展中扮演不可或缺的角色。

随着国家税收的高速增长，重新发现和认识税收的职能与调节机制，进而走出对税收职能与调节机制的认识误区，对企业的发展具有举足轻重的意义。因为错误的认识会导致税收调节机制对经济发展不同程度的“缺位”和“越位”，因此企业对相关岗位的专业培训迫在眉睫。

纳税会计师专业资格认证北京招生培训机构某负责人在接受记者采访时表示，“纳税会计师”在我国庞大的财务人员队伍中属于稀缺人才，而企业 80%的工作离不开纳税会计。他认为，报考纳税会计师专业资格认证的学员可以更加系统地学习有关纳税会计实务课程，区分税法与会计之间的重要差异，从而真正做到解决现代企业经营过程中的税务问题，有助于完善税务筹划功能，替企业降低税务风险，使企业的利润达到最大化。他认为开展纳税会计师的培训活动，可以提高企业财务人员的专业水平，弥补我国纳税会计领域专业人才的重大缺口，也为财政部制定的《会计行业中长期人才发展规划（2010—2020年）》10 年会计中长期人才规划的实现做出应有的贡献。

由此可以看出纳税会计在我国经济发展中的重要性，其发展趋势将越来越好。

1.1 纳税会计的概念与特点

1.1.1 纳税会计的概念

会计和税收是经济领域中两个不同的分支，分别遵循着不同的原则，服务于不同的经济业务，但两者也是有着紧密联系的。纳税会计为了反映纳税人税款的计算与缴纳情况，就必然同时受到会计准则与国家税法的制约。由此，纳税会计必然面临着两个主要的问题：一是企业会计核算中的涉税问题；二是企业税款支出中的会计核算问题。而要解决这两个问题，也就必然要求纳税会计按照国家的税收法规，采用会计的基本理论与方法，对企业的税务活动所引起的资金运动进行全面的核算与监督，从而保障国家利益和纳税人的合法权益。从这些方面来说，本书将纳税会计定义为：纳税会计是以国家现行的税收政策和会计准则为依据，以货币为主要计量单位，运用会计学的理论和方法，连续、系统、全面地对纳税主体的课税基础的形成、税款的计算、申报和缴纳等税务活动所引起的资金运动进行核算和监督的一门专业会计。

1.1.2 纳税会计的特点

纳税会计作为融税收制度和会计核算于一体的特殊专业会计，具有以下特点。

1. 法定性

从纳税会计的概念中可以知道，纳税会计以税收政策和会计准则为准绳，也就是说，纳税会计必须以国家的税法为依据。同时，纳税会计还要依据会计准则，因为会计准则是进行纳税核算的依据，是税收法律法规的具体化。所以，纳税会计具有直接受制于税收法律规定的显著特点，这也是纳税会计区别于其他专业会计的一个突出特点。

2. 独立性

纳税会计并不是和企业财务会计并列的专业会计，它只是企业会计的一个特殊领域，和其他会计相比较，具有其自身的独立性，因为国家规定的征税依据与企业会计制度的规定是有一定差别的，其处理方法、计算口径不尽相同。所以纳税会计对企业生产经营活动中涉税部分的核算和反映，依据会计学理论的同时，还有一套自身独立的处理准则，如现行增值税中自产自用货物视同销售的行为以及所得税中会计利润与应纳税所得额之间的调整等有关规定就反映了纳税会计核算方法与内容的相对独立性。

3. 广泛性

我国宪法规定中华人民共和国每个公民都有依法纳税义务，企业（不论行业与所有制性质）也负有纳税义务。这就是说，所有自然人和法人都可能是纳税义务人。因此，不论什么性质的企事业单位，不管其隶属于哪个部门或行业，只要被确认为纳税人，在处理税务事宜时都必须依照税法规定，运用会计核算的专门方法对其生产、经营活动进行核算和监督。法定纳税人的广泛性，决定了纳税会计的广泛性。

4. 统一性

税法本身具有统一性、普遍适用性的特点。也就是说，同一种税对于适用的不同纳税人而言，其规定具有统一性、规范性。例如，工业企业要缴纳增值税，不论城镇企业、乡镇企业、校办企业、军事企业、农场办企业、商办企业、机关团体办企业等都要严格执行，不分企业的隶属关系，也不分其所有制性质，而且在税法构成要素，诸如征税对象、税目、税率、征纳办法等方面，均适用统一的税法规定。这种税法的一致性决定了纳税会计在对纳税行为进行核算和监督时的一致性。

1.2　税收环境与会计环境的关系

税收环境是指影响或决定税收制度产生、运行及其成效的各种外部因素的总和。税收环境有广义和狭义之分。广义的税收环境包括政治法制环境、经济技术环境、社会文化环境、生态环境、国际环境等内容。税收环境与政治体制、经济运行、历史、传统、思想文化密切相关。狭义的税收环境主要包括体制环境、法制环境、道德环境、经济环境等内容。影响会计系统的外部因素包括经济环境、政治法律环境、科技环境、文化教育环境和内部环境等，而会计环境会影响会计信息的需求，影响会计程序与方法，乃至影响企业提供会计信息的意愿等。

1. 税收环境与会计环境的联系

税收环境与会计环境在宏观上都需遵守国家法律法规，与经济发展水平相适应，需要采取先进的方法和手段，进行会计处理和组织税收，以体现成本效益原则。没有良好的会计环境，如会计做假账，就不可能产生良好的税收环境。良好的税收环境，能促进会计环境的改善。例如，通过税务检查，发现纳税人偷、漏税行为并依法进行处理，对其他纳税人具有震慑作用，纳税人按照会计规定进行正确处理，必然改善会计环境。所以，税收建立在会计信息基础之上，税收环境与会计环境是相互制约、相互促进的关系。

2. 税收环境与会计环境的区别

税收环境与会计环境在微观上存在差异，税收环境通过制定税法参与纳税人收入分配，具有强制性、无偿性。会计环境是依据会计规定进行会计处理，反映会计信息。会计处理方法与税法不一致时，按税法规定进行处理，税收与会计的目的、依据、管理部门不同，产生的税收环境与会计环境存在差异。因此，税收环境与会计环境存在区别，不能相互替代。

1.3 纳税会计的发展

1.3.1 纳税会计的产生

税收是一个经济范畴，也是一个历史范畴，它是人类社会和生产力发展到一定时期的必然产物。物质资料的生产是人类社会存在和发展的基础，人们为了更好地发展生产，就必须关注生产的耗费和生产的成果。在原始社会时期，由于生产力水平低下，全体社会成员共同协力从事生产活动，以获取维持生活需要的物质资料。这时的生产比较简单，劳动成果除满足基本生活消费外，基本上没有剩余。因而，人们对生产的消费和成果的关心，是通过头脑记忆的。由于生产力的发展，人们对生产的消耗和生产的成果逐渐采取了一些简单的方式加以记载。例如，我国古代的“结绳记事”“甲骨书契”的记录等，就是会计的雏形。会计的产生为纳税会计的产生奠定了基础，是纳税会计产生的一个前提条件。随着社会生产力的发展，生产工具的更新，人们开始使用石器和铁器，征服自然和改造自然的能力有了很大的提高。谋取的物质产品除满足人们基本的生活需要外，还有了剩余，从而使一部分人将剩余产品占为私有。同时，由于社会分工的出现，各个部门的生产需要吸收更多的劳动力，而各部落之间的战俘为生产部门提供了条件，变成了奴隶。于是，奴隶与奴隶主大阶级产生了。由于阶级矛盾日益尖锐，达到不可调和的时候即产生了国家。为了维持国家机构正常运转的庞大支出以国家为主体的税收分配形式便出现了。税收分配形式的出现，使纳税会计的产生由可能转化为现实。据有关历史资料考证，在公元前 18 世纪，巴比伦王国时期征收各种税赋就需要有应纳税通知和支付凭据，纳税人的税赋与会计记录相融合，产生了最早的纳税会计。尽管它还不成熟，但它毕竟是把纳税会计中的会计问题或者说是会计中的税务问题融为一体。因此，纳税会计是社会发展的必然结果，是税收和会计共同作用的产物。

在我国奴隶社会时期，为了计算、记录国家税赋实物或货币的收入和支出情况，就有了“官厅会计”。在西周时，在总揽政务大权的太宰之下，设置“司会”为计官之长，主管朝廷财政经济收支的全面核算。由于当时税制简单，不可能对纳税人的会计核算提出具体的要求，而且当时的纳税人也不具备正式会计核算的条件。在会计方面，当时仅限于对征收结果从国家的角度进行较为健全、完整的核算和监督，但核算和监督的内容基本上属于纳税会计核算的范畴。

在中国会计发展史上，官厅会计早于民间会计，它包含着现在的预算会计、纳税会计的某些因素。世界上其他各国和我国的历史足以证明，纳税会计是在税收和财务会计产生和发展的基础上逐渐产生和发展起来的。

1.3.2　纳税会计的演变

随着社会生产力的进一步发展，各国的税收制度日趋成熟化，税收收入在国家财政收入中占有绝对的比重。作为主要纳税人的企业，依法纳税已经成为其进行生产经营决策的一个重要因素。当今，在人们对生产的耗费和生产的成果及其分配的关心程度日益提高的情况下，客观上要求企业在会计凭证、会计账簿和会计报表中提供反映收入形成和物化劳动转移的价值，以及其他转移价值中所包含的已纳税金情况的信息。只有这样，企业才能正确地预测和真实地反映自身的经营成果。在纳税会计的产生和发展过程中，所得税的出现和不断完善表现出极大的推动力，这是因为所得税的形成和计税依据直接涉及纳税人产、供、销的全过程。目前，西方各国对所得税会计的理论研究和处理方法均已达到相当科学的程度，其中有许多国家都有专门规范所得税会计的文告，如英国发布的《递延所得税》、美国财务会计准则 96 号公告中表述的所得税会计的处理原则。

1.3.3　纳税会计的现状

当今世界上大多数发达国家的纳税会计都是相对独立、自成体系的。在国家范围内，纳税会计受到普遍重视，已经发展为一门重要的专业会计分支，它与财务会计、管理会计已经构成会计学科的三大组成部分。在我国，纳税会计还刚起步，其原因是中华人民共和国成立以后，在相当长的一段时间内，奉行高度集中的计划经济体制，国家作为所有者和管理者的身份合二为一。与此相适应，企业也都实行财务会计与纳税会计合二为一的会计管理模式。在当时的情况，一致的会计管理模式既有利于国家对企业实施综合、全面的管理，又利于计算上缴国家的财政收入，为监督企业上缴利润提供了制度上的保证，同时，也便于统一会计制度的制定和施行。

随着我国社会主义市场经济体制的建立，财务会计与纳税会计合二为一的管理模式所固有的局限性越来越突出。从国家角度看，我国是以公有制为主体的社会主义国家，国家一方面是政治权力的主体，另一方面又是国家的资产所有者，具有双重身份。过去的财务会计与纳税会计合一的做法，势必模糊了税收和利润的不同内涵、性质和作用，从而影响了政府的双重身份，不利于在政企分开的前提下，科学地界定政府的职能和权限，使企业的理财行为和会计核算难以适应市场经济的客观要求。传统的财务制度和会计制度中的某些规定过细、过死，在很大程度上是因为其中包含有税法的基本要求。因此，为了适应我国社会主义市场经济的需要，我国颁布了纳税会计的有关规定，并不断地对其进行完善与修订，与国际接轨的趋势越来越明显。

1.4 纳税会计基本理论

1.4.1 纳税会计的目标、对象、前提、一般原则和账户设置

1. 纳税会计的目标

纳税会计的目标是向纳税会计信息使用者提供关于纳税人税款形成、计算、申报、缴纳等税务活动方面的会计信息，是会计目标在纳税会计这一特殊领域内的具体表现。具体来说，纳税会计的目标主要体现在三个方面：依法纳税，保证国家财政收入；正确进行纳税会计处理；合理选择纳税方案，科学进行纳税统筹。

2. 纳税会计的对象

纳税会计的对象是纳税会计这种特殊的专门会计管理活动的客体，是纳税人因纳税所引起的资金运动，即应纳税款的形成、计算、缴纳、退补和罚款等经济活动的货币表现。纳税会计的对象具体包括经营收入、成本费用、经营成果和税款。

3. 纳税会计的前提

纳税会计以财务会计为基础，财务会计中的基本前提有些也适用于纳税会计，如会计分期、货币计量等。但由于纳税会计有自己的特点，其基本前提也应有其特殊性。

1）纳税主体

纳税主体与财务会计的会计主体有密切联系，但不一定等同。会计主体是财务会计为之服务的特定单位或组织，会计处理的数据和提供的财务信息，被严格限制在一个特定的、独立的或相对独立的经营单位之内，典型的会计主体是企业。纳税主体必须是能够独立承担纳税义务的纳税人。在某些垂直领导的行业，如铁路、银行，由中国铁路总公司、各总行集中纳税，其基层单位是会计主体，但不是纳税主体。但对稿酬征纳个人所得税时，其纳税人（即稿酬收入者）并非会计主体，而作为扣缴义务人的出版社或杂志社则成为这一纳税事项的会计主体。纳税主体作为代扣（或代收、代付）代缴义务人时，纳税人与赋税人是分开的。作为纳税会计的一项基本前提，应侧重从会计主体的角度来理解和应用纳税主体。

2）持续经营

持续经营这一基本前提意味着企业将能存续足够长的时间在未来履行过去交易和事项所带来的债务偿还等义务，如预期所得税在将来要继续缴纳，这是所得税税款递延、亏损前溯或后转及暂时性差异能够存在并且能够使用纳税影响会计法进行所得税跨期摊配的基础所在。以折旧为例，它意味着缺乏相反证据的时候，人们总是假定该企业将在足够长的时间内为转回暂时性的纳税利益而经营并获得收益。

3）货币时间价值

随着时间的推移，投入周转使用的资金价值将会发生增值，这种增值的能力或数

额，就是货币的时间价值。这一基本前提亦将成为税收立法、税收征管的基点，因此各税种都明确规定了纳税义务的确认原则、纳税期限、缴库期等，也为纳税人进行税务筹划的目标之一——纳税延迟提供了依据。

4）纳税会计期间

纳税会计期间亦称纳税年度，是指纳税人按照税法规定选定的纳税年度，我国的纳税会计期间是指自公历 1 月 1 日起至 12 月 31 日止。纳税会计期间不等同于纳税期限，如增值税、消费税、营业税的纳税期限是日或月。如果纳税人在一个年度的中间开业，或者由于改组、合并、破产关闭等原因，使该纳税年度的实际经营期限不足 12 个月的，应当以其实际经营期限为一个缴税年度。纳税人清算时，应当以清算期限作为一个缴税年度。

4. 纳税会计的一般原则

纳税会计与财务会计密切相关，财务会计中的核算原则，大部分或基本上也都适用于纳税会计。但又因纳税会计与税法的特定联系，税收理论和立法中的实际支付能力原则、公平税负原则、程序优先于实体原则等，也会非常明显地影响纳税会计。纳税会计中的特定原则可以归纳如下。

1）依法原则

纳税会计必须以现行税法为准绳，而税收法规可能会因国家的政治、经济的发展和需要有所变更，即有一定的时效性，所以纳税会计必须坚持按现行税法处理的原则进行税务活动。

2）公平税负原则

公平税负原则是指税收要公平负担，合理负担。这要求纳税会计必须真实核算企业的各项计税依据、应纳税额，正确处理收益分配。任何有意或无意逃税和骗取减免税金，都是有违公平性和一致性的举措，都不符合纳税会计的社会效益原则。

3）修正的权责发生制原则

权责发生制以权利和义务的发生来确定收入和费用的实际归属，能够合理、有效地确定不同会计期间的收益和企业的经营成果，体现了公允性和合理性。因此，企业会计核算中，坚持以权责发生制为原则。

当权责发生制被用于纳税会计时，与财务会计的应计制存在某些差异：第一，必须考虑支付能力原则，使纳税人在最有能力支付时支付税款。第二，确定性的需要，使收入和费用的实际实现具有确定性。第三，保护政府财政税收收入。例如，在收入的确认上，应计制的纳税会计由于在一定程度上被支付能力原则所覆盖而包含着一定的收付实现制的方法，而在费用的扣除上，财务会计采用稳健性原则列入的某些估计、预计费用，在纳税会计中是不能够被接受的，后者强调“该经济行为已经发生”的限制条件，从而起到保护政府税收收入的目的。目前世界上大多数国家都采用修正的权责发生制原则。

4）划分营业收益与资本收益原则

营业收益与资本收益具有不同的来源、担负着不同的纳税责任，因此，为了正确地计算所得税负债和所得税费用，就应该合理划分这两种收益。

营业收益是指企业通过其经常性的主要经营活动而获得的收入，其内容包括主营业务收入和其他业务收入两个部分，其税额的课征标准一般按正常税率计征。

资本收益是指在出售或交换税法规定的资本资产时所得的利益（如投资收益、出售或交换有价证券的收益等），一般包括纳税人除应收款项、存货、经营中使用的地产和应折旧资产、某些政府债券，以及除文学和其他艺术作品的版权以外的资产。资本收益的课税标准具有许多不同于营业收益的特殊规定。

5）配比原则

配比原则是指企业在进行会计核算时，某一特定时期的收入应当与取得该收入的成本、费用配比。财务会计的配比原则，是指企业在计算应税所得税时，收入与其成本、费用应当相互配比，同一会计期间内的各项收入和与其相关的成本、费用，应当在该会计期间内确认。

纳税会计与财务会计在配比原则的内涵及运用结果上有较大的差异。

首先，财务会计核算坚持稳健原则和不完全的历史成本原则，而纳税会计坚持历史成本原则。例如，财务会计可以计提八项准备，而纳税会计一般不允许计提准备。

其次，财务会计利润是在权责发生制基础上配比计算的结果，而纳税会计适度采用了收付实现制，因而应纳税所得额往往不等于会计利润。

最后，财务会计在变更会计政策时，如果累积影响数能够合理确定，应采用追溯调整法进行处理，并调整期初留存收益、会计报表等相应事项。而在纳税会计处理过程中，纳税人不得调整以前年度的应纳税所得额和应纳税额，也不得调整以前年度的未弥补亏损。

6）税款支付能力原则

税款支付能力与纳税能力有所不同。纳税能力是指纳税人应以合理的标准确定其计税基数。有同等计税基数的纳税人应负担同一税种的同等税款。因此，纳税能力体现的是合理负税原则。与企业的其他费用支出有所不同，税款支付全部对应现金的流出，因此，在考虑纳税能力的同时，更应该考虑税款的支付能力。纳税会计在确认、计量和记录收入、收益、成本、费用时，应选择保证税款支付能力的会计方法。

5. 纳税会计的账户设置

日常工作中纳税会计的主要任务包括：按照税法规定正确计算企业应缴税款，并进行正确的会计处理；正确编制、及时报送会计报表和纳税申报单；及时足额地缴纳各种税金，完成企业上缴任务；进行企业税务活动的财务分析；合理进行统筹规划；等等。

通常，纳税会计不要求在财务会计之外另设一套账。在财务会计中，凡涉及应税收入、计税成本费用、应缴税款、减免税、退补税、滞纳金、罚款、罚金核算的账户，都属于纳税会计账户。其中，“应交税费”“营业税金及附加”“所得税费用”“递延所得税资产”“递延所得税费用”等账户是专门用于税金核算的账户，可以看成纳税会计特有的账户。

企业设置“应交税费”总账，除印花税、关税及耕地占用税等不需预缴的税种外，纳税人应缴纳给税务机关的各种税金均在本账户核算。

“应交税费”属于负债类账户，专门用于反映企业各种税金的应交、已交和未交情况。其贷方反映企业应交的各种税金，借方反映企业已经缴纳的各种税金，余额一般在贷方，反映企业应交的各种税金。企业一般在“应交税费”账户下按各税种设置明细账户，如“应交增值税”、“应交消费税”、“应交营业税”及“应交所得税”等。有时根据税收管理的需要，还应设置三级明细账户进行核算，如在“应交税费——应交增值税”下设“进项税额”、“销项税额”及“已交税金”等三级明细账户。

1.4.2　纳税会计的方法

在我国，纳税会计与财务会计在日常核算上具有同一性，即纳税会计要素的日常确认、计量与财务会计是一致的，但在期末应依据税法进行税务处理，调整、计算应纳税额，依法纳税。纳税会计的特殊处理方法如下所述。

1. 纳税调整和计算方法

1）纳税调整方法

由于纳税会计和财务会计规范不一致，纳税会计在对纳税业务进行核算时，往往需要对财务会计提供的数据进行调整。例如，在所得税会计核算时，期末会计利润和最终的应纳税所得额往往是不一致的，这是因为会计与税法所规定的内容是不同的，两者存在着不同性质的差异，针对不同的差异纳税会计需要采用应付税款法和纳税影响会计法进行纳税会计的调整处理。

2）纳税计算方法

纳税会计需要依据税法，根据不同的课税对象计算计税依据，确定适用税率，再计算应纳税额。各税种有各自不同的应纳税额的计算方法，如计算增值税是要各自计算销项税额和进项税额，采用的是购进抵扣法；而对于土地增值税的计算采用的是超率累进法，要分别计算确定应纳税额；所得税计算，要依据所得税法所规定的来确认收入、费用、可扣项目，再计算应纳税额。

2. 税务筹划和申报方法

1）税务筹划方法

税务筹划可以说是企业的一种精明文明行为。纳税会计目标之一是正确处理企业与国家的分配关系，以有利于国民经济协调发展，使企业有一个良好的经营环境，保障征纳双方的合法权益。纳税人出于对自身权益的考虑，在依法纳税的前提下，往往采用各种税务筹划的技术和方法，进行国内节税和国际避税。

2）税收申报方法

根据《中华人民共和国税收征收管理法》和《税收征收管理法实施细则》的相关规定，纳税人必须依照法律、行政法规规定或者税务机关依照法律、行政法规的规定确定的申报期限、申报内容如实办理纳税申报，报送纳税申报表、财务会计报表以及税务机关根据实际需要要求纳税人报送的其他纳税资料。扣缴义务人必须依照法律、行政法规规定或者税务机关依照法律、行政法规的规定确定的申报期限、申报内容如实报送代扣代缴、代收代缴税款报告表以及税务机关根据实际需要要求扣缴义务人报送的其他有关资料。纳税人、扣缴义务人可以采取邮寄、数据电文方式办理纳税申报或者报送代扣代缴、代收代缴税款报告表。

◆本章小结

本章着重介绍了纳税会计的发展、基本概念及基本方法，我们可以总结如下。

（1）纳税会计是经济发展到一定阶段的产物，它的产生丰富和发展了会计的内容。纳税会计是从财务中分离出来的，与财务会计有着必然的联系，同时，又在服务主体、核算目的、核算对象、核算依据、会计核算基础等方面存在区别。纳税会计的核算对象是纳税人因纳税所引起的资金运动。在税务核算过程中，必须遵守的原则包括依法原则、公平税负原则、修正的权责发生制原则、划分营业收益与资本收益原则、配比原则、税款支付能力原则等。

（2）纳税会计是现代企业会计的一个重要组成部分，是以税收法规为依据，以货币为主要计量单位，运用会计专门的方法，对纳税单位的应纳税款的形成、计算和缴纳进行连续、系统、全面的核算和监督，参与纳税人的预测、决算，达到既依法纳税又合理减轻税负的一门专业会计。

（3）纳税会计的特点包括法定性、独立性、广泛性、统一性。

◆复习思考题

1. 简述纳税会计的基本概念及基本前提。
2. 纳税会计有哪些原则、特点？简述其基本内容。
3. 纳税会计的核算目标有哪些？
4. 简述纳税会计的核算方法。

第2章

增值税会计

【学习目标】

1. 掌握增值税的概念、纳税人和征税范围的基本知识。

2. 熟悉增值税的征税范围；熟悉增值税税率（征收率）、扣除率，根据应税项目选择适用税率。

3. 熟悉增值税专用发票的使用和管理规定。

4. 掌握增值税一般纳税人销项税额、进项税额的计算方法；能正确计算当期应纳税额，能正确计算应纳增值税额。

5. 掌握增值税会计科目的设置、会计核算的基本知识。

6. 能进行增值税一般纳税人销项税额、进项税额、期末结转及上缴业务的会计核算。

【内容提要】

本章重点讲解如何根据业务内容判断应征收增值税的项目以及适用何种税率；讲解如何计算应纳税增值额以及纳税申报的方式，介绍相关涉税会计业务处理方式。

【思维导图】

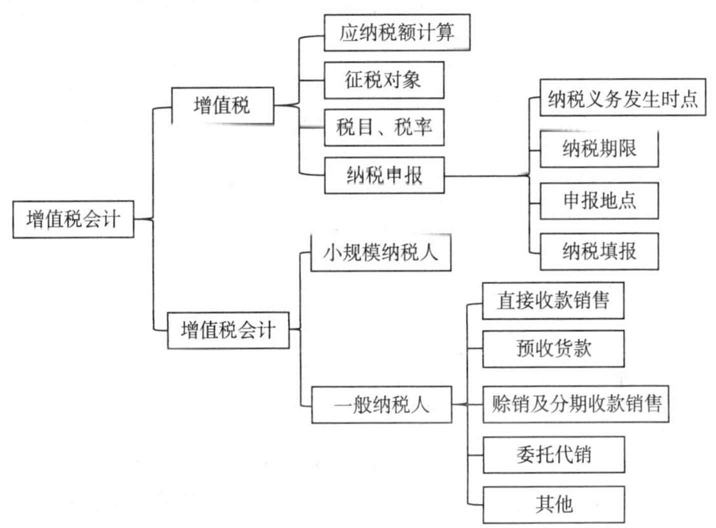

【引言】

增值税诞生在20世纪50年代的法国税务总局，在我国的税收体系中占有重要位置，尤其是2016年营改增之后，增值税作为我国第一大税种的地位更加牢固，它涉及的内容较多，较复杂，可以说，在税法学习中既是重点，又是难点。希望同学们按照税法学习思路与会计学习思路进行对照和比较，开始纳税会计学的学习历程。

2.1 增值税的基本内容及申报

2.1.1 增值税纳税人的确定

1. 增值税的概念及特点

增值税是对在我国境内销售货物、进口货物及提供加工、修理修配劳务的单位和个人，就其取得货物的销售额、进口货物金额、应税劳务销售额计算税款，并实行税款抵扣制的一种流转税。

根据固定资产中所含的进项税额能否扣除以及如何扣除，可以将增值税分为生产型增值税、收入型增值税和消费型增值税三种类型。

我国现行增值税的特点主要有：①不重复征税；②环环征税、税基广泛；③税负公平；④价外计征。

2. 增值税纳税义务人的划分

在中华人民共和国境内销售货物、提供应税劳务、应税服务及进口货物的单位和个人，为增值税的纳税人。

单位租赁或者承包给其他单位或者个人经营的，以承租人或者承包人为纳税人。

境外单位或个人在境内销售货物或提供应税劳务、服务，在境内未设经营机构的，其应纳税款以代理人为扣缴义务人；没有代理人的，以购买者为扣缴义务人。

根据纳税人的经营规模及会计核算的健全程度不同，可以分为小规模纳税人和一般纳税人，具体见表2-1。

表2-1 两类纳税人具体划分规定

纳税人	小规模纳税人	一般纳税人
货物生产企业（含修理修配企业）、应税劳务	年应税销售额 < 500万元	≥500万元
批发或零售货物纳税人（流通企业）	年应税销售额 < 500万元	≥500万元
提供应税服务（营改增）	年应税销售额 < 500万元	≥500万元

另外规定如下所述。

（1）年应税销售额超过小规模纳税人标准的个人一律视同小规模纳税人，非企业性单位、不经常发生应税行为的企业可选择按小规模纳税人纳税。

（2）年应税销售额未超过小规模纳税人标准以及新开业的纳税人，如果同时符合下列条件，可以向主管税务机关申请一般纳税人资格认定：有固定的生产经营场所；能够按照国家统一的会计制度规定设置账簿，根据合法、有效凭证核算，能够提供准确税务资料。

（3）下列纳税人不办理一般纳税人资格认定：个体工商户以外的其他个人；选择按照小规模纳税人纳税的非企业性单位；选择按照小规模纳税人纳税的不经常发生应税行为的企业。

注意：除国家税务总局另有规定外（如 2018 年 12 月 31 日前可选择变更为小规模纳税人），纳税人一经登记为一般纳税人以后，不得转为小规模纳税人。

2.1.2　增值税征税范围的确定

1. 征税范围的一般规定

2016 年 3 月 23 日发布的《财政部　国家税务总局关于全面推开营业税改征增值税试点的通知》（财税〔2016〕36 号）规定“自 2016 年 5 月 1 日起，在全国范围内全面推开营业税改征增值税（以下称营改增）试点，建筑业、房地产业、金融业、生活服务业等全部营业税纳税人，纳入试点范围，由缴纳营业税改为缴纳增值税”。根据财税〔2018〕32 号文件规定，自 2018 年 5 月 1 日后，原 17%的增值税率调整为 16%，原 11%的增值税率调整为 10%。具体征收行业及征收率、税率如表 2-2 所示。

表 2-2　增值税税率（征收率）表

大类	货物、劳务、服务明细项目	细目和特例	税率	征收率
销售货物、货物期货	销售或进口货物（除其他类别已经列举的货物）		16%	3%
—	农产品（含粮食）、自来水、暖气、石油液化气、天然气、食用植物油、冷气、热水、煤气、居民用煤炭制品、食用盐、农机、饲料、农药、农膜、化肥、沼气、二甲醚、图书、报纸、杂志、音像制品、电子出版物	石油液化气（包括由石油伴生气加工压缩而成的石油液化气） 天然气（包括西气东输项目上游中外合作开采天然气） 食用植物油（包括棕榈油、棉籽油、茴油、毛椰子油、核桃油、橄榄油、花椒油、杏仁油、葡萄籽油、牡丹籽油） 农机（包括农用水泵、农用柴油机、不带动力的手扶拖拉机、三轮农用运输车、密集型烤房设备、频振式杀虫灯、自动虫情测报灯、粘虫板、卷帘机、农用挖掘机、养鸡设备系列、养猪设备系列产品、动物尸体降解处理机、蔬菜清洗机） 图书（包括中小学课本配套产品、批准印刷且采用国际标准书号编序的境外图书）	10%	3%
提供加工、修理修配劳务			16%	3%

续表

<table>
<tr><th>大类</th><th colspan="2">货物、劳务、服务明细项目</th><th>细目和特例</th><th>税率</th><th>征收率</th></tr>
<tr><td rowspan="20">销售服务</td><td rowspan="6">交通运输服务</td><td>陆路运输服务，包括铁路运输服务、其他陆路运输服务(公路运输、缆车运输、索道运输、地铁运输、城市轻轨运输等)</td><td>出租车公司向租用出租车的司机收取的管理费用</td><td rowspan="6">10%</td><td rowspan="6">3%</td></tr>
<tr><td>水路运输服务</td><td>包括程租、期租业务</td></tr>
<tr><td>航空运输服务</td><td>包括湿租业务、航天运输服务(利用火箭等载体发射卫星、空间探测器等空间飞行器）</td></tr>
<tr><td>管道运输服务</td><td></td></tr>
<tr><td>无运输工具承运业务</td><td></td></tr>
<tr><td colspan="2"></td></tr>
<tr><td rowspan="3">邮政服务</td><td>邮政普遍服务，是指函件、包裹等邮件寄递，以及邮票发行、报刊发行和邮政汇兑等</td><td rowspan="3">本税目特指中国邮政集团公司及其所属邮政企业</td><td rowspan="3">10%</td><td rowspan="3">3%</td></tr>
<tr><td>邮政特殊服务，是指义务兵平常信函、机要通信、盲人读物和革命烈士遗物的寄递等</td></tr>
<tr><td>其他邮政服务，是指邮册等邮品销售、邮政代理等</td></tr>
<tr><td rowspan="2">电信服务</td><td>基础电信服务，是指利用固网、移动网、卫星、互联网，提供语音通话服务的业务活动，以及出租或者出售带宽、波长等网络元素的业务活动</td><td></td><td>11%</td><td>3%</td></tr>
<tr><td>增值电信服务，是指利用固网、移动网、卫星、互联网、有线电视网络，提供短信和彩信服务、电子数据和信息的传输及应用服务、互联网接入服务等</td><td>包括卫星电视信号落地转接服务</td><td>6%</td><td>3%</td></tr>
<tr><td rowspan="5">建筑服务</td><td>工程服务，是指新建、改建各种建筑物、构筑物的工程作业</td><td></td><td rowspan="5">10%</td><td rowspan="5">3%</td></tr>
<tr><td>安装服务，是指各种设备设施的装配安置工程作业，包括与设备相连的工作台、梯子、栏杆的装设，以及绝缘、防腐、保温、油漆等工程作业</td><td>包括固定电话、有线电视、宽带、水、电、燃气、暖气等经营者向用户收取的安装费、初装费、开户费、扩容费以及类似收费</td></tr>
<tr><td>修缮服务，是指对建筑物、构筑物进行修补、加固、养护、改善</td><td></td></tr>
<tr><td>装饰服务，是指对建筑物、构筑物进行修饰装修</td><td></td></tr>
<tr><td>其他建筑服务</td><td></td></tr>
</table>

续表

大类	货物、劳务、服务明细项目		细目和特例	税率	征收率
销售服务	金融服务	贷款服务	包括以货币资金投资收取的固定利润或者保底利润	6%	3%
		直接收费金融服务		6%	3%
		保险服务		6%	3%
		金融商品转让，是指转让外汇、有价证券、非货物期货和其他金融商品所有权的业务活动		6%	3%
	现代服务	研发和技术服务，包括研发服务、合同能源管理服务、工程勘察勘探服务、专业技术服务		6%	3%
		信息技术服务，包括软件服务、电路设计及测试服务、信息系统服务、业务流程管理服务和信息系统增值服务		6%	3%
		文化创意服务，包括设计服务、知识产权服务、广告服务和会议展览服务		6%	3%
		物流辅助服务，包括航空服务、港口码头服务、货运客运场站服务、打捞救助服务、装卸搬运服务、仓储服务和收派服务		6%	3%
		租赁服务，包括融资租赁服务和经营租赁服务	有形动产租赁 将有形动产的广告位出租用于发布广告 水路运输光租业务、航空运输干租业务	16%	3%
			不动产租赁 将不动产广告位出租用于发布广告 车辆停放服务、道路通行服务	10%	5%、3%、1.5%
		鉴证咨询服务，包括认证服务、鉴证服务和咨询服务	包括翻译服务和市场调查服务	6%	3%
		广播影视服务，包括广播影视节目制作、发行和播映		6%	3%
		商务辅助服务	企业管理服务，是指提供总部管理、投资与资产管理、市场管理、物业管理、日常综合管理等	6%	3%
			经纪代理服务，包括金融代理、知识产权代理、货物运输代理、代理报关、法律代理、房地产中介、职业中介、婚姻中介、代理记账、拍卖等人力资源外包服务	6%	3%、人力资源外包差额征收5%
			人力资源服务，是指提供公共就业、劳务派遣、人才委托招聘、劳动力外包等	6%	3%、劳务派遣差额征收 5%
			安全保护服务，包括场所住宅保安、特种保安、安全系统监控以及其他安保服务	6%	3%、安保差额征收 5%

续表

<table>
<tr><th>大类</th><th colspan="2">货物、劳务、服务明细项目</th><th>细目和特例</th><th>税率</th><th>征收率</th></tr>
<tr><td rowspan="8">销售服务</td><td>现代服务</td><td>其他现代服务</td><td></td><td rowspan="8">6%</td><td rowspan="8">3%</td></tr>
<tr><td rowspan="7">生活服务</td><td>文化体育服务</td><td>提供游览场所</td></tr>
<tr><td>教育医疗服务</td><td></td></tr>
<tr><td>旅游娱乐服务</td><td>娱乐服务，具体包括：歌厅、舞厅、夜总会、酒吧、台球、高尔夫球、保龄球、游艺（包括射击、狩猎、跑马、游戏机、蹦极、卡丁车、热气球、动力伞、射箭、飞镖）</td></tr>
<tr><td>餐饮住宿服务</td><td></td></tr>
<tr><td>居民日常服务</td><td></td></tr>
<tr><td>其他生活服务</td><td></td></tr>
<tr><td>销售无形资产</td><td colspan="2">是指转让无形资产所有权或者使用权。无形资产，包括技术、商标、著作权、商誉、自然资源使用权和其他权益性无形资产</td><td>以经营租赁方式将土地出租，按照不动产经营租赁服务</td><td>6%</td><td>3%、差额征税5%</td></tr>
<tr><td>销售不动产</td><td colspan="2">是指转让不动产所有权
不动产，包括建筑物、构筑物等</td><td>转让建筑物有限产权或者永久使用权的，转让在建的建筑物或者构筑物所有权的，以及在转让建筑物或者构筑物时一并转让其所占土地的使用权的，按照销售不动产缴纳增值税</td><td>10%</td><td>5%、3%</td></tr>
</table>

注：销售服务、无形资产、不动产注释，见本章附件

【提示】：此外《财政部　国家税务总局关于全面推开营业税改征增值税试点的通知》（财税〔2016〕36号）有如下规定。

（1）销售服务，是指提供交通运输服务、邮政服务、电信服务、建筑服务、金融服务、现代服务、生活服务等的总称，其中建筑服务包括工程服务、安装服务、修缮服务、装饰服务和其他建筑服务。生活服务，是指为满足城乡居民日常生活需求提供的各类服务活动，包括文化体育服务、教育医疗服务、旅游娱乐服务、餐饮住宿服务、居民日常服务和其他生活服务。

（2）融资性售后回租服务属于贷款服务，应按照金融服务缴纳增值税。融资性售后回租，是指承租方以融资为目的，将资产出售给从事融资性售后回租业务的企业后，从事融资性售后回租业务的企业将该资产出租给承租方的业务活动。

（3）以货币资金投资收取的固定利润或者保底利润，按照贷款服务缴纳增值税。

（4）将建筑物、构筑物等不动产或者飞机、车辆等有形动产的广告位出租给其他单位或者个人用于发布广告，按照经营租赁服务缴纳增值税。

（5）货物运输代理和代理报关不属于物流辅助服务，应按照经济代理服务征税。

2. 属于征税范围的几个特殊项目

（1）货物期货（包括商品期货和贵金属期货），应当征收增值税，在期货的实物交割环节纳税。

（2）银行销售金银的业务，应当征收增值税。

（3）典当业的死当物品销售业务和寄售业代委托人销售寄售物品的业务，均应征收增值税。

（4）集邮商品（如邮票、首日封、邮折等）的生产，以及邮政部门以外的其他单位和个人销售的，均应征收增值税。

3. 征税范围的几个特殊行为

1）视同销售货物行为

单位或者个体工商户的下列行为，视同销售货物，征收增值税：①将货物交付其他单位或者个人代销；②销售代销货物；③设有两个以上机构并实行统一核算的纳税人，将货物从一个机构移送至其他机构用于销售，但相关机构设在同一县（市）的除外；④将自产、委托加工的货物用于集体福利或者个人消费；⑤将自产、委托加工或者购进的货物作为投资，提供给其他单位或者个体工商户；⑥将自产、委托加工或者购进的货物分配给股东或者投资者；⑦将自产、委托加工或者购进的货物无偿赠送其他单位或者个人；⑧向其他单位或者个人无偿提供服务（用于公益事业或者以社会公众为对象的除外），向其他单位或者个人无偿转让无形资产或者不动产（用于公益事业或者以社会公众为对象的除外）。

2）混合销售行为

财税〔2016〕36 号附件 1 第四十条规定，“一项销售行为如果既涉及服务又涉及货物，为混合销售。从事货物的生产、批发或者零售的单位和个体工商户的混合销售行为，按照销售货物缴纳增值税；其他单位和个体工商户的混合销售行为，按照销售服务缴纳增值税。本条所称从事货物的生产、批发或者零售的单位和个体工商户，包括以从事货物的生产、批发或者零售为主，并兼营销售服务的单位和个体工商户在内。”

3）代购货物

财税字〔1994〕26 号《财政部　国家税务总局关于增值税、营业税若干政策法规的通知》第五条规定，代购货物行为，从同时具备以下条件的，不征收增值税，不同时具备以下条件的，无论会计制度法规如何核算，均征收增值税：①受托方不垫付资金；②销货方将发票开具给委托方，并由受托方将该项发票转交给委托方；③受托方按销售方实际收取的销售额和增值税额（如系代理进口货物则为海关代征的增值税额）与委托方结算货款，并另外收取手续费（说明：26 号文部分条款失效，但第五条一直有效）。根据《财政部　国家税务总局关于部分货物适用增值税低税率和简易办法征收增值税政策的通知》（财税〔2009〕9 号），26 号文第九条、第十条自 2009 年 1 月 1 日起废止。根据《财政部　国家税务总局关于公布若干废止和失效的增值税规范性文件目录的通知》（财税〔2009〕17 号），26 号文第四条第（一）项、第六条第（二）项、第八条、第十一条自 2009 年 2 月 26 日起废止。根据《财政部　国家税务总局关于公布若干废止和失效的营业税规范性文件的通知》（财税〔2009〕61 号），26 号文第四条第二项、第十一条自 2009 年 1 月 1 日起废止。

2.1.3　增值税税率的选择

现行增值税设计了基本税率、低税率和零税率三档税率，以及按简易办法计税的征收率，另外由于国家实行营改增政策，在从前的标准税率的基础上新增了两档低税率。

1. 税率

1）基本税率

一般纳税人，16%。

（1）销售或进口货物（除适用10%的货物外）。

（2）提供加工、修理、修配劳务。

（3）提供有形动产租赁服务。

2）低税率

一般纳税人销售或者进口下列货物，按低税率计征增值税，低税率为10%。

（1）粮食、食用植物油。

（2）自来水、暖气、冷气、热水、煤气、石油液化气、天然气、沼气、居民用煤炭制品。

（3）图书、报纸、杂志。

（4）饲料、化肥、农药、农机、农膜、农业产品。

（5）国务院规定的其他货物。

3）零税率

一般纳税人提供以下服务或出口货物，按零税率计征增值税。

（1）国际运输服务。

（2）航天运输服务。

（3）向境外单位提供的完全在境外消费的相关服务：①研发服务；②合同能源管理服务；③设计服务；④广播影视节目（作品）的制作和发行服务；⑤软件服务；⑥电路设计及测试服务；⑦信息系统服务；⑧业务流程管理服务；⑨离岸服务外包业务；⑩转让技术。

（4）财政部和国家税务总局规定的其他服务。

（5）纳税人出口货物（国务院另有规定的除外）。

4）新增税率

在增值税16%标准税率基础上，加增10%和6%两档低税率。交通运输业（包括陆路运输服务、水路运输服务、航空运输服务、管道运输服务）等适用10%税率，其他部门现代服务业（包括研发和技术服务、信息技术服务、文化创意服务、物流辅助服务、验证咨询服务）适用6%税率。

2. 征收率

小规模纳税人增值税征收率统一为3%（财政部和国家税务总局另有规定的除外），部分营改增行业征收率为5%。

1）销售不动产

（1）一般纳税人销售其2016年4月30日前取得的不动产，可以选择适用简易计税方法，按照5%的征收率计算应纳税额。

（2）小规模纳税人销售其取得的不动产（不含个体工商户销售购买的住房和其他个人销售不动产），按照5%的征收率计算应纳税额。

（3）房地产开发企业中的一般纳税人，销售自行开发的房地产项目，可以选择适用简易计税方法的，按照 5%的征收率计税。

（4）房地产开发企业中的小规模纳税人，销售自行开发的房地产项目，按照 5%的征收率计算应纳税额。

（5）其他个人销售其取得（不含自建）的不动产（不含其购买的住房），按照 5%的征收率计算应纳税额。

2）不动产经营租赁服务

（1）一般纳税人出租其 2016 年 4 月 30 日前取得的不动产，可以选择适用简易计税方法，按照 5%的征收率计算应纳税额。

（2）小规模纳税人出租其取得的不动产（不含个人出租住房），应按照 5%的征收率计算应纳税额。

（3）其他个人出租其取得的不动产（不含住房），应按照 5%的征收率计算应纳税额。

（4）个人出租住房，应按照 5%的征收率减按 1.5%计算应纳税额。

3）中外合作开采的原油、天然气

中外合作开采的原油、天然气，应按照 5%的征收率计算应纳税额。

2.1.4　增值税优惠政策的运用

1. 增值税法定免税项目

（1）农业生产者销售的自产农业产品。

（2）避孕药品和用具。

（3）古旧图书。

（4）直接用于科学研究、科学试验和教学的进口仪器、设备。

（5）外国政府、国际组织无偿援助的进口物资和设备。

（6）由残疾人组织直接进口供残疾人专用的物品。

（7）个人销售自己使用过的物品。

2. 其他减免税的有关规定

1）对金融机构农户小额贷款利息收入免征增值税

自 2017 年 12 月 1 日至 2019 年 12 月 31 日，对金融机构向农户、小型企业、微型企业及个体工商户发放小额贷款取得的利息收入，免征增值税。金融机构应将相关免税证明材料留存备查，单独核算符合免税条件的小额贷款利息收入，按现行规定向主管税务机构办理纳税申报；未单独核算的，不得免征增值税。

2）小微企业免征增值税

增值税小规模纳税人销售货物、提供加工、修理修配劳务月销售额不超过 3 万元（按季纳税 9 万元），销售服务、无形资产月销售额不超过 3 万元（按季纳税 9 万元）的，可分别享受小微企业暂免征收增值税优惠政策截止期限延长至 2020 年 12 月 31 日。

3）对退役士兵创业就业、重点群体创业就业扣减增值税等税收优惠

该税收优惠以各省市法律为准，如广东省粤财法〔2016〕25 号文件规定，营业税改征增值税后，符合条件的纳税人自 2016 年 5 月 1 日起按规定享受增值税优惠政策，截至 2016 年 12 月 31 日未享受满 3 年的，可继续享受至 3 年期满为止，有关政策明确如下。

（1）对自主就业退役士兵从事个体经营的，在 3 年内按每户每年 9 600 元为限额依次扣减其当年实际应缴纳的增值税、城市维护建设税、教育费附加、地方教育附加和个人所得税。

（2）对商贸企业、服务型企业、劳动就业服务企业中的加工型企业和街道社区具有加工性质的小型企业实体，在新增加的岗位中，当年新招用自主就业退役士兵，与其签订 1 年以上期限劳动合同并依法缴纳社会保险费的，在 3 年内按实际招用人数予以定额依次扣减增值税、城市维护建设税、教育费附加、地方教育附加和企业所得税优惠。定额标准为每人每年 6 000 元。

（3）对持《就业创业证》（注明"自主创业税收政策"或"毕业年度内自主创业税收政策"）或 2015 年 1 月 27 日前取得的《就业失业登记证》（注明"自主创业税收政策"或附着《高校毕业生自主创业证》）人员从事个体经营的，在 3 年内按每户每年 9 600 元为限额依次扣减其当年实际应缴纳的增值税、城市维护建设税、教育费附加、地方教育附加和个人所得税。

（4）对商贸企业、服务型企业、劳动就业服务企业中的加工型企业和街道社区具有加工性质的小型企业实体，在新增加的岗位中，当年新招用在人力资源社会保障部门公共就业服务机构登记失业半年以上且持《就业创业证》或 2015 年 1 月 27 日前取得的《就业失业登记证》（注明"企业吸纳税收政策"）人员，与其签订 1 年以上期限劳动合同并依法缴纳社会保险费的，在 3 年内按实际招用人数予以定额依次扣减增值税、城市维护建设税、教育费附加、地方教育附加和企业所得税优惠。定额标准为每人每年 5 200 元。

3. 起征点

（1）按期纳税的，为月销售额 5 000~20 000 元（含本数）。

（2）按次纳税的，为每次（日）销售额 300~500 元（含本数）。

2.1.5 增值税纳税申报

增值税纳税申报的税额结构如表 2-3 所示。

表 2-3 本期抵扣进项税额结构明细表

税款所属时间： 年 月 日至 年 月 日

纳税人名称：（公章） 金额单位：元至角分

项目	栏次	金额	税额
合计	1=2+4+5+11+16+18+27+29+30		
一、按税率或征收率归集（不包括购建不动产、通行费）的进项			
16%税率的进项	2		

续表

项目	栏次	金额	税额
一、按税率或征收率归集（不包括购建不动产、通行费）的进项			
其中：有形动产租赁的进项	3		
10%税率的进项	4		
10%税率的进项	5		
其中：运输服务的进项	6		
电信服务的进项	7		
建筑安装服务的进项	8		
不动产租赁服务的进项	9		
受让土地使用权的进项	10		
6%税率的进项	11		
其中：电信服务的进项	12		
金融保险服务的进项	13		
生活服务的进项	14		
取得无形资产的进项	15		
5%征收率的进项	16		
其中：不动产租赁服务的进项	17		
3%征收率的进项	18		
其中：货物及加工、修理修配劳务的进项	19		
运输服务的进项	20		
电信服务的进项	21		
建筑安装服务的进项	22		
金融保险服务的进项	23		
有形动产租赁服务的进项	24		
生活服务的进项	25		
取得无形资产的进项	26		
减按 1.5%征收率的进项	27		
	28		
二、按抵扣项目归集的进项			
用于购建不动产并一次性抵扣的进项	29		
通行费的进项	30		
	31		
	32		

我国税法活动中常用的增值税纳税申报表如表 2-4 所示。

表 2-4　增值税纳税申报表（适用于一般纳税人）

根据《中华人民共和国增值税暂行条例》第二十二条和第二十三条的规定制定本表。纳税人不论有无销售额，均应按主管税务机关核定的纳税期限按期填报本表，并于次月一日起十五日内，向当地税务机关申报。

税款所属时间：自　年　月　日至　年　月　日　填表日期：　年　月　日　金额单位：元至角分

纳税人识别号				所属行业：		
纳税人名称	（公章）	法定代表人姓名		注册地址	营业地址	
开户银行及账号		企业登记注册类型				

	项目	栏次	一般货物及劳务		即征即退货物及劳务	
			本月数	本年累计	本月数	本年累计
销售额	（一）按适用税率征税货物及劳务销售额	1				
	其中：应税货物销售额	2				
	应税劳务销售额	3				
	纳税检查调整的销售额	4				
	（二）按简易征收办法征税货物销售额	5				
	其中：纳税检查调整的销售额	6				
	（三）免、抵、退办法出口货物销售额	7			—	—
	（四）免税货物及劳务销售额	8			—	—
	其中：免税货物销售额	9			—	—
	免税劳务销售额	10			—	—
税款计算	销项税额	11				
	进项税额	12				
	上期留抵税额	13		—		—
	进项税额转出	14				
	免抵退货物应退税额	15			—	—
	按适用税率计算的纳税检查应补缴税额	16			—	—
	应抵扣税额合计	17=12+13−14−15+16		—		—
	实际抵扣税额	18（如 17<11，则为 17，否则为 11）				
	应纳税额	19=11−18				
	期末留抵税额	20=17−18		—		—
	简易征收办法计算的应纳税额	21				

续表

税款缴纳	按简易征收办法计算的纳税检查应补缴税额	22			—	—
	应纳税额减征额	23				
	应纳税额合计	24=19+21−23				
	期初未缴税额（多缴为负数）	25				
	实收出口开具专用缴款书退税额	26			—	—
	本期已缴税额	27=28+29+30+31				
	①分次预缴税额	28		—		—
	②出口开具专用缴款书预缴税额	29		—	—	—
	③本期缴纳上期应纳税额	30				
	④本期缴纳欠缴税额	31				
	期末未缴税额（多缴为负数）	32=24+25+26−27				
	其中：欠缴税额（≥0）	33=25+26−27		—		—
	本期应补（退）税额	34=24−28−29		—		—
	即征即退实际退税额	35	—	—		
	期初未缴查补税额	36			—	—
	本期入库查补税额	37			—	—
	期末未缴查补税额	38=16+22+36−37			—	

授权声明	如果你已委托代理人申报，请填写下列资料： 为代理一切税务事宜，现授权 （地址） 为本纳税人的代理申报人，任何与本申报表有关的往来文件，都可寄予此人。 授权人签字：	申报人声明	此纳税申报表是根据《中华人民共和国增值税暂行条例》的规定填报的，我相信它是真实的、可靠的、完整的。 声明人签字：

以下由税务机关填写：
收到日期：　　　　　　　　　　接收人：　　　　　　　　　　主管税务机关盖章：

我国税务活动中增值税纳税申报表附列资料（本期销售明细）如表 2-5 所示。

表 2-5 增值税纳税申报表附列资料（一）

（本期销售情况明细）

税款所属时间： 年 月 日至 年 月 日

纳税人名称：（公章） 金额单位：元至角分

<table>
<tr><th colspan="4" rowspan="3">项目及栏次</th><th colspan="2">开具增值税专用发票</th><th colspan="2">开具其他发票</th><th colspan="2">未开具发票</th><th colspan="2">纳税检查调整</th><th colspan="3">合计</th><th rowspan="2">服务、不动产和无形资产扣除项目本期实际扣除金额</th><th colspan="2">扣除后</th></tr>
<tr><th>销售额</th><th>销项（应纳）税额</th><th>销售额</th><th>销项（应纳）税额</th><th>销售额</th><th>销项（应纳）税额</th><th>销售额</th><th>销项（应纳）税额</th><th>销售额</th><th>销项（应纳）税额</th><th>价税合计</th><th>含税（免税）销售额</th><th>销项（应纳）税额</th></tr>
<tr><th>1</th><th>2</th><th>3</th><th>4</th><th>5</th><th>6</th><th>7</th><th>8</th><th>9=1+3+5+7</th><th>10=2+4+6+8</th><th>11=9+10</th><th>12</th><th>13=11−12</th><th>14=13÷（100%+税率或征收率）×税率或征收率</th></tr>
<tr><td rowspan="7">一、一般计税方法计税</td><td rowspan="5">全部征税项目</td><td>16%税率的货物及加工修理修配劳务</td><td>1</td><td></td><td></td><td></td><td></td><td></td><td></td><td></td><td></td><td></td><td></td><td>—</td><td>—</td><td>—</td><td>—</td></tr>
<tr><td>16%税率的服务、不动产和无形资产</td><td>2</td><td></td><td></td><td></td><td></td><td></td><td></td><td></td><td></td><td></td><td></td><td></td><td></td><td></td><td></td></tr>
<tr><td>10%税率</td><td>3</td><td></td><td></td><td></td><td></td><td></td><td></td><td></td><td></td><td></td><td></td><td>—</td><td>—</td><td>—</td><td>—</td></tr>
<tr><td>10%税率</td><td>4</td><td></td><td></td><td></td><td></td><td></td><td></td><td></td><td></td><td></td><td></td><td></td><td></td><td></td><td></td></tr>
<tr><td>6%税率</td><td>5</td><td></td><td></td><td></td><td></td><td></td><td></td><td></td><td></td><td></td><td></td><td></td><td></td><td></td><td></td></tr>
<tr><td rowspan="2">其中：即征即退项目</td><td>即征即退货物及加工修理修配劳务</td><td>6</td><td>—</td><td>—</td><td>—</td><td>—</td><td>—</td><td>—</td><td>—</td><td>—</td><td></td><td></td><td>—</td><td>—</td><td>—</td><td>—</td></tr>
<tr><td>即征即退服务、不动产和无形资产</td><td>7</td><td>—</td><td>—</td><td>—</td><td>—</td><td>—</td><td>—</td><td>—</td><td>—</td><td></td><td></td><td></td><td></td><td></td><td></td></tr>
<tr><td rowspan="6">二、简易计税方法计税</td><td rowspan="6">全部征税项目</td><td>6%征收率</td><td>8</td><td></td><td></td><td></td><td></td><td></td><td></td><td>—</td><td>—</td><td></td><td></td><td>—</td><td>—</td><td>—</td><td>—</td></tr>
<tr><td>5%征收率的货物及加工修理修配劳务</td><td>9a</td><td></td><td></td><td></td><td></td><td></td><td></td><td>—</td><td>—</td><td></td><td></td><td>—</td><td>—</td><td>—</td><td>—</td></tr>
<tr><td>5%征收率的服务、不动产和无形资产</td><td>9b</td><td></td><td></td><td></td><td></td><td></td><td></td><td>—</td><td>—</td><td></td><td></td><td></td><td></td><td></td><td></td></tr>
<tr><td>4%征收率</td><td>10</td><td></td><td></td><td></td><td></td><td></td><td></td><td>—</td><td>—</td><td></td><td></td><td>—</td><td>—</td><td>—</td><td>—</td></tr>
<tr><td>3%征收率的货物及加工修理修配劳务</td><td>11</td><td></td><td></td><td></td><td></td><td></td><td></td><td>—</td><td>—</td><td></td><td></td><td>—</td><td>—</td><td>—</td><td>—</td></tr>
<tr><td>3%征收率的服务、不动产和无形资产</td><td>12</td><td></td><td></td><td></td><td></td><td></td><td></td><td>—</td><td>—</td><td></td><td></td><td></td><td></td><td></td><td></td></tr>
</table>

续表

二、简易计税方法计税	全部征税项目	预征率%	13a							—	—						
		预征率%	13b							—	—						
		预征率%	13c							—	—						
	其中：即征即退项目	即征即退货物及加工修理修配劳务	14	—	—	—	—	—	—	—	—			—	—	—	—
		即征即退服务、不动产和无形资产	15	—	—	—	—	—	—	—	—						
三、免抵退税	货物及加工修理修配劳务		16	—	—		—		—	—	—		—	—	—	—	—
	服务、不动产和无形资产		17	—	—		—		—	—	—		—				—
四、免税	货物及加工修理修配劳务		18				—		—	—	—		—	—	—	—	—
	服务、不动产和无形资产		19	—	—		—		—	—	—		—				—

我国税务活动中增值税纳税申报表附列资料（本期进项税额明细）如表 2-6 所示。

表 2-6　增值税纳税申报表附列资料（二）

（本期进项税额明细）

税款所属时间：　年　　月　　日至　　年　　月　　日

纳税人名称：　　　　　　　　　　　　（公章）　　　　　　　　　　　金额单位：元至角分

一、申报抵扣的进项税额				
项目	栏次	份数	金额	税额
（一）认证相符的增值税专用发票	1=2+3			
其中：本期认证相符且本期申报抵扣	2			
前期认证相符且本期申报抵扣	3			
（二）其他扣税凭证	4=5+6+7+8			
其中：海关进口增值税专用缴款书	5			
农产品收购发票或者销售发票	6			
代扣代缴税收缴款凭证	7		—	
其他	8			
（三）本期用于购建不动产的扣税凭证	9			
（四）本期不动产允许抵扣进项税额	10	—	—	
（五）外贸企业进项税额抵扣证明	11	—	—	

续表

<table>
<tr><td colspan="5">一、申报抵扣的进项税额</td></tr>
<tr><td>项目</td><td>栏次</td><td>份数</td><td>金额</td><td>税额</td></tr>
<tr><td>当期申报抵扣进项税额合计</td><td>12=1+4−9+10+11</td><td></td><td></td><td></td></tr>
<tr><td colspan="5">二、进项税额转出额</td></tr>
<tr><td>项目</td><td>栏次</td><td colspan="3">税额</td></tr>
<tr><td>本期进项税额转出额</td><td>13=14 至 23 之和</td><td colspan="3"></td></tr>
<tr><td>其中：免税项目用</td><td>14</td><td colspan="3"></td></tr>
<tr><td>集体福利、个人消费</td><td>15</td><td colspan="3"></td></tr>
<tr><td>非正常损失</td><td>16</td><td colspan="3"></td></tr>
<tr><td>简易计税方法征税项目用</td><td>17</td><td colspan="3"></td></tr>
<tr><td>免抵退税办法不得抵扣的进项税额</td><td>18</td><td colspan="3"></td></tr>
<tr><td>纳税检查调减进项税额</td><td>19</td><td colspan="3"></td></tr>
<tr><td>红字专用发票信息表注明的进项税额</td><td>20</td><td colspan="3"></td></tr>
<tr><td>上期留抵税额抵减欠税</td><td>21</td><td colspan="3"></td></tr>
<tr><td>上期留抵税额退税</td><td>22</td><td colspan="3"></td></tr>
<tr><td>其他应作进项税额转出的情形</td><td>23</td><td colspan="3"></td></tr>
<tr><td colspan="5">三、待抵扣进项税额</td></tr>
<tr><td>项目</td><td>栏次</td><td>份数</td><td>金额</td><td>税额</td></tr>
<tr><td>（一）认证相符的增值税专用发票</td><td>24</td><td>—</td><td>—</td><td>—</td></tr>
<tr><td>期初已认证相符但未申报抵扣</td><td>25</td><td></td><td></td><td></td></tr>
<tr><td>本期认证相符且本期未申报抵扣</td><td>26</td><td></td><td></td><td></td></tr>
<tr><td>期末已认证相符但未申报抵扣</td><td>27</td><td></td><td></td><td></td></tr>
<tr><td>其中：按照税法规定不允许抵扣</td><td>28</td><td></td><td></td><td></td></tr>
<tr><td>（二）其他扣税凭证</td><td>29=30 至 33 之和</td><td></td><td></td><td></td></tr>
<tr><td>其中：海关进口增值税专用缴款书</td><td>30</td><td></td><td></td><td></td></tr>
<tr><td>农产品收购发票或者销售发票</td><td>31</td><td></td><td></td><td></td></tr>
<tr><td>代扣代缴税收缴款凭证</td><td>32</td><td></td><td>—</td><td></td></tr>
<tr><td>其他</td><td>33</td><td></td><td></td><td></td></tr>
<tr><td></td><td>34</td><td></td><td></td><td></td></tr>
<tr><td colspan="5">四、其他</td></tr>
<tr><td>项目</td><td>栏次</td><td>份数</td><td>金额</td><td>税额</td></tr>
<tr><td>本期认证相符的增值税专用发票</td><td>35</td><td></td><td></td><td></td></tr>
<tr><td>代扣代缴税额</td><td>36</td><td>—</td><td>—</td><td></td></tr>
</table>

我国税务活动中增值税纳税申报表（适用小规模纳税人）如表 2-7 所示。

表 2-7　增值税纳税申报表（适用小规模纳税人）

纳税人识别号：

纳税人名称（公章）：　　　　　　　　金额单位：元（列至角分）

税款所属期：　　年　月　日至　　年　月　日　填表日期：　　年　月　日

	项目	栏次	本期数	本年累计
一、计税依据	（一）应征增值税货物及劳务不含税销售额	1		
	其中：税务机关代开的增值税专用发票不含税销售额	2		
	税控器具开具的普通发票不含税销售额	3		
	（二）销售使用过的应税固定资产不含税销售额	4	—	—
	其中：税控器具开具的普通发票不含税销售额	5	—	—
	（三）免税货物及劳务销售额	6		
	其中：税控器具开具的普通发票销售额	7		
	（四）出口免税货物销售额	8		
	其中：税控器具开具的普通发票销售额	9		
二、税款计算	本期应纳税额	10		
	本期应纳税额减征额	11		
	应纳税额合计	12=10−11		
	本期预缴税额	13		—
	本期应补（退）税额	14=12−13		—

纳税人或代理人声明：	如纳税人填报，由纳税人填写以下各栏：
此纳税申报表是根据国家税收法律的规定填报的，我确定它是真实的、可靠的、完整的。	办税人员（签章）：　　　　财务负责人（签章）： 法定代表人（签章）：　　　　联系电话：
	如委托代理人填报，由代理人填写以下各栏：
	代理人名称：　　　　经办人（签章）：　　　　联系电话： 代理人（公章）：

受理人：　　　　受理日期：　　年　月　日　　　　受理税务机关（签章）：

本表为 A3 竖式一式三份，一份纳税人留存，一份主管税务机关留存，一份征收部门留存

2.2　增值税的计算

2.2.1　增值税销项税额

1. 销项税额的概念及计算公式

销项税额是指增值税纳税人销售货物、提供交税劳务和应税服务，按照销售额和适用税率计算并向购买方收取的增值税税款。

$$\text{销项税额} = \text{销售额} \times \text{税率}$$
$$= \text{组成计税价格} \times \text{税率}$$

2. 销售额确定

1）一般规定

销售额为纳税人销售货物或应税劳务向购买方收取的全部价款和价外费用。

销售额包括以下三项内容：①销售货物或应税劳务取自于购买方的全部价款；②向购买方收取的各种价外费用（即价外收入）；③消费税税金（价内税）。

【例题 2-1】甲公司为增值税的一般纳税人，销售农用机械一批，取得不含税销售额 330 000 元，另收取包装费 25 000 元。

销项税额＝330 000×10%＋25 000÷（1＋10%）×10%＝35 272.73（元）

销售额不包括向购买方收取的销项税额（增值税属于价外税）。此外还有：①受托加工应征消费税的货物，而由受托方代收代缴的消费税。②同时符合以下两个条件的代垫运费，即承运部门的运费发票开具给购买方，并且由纳税人将该项发票转交给购买方。③符合条件的代为收取的政府性基金或者行政事业性收费。④销售货物的同时代办保险等而向购买方收取的保险费，以及向购买方收取的代购买方缴纳的车辆购置税、车辆牌照费。

2）含税销售额的换算

其主要包括价税合计金额、商业企业零售价、普通发票上注明的销售额、价外费用，逾期包装物押金视为含税收入。

换算公式：

不含税销售额＝含税销售额÷（1＋税率）

3）主管税务机关核定销售额

在以下两种情况下需要主管税务机关核定销售额。

（1）视同销售中无价款结算的。

（2）售价明显偏低且无正当理由或无销售额的。

在上述两种情况下，确定顺序及方法如下：①按纳税人最近时期同类货物的平均销售价格确定。②按其他纳税人最近时期销售同类货物的平均销售价格确定。③用以上两种方法均不能确定其销售额的情况下，可按组成计税价格确定销售额。公式为

组成计税价格＝成本×（1＋成本利润率）

属于应征消费税的货物，其组成计税价格中应加入消费税税额，计算公式：

组成计税价格＝成本×（1＋成本利润率）＋消费税税额

【例题 2-2】甲公司为增值税的一般纳税人，研制一种新型食品，为了进行市场推广和宣传，无偿赠送 300 件给消费者品尝，该食品无同类产品市场价，生产成本 500 元/件，成本利润率为 10%。

销项税额=300×500×（1+10%）×16%=26 400（元）

4）特殊销售——五种情况

第一，以折扣方式销售货物——三种折扣。

（1）折扣销售（会计称之为商业折扣）：同一张发票上“金额”栏分别注明的，可以按折扣后的销售额征收增值税（仅在发票“备注”栏注明折扣额，折扣额

不得扣除）；如果将折扣额另开发票，不论其财务上如何处理，均不得从销售额中减除折扣额。

（2）销售折扣（会计称之为现金折扣）：销售折扣不能从销售额中扣除。

（3）销售折让：销售折让可以通过开具红字专用发票从销售额中扣除。

【例题 2-3】甲企业为增值税的一般纳税人，本月销售给某公司 A 商品一批，由于货款回笼及时，根据合同规定，给予专卖商店 2%折扣，甲企业实际取得不含税销售额 245 万元，请计算计税销售额。

$$计税销售额 = 245 \div 98\% = 250（万元）$$

$$销项税额 = 250 \times 16\% = 40（万元）$$

第二，以旧换新销售货物。

以旧换新销售，是纳税人在销售过程中，折价收回同类旧货物，并以折价款部分冲减货物价款的一种销售方式。

特殊规定：纳税人采取以旧换新方式销售货物的（金银首饰除外），应按新货物的同期销售价格确定销售额。

【例题 2-4】甲公司为零售企业增值税一般纳税人，使用以旧换新方式销售玉石首饰，旧玉石首饰作价 78 万元，实际收取新旧首饰差价款共计 90 万元；采取以旧换新方式销售原价为 3 500 元的金项链 200 件，每件收取差价款 1 500 元。

销项税额=（78+90+200×1 500÷10 000）÷（1+16%）×16%=27.31（万元）

第三，还本销售。

不得从销售额中减除还本支出。

第四，以物易物。

双方都应作购销处理。以各自发出的货物核算销售额并计算销项税额，以各自收到的货物核算购货额并计算进项税额。如果是双方均未开具增值税专用发票，此业务只有销项税额。

第五，直销企业增值税销售额确定。

（1）直销企业—直销员—消费者。

销售额为向直销员收取的全部价款和价外费用。

（2）直销企业（直销员）—消费者。

销售额为向消费者收取的全部价款和价外费用。

5）包装物押金计税问题

（1）税法一般规定：纳税人为销售货物而出租出借包装物收取的押金，单独记账核算的，时间在 1 年内又未过期的，不并入销售额征税。对收取的包装物押金，逾期（超过 12 个月）并入销售额征税。

$$应纳增值税 = 逾期押金 \div（1 + 税率）\times 税率$$

（2）酒类产品包装物押金包括：①对销售除啤酒、黄酒外的其他酒类产品收取的包装物押金，无论是否返还以及会计上如何核算，均应并入当期销售额征税。②啤酒、黄酒押金按是否逾期处理。

6）营改增纳税人销售额的特殊规定——差额计税

其一，有形动产融资租赁。

经中国人民银行、中华人民共和国商务部、中国银行保险监督管理委员会批准从事融资租赁业务的试点纳税人提供有形动产融资租赁服务。

（1）提供融资性售后回租的有形动产租赁。以取得的全部价款和价外费用，扣除向承租方收取的有形动产价款本金，以及对外支付的借款利息（包括外汇借款和人民币借款利息）、发行债券利息后的余额为销售额。

（2）提供除融资性售后回租以外的有形动产租赁。以取得的全部价款和价外费用，扣除支付的借款利息（包括外汇借款和人民币借款利息）、发行债券利息、安装费、保险费和车辆购置税后的余额为销售额。

其二，航空运输服务。

销售额不包括代收的机场建设费和代售其他航空运输企业客票而代收转付的价款。

其三，现代服务。

（1）客运场站服务：销售额为取得的全部价款和价外费用扣除支付给承运方运费后的余额，从承运方取得的增值税专用发票注明的增值税，不得抵扣。

（2）提供知识产权代理服务、货物运输代理服务、代理报关服务，以取得的全部价款和价外费用，扣除向委托方收取并代为支付的政府性基金或行政事业性收费（不得开具增值税专用发票）后的余额为销售额。

（3）国际货物代理运输：销售额为取得的全部价款和价外费用扣除支付给国际运输企业的国际运输费后的余额。

其四，电信业。

中国移动通信集团公司、中国联合网络通信集团有限公司、中国电信集团公司及其成员单位通过手机短信公益特服号为公益性机构接受捐款服务，以其取得的全部价款和价外费用，扣除支付给公益性机构捐款后的余额为销售额。

纳税人从全部价款和价外费用中扣除价款，应当取得符合法律、行政法规和国家税务总局规定的有效凭证。否则，不得扣除。有效凭证包括：发票，境外签收单据，完税凭证，承租方开的发票、财政票据等。

《国家税务总局关于增值税发票管理若干事项的公告》（国家税务总局公告 2017 年第 45 号）规定，自 2018 年 1 月 1 日起，纳税人通过增值税发票管理新系统开具增值税发票（包括：增值税专用发票、增值税普通发票、增值税电子普通发票）时，商品和服务税收分类编码对应的简称会自动显示并打印在发票票面“货物或应税劳务、服务名称”或“项目”栏次中。

2.2.2 进项税额

进项税额是纳税人购进货物或者接受应税劳务，所支付或者负担的增值税额。它与销售方收取的销项税额相对应，其纳税申报见表 2-6。

1. 准予抵扣的进项税额

（1）从销售方取得的增值税专用发票上注明的增值税税额。

（2）从海关取得的海关进口增值税专用缴款书上注明的增值税税额。

（3）农产品深加工企业购进农产品，除取得增值税专用发票或者海关进口增值税专用缴款书外，按照农产品收购发票或者销售发票上注明的农产品买价和 10%的扣除率计算进项税额。进项税额的计算公式为

进项税额 = 买价 × 扣除率

（4）购进固定资产。

第一，农产品深加工企业购进一般农产品，按照农产品收购发票或者销售发票上注明的农产品买价和 10%的扣除率计算进项税额，从当期销项税额中扣除。

进项税额 = 买价 × 10%

采购成本=买价 × 90%

【例题 2-5】一般纳税人（农产品深加工企业）购进某农场自产玉米，收购凭证注明价款为 65 830 元，从某供销社（一般纳税人）购进玉米，增值税专用发票上注明销售额 300 000 元，计算进项税额及采购成本。

进项税额 = 65 830 × 10% + 300 000 × 10% = 36.583（元）

采购成本 = 65 830 ×（1−10%）+ 300 000 = 359 247（元）

第二，特殊农产品——烟叶。

收购烟叶准予抵扣的进项税额 =（收购金额 + 烟叶税）× 增值税税率

其中

收购金额 = 收购价款 ×（1 + 10%）

烟叶税 = 收购金额 × 20%

收购烟叶准予抵扣的进项税额 = [收购价款 ×（1 + 10%）] ×（1 + 20%）× 增值税税率

收购烟叶采购成本=买价 × 1.1 × 1.2 ×（1−增值税税率）

【例题 2-6】某卷烟厂为增值税一般纳税人，主要生产 A 牌卷烟及雪茄烟，8 月从烟农手中购进烟叶，买价 100 万元并按规定支付了 10%的价外补贴，将其运往甲企业委托加工烟丝，发生运费 8 万元，取得货运专用发票。

烟叶进项税额 = 100×（1 + 10%）×（1+20%）×10% + 8×10% = 14（万元）

收购烟叶的成本 = 100×（1 + 10%）×（1+20%）×90% + 8 = 126.8（万元）

第三，原增值税一般纳税人购进服务、无形资产或者不动产，取得的增值税专用发票上注明的增值税额为进项税额，准予从销项税额中抵扣。2016 年 5 月 1 日后取得并在会计制度上按固定资产核算的不动产或者 2016 年 5 月 1 日后取得的不动产在建工程，其进项税额应自取得之日起分 2 年从销项税额中抵扣，第一年抵扣比例为 60%，第二年抵扣比例为 40%。

税务活动中固定资产（不含不动产）进项税额抵扣情况如表 2-8 所示。

表 2-8　固定资产（不含不动产）进项税额抵扣情况表

纳税人名称（公章）：　填表日期：　年　月　日　　金额单位：元至角分

项目	当期申报抵扣的固定资产进项税额	申报抵扣的固定资产进项税额累计
增值税专用发票		
海关进口增值税专用缴款书		
合计		

【例题 2-7】××投资控股集团有限公司 2016 年 3 月在广州自建××大厦，建造期自 2016 年 3 月 1 日起至 2017 年 2 月 28 日，2017 年 3 月转入办公用房自用。项目建造总投资 1 亿元，可以形成进项抵扣的金额 1 200 万元。

2017 年 3 月至 2018 年 2 月可抵扣的进项税额：

1 200×60%=720（万元）

2018 年 3 月至 2019 年 2 月可抵扣的进项税额：

1 200×40%=480（万元）

《财政部　税务总局关于租入固定资产进项税额抵扣等增值税政策的通知》（财税〔2017〕90 号）规定，自 2018 年 1 月 1 日起，纳税人租入固定资产、不动产，既用于一般计税方法计税项目，又用于简易计税方法计税项目、免征增值税项目、集体福利或者个人消费的，其进项税额准予从销项税额中全额抵扣。

自 2018 年 1 月 1 日起，纳税人已售票但客户逾期未消费取得的运输逾期票证收入，按照“交通运输服务”缴纳增值税。纳税人为客户办理退票而向客户收取的退票费、手续费等收入，按照“其他现代服务”缴纳增值税。

纳税人支付的道路、桥、闸通行费，按照以下规定抵扣进项税额：（一）纳税人支付的道路通行费，按照收费公路通行费增值税电子普通发票上注明的增值税额抵扣进项税额。2018 年 1 月 1 日至 6 月 30 日，纳税人支付的高速公路通行费，如暂未能取得收费公路通行费增值税电子普通发票，可凭取得的通行费发票（不含财政票据，下同）上注明的收费金额按照下列公式计算可抵扣的进项税额：

高速公路通行费可抵扣进项税额=高速公路通行费发票上注明的金额÷（1+3%）×3%

2018 年 1 月 1 日至 12 月 31 日，纳税人支付的一级、二级公路通行费，如暂未能取得收费公路通行费增值税电子普通发票，可凭取得的通行费发票上注明的收费金额按照下列公式计算可抵扣进项税额：

一级、二级公路通行费可抵扣进项税额=一级、二级公路通行费发票上注明的金额÷（1+5%）×5%

（二）纳税人支付的桥、闸通行费，暂凭取得的通行费发票上注明的收费金额按照下列公式计算可抵扣的进项税额：

桥、闸通行费可抵扣进项税额=桥、闸通行费发票上注明的金额÷（1+5%）×5%

（三）本通知所称通行费，是指有关单位依法或者依规设立并收取的过路、过桥和过闸费用。

《财政部　税务总局关于租入固定资产进项税额抵扣等增值税政策的通知》提出，

自 2018 年 1 月 1 日起，航空运输销售代理企业提供境外航段机票代理服务，以取得的全部价款和价外费用，扣除向客户收取并支付给其他单位或者个人的境外航段机票结算款和相关费用后的余额为销售额。其中，支付给境内单位或者个人的款项，以发票或行程单为合法有效凭证；支付给境外单位或者个人的款项，以签收单据为合法有效凭证，税务机关对签收单据有疑义的，可以要求其提供境外公证机构的确认证明。

根据《财政部　税务总局关于资管产品增值税有关问题的通知》有关规定，自 2018 年 1 月 1 日，起资管产品管理人运营资管产品提供的贷款服务、发生的部分金融商品转让业务，按照以下规定确定销售额：（一）提供贷款服务，以 2018 年 1 月 1 日起产生的利息及利息性质的收入为销售额；（二）转让 2017 年 12 月 31 日前取得的股票（不包括限售股）、债券、基金、非货物期货，可以选择按照实际买入价计算销售额，或者以 2017 年最后一个交易日的股票收盘价（2017 年最后一个交易日处于停牌期间的股票，为停牌前最后一个交易日收盘价）、债券估值（中债金融估值中心有限公司或中证指数有限公司提供的债券估值）、基金份额净值、非货物期货结算价格作为买入价计算销售额。

自 2018 年 1 月 1 日至 2019 年 12 月 31 日，纳税人为农户、小型企业、微型企业及个体工商户借款、发行债券提供融资担保取得的担保费收入，以及为上述融资担保（以下称“原担保”）提供再担保取得的再担保费收入，免征增值税。再担保合同对应多个原担保合同的，原担保合同应全部适用免征增值税政策。否则，再担保合同应按规定缴纳增值税。

《财政部　税务总局关于资管产品增值税有关问题的通知》（财税〔2017〕56 号）规定资管产品增值税有关问题自 2018 年 1 月 1 日起施行，对资管产品在 2018 年 1 月 1 日前运营过程中发生的增值税应税行为，未缴纳增值税的，不再缴纳；已缴纳增值税的，已纳税额从资管产品管理人以后月份的增值税应纳税额中抵减。

2. 不得抵扣的进项税额

（1）一般不得抵扣项目。我国税务活动中一般不得抵扣项目如表 2-9 所示。

表 2-9　不得抵扣进项税额项目表

不得抵扣项目
1.用于简易办法征税、非增值税应税项目、免征增值税项目、集体福利或者个人消费的购进货物、应税劳务或应税服务
2.非正常损失的购进货物及相关的应税劳务
3.非正常损失的在产品、产成品所耗用的购进货物或者应税劳务
4.上述第 1~3 项规定的货物的运输费用和销售免税货物的运输费用
5.接受的旅客运输服务
6.试点纳税人从试点地区取得的 2012 年 1 月 1 日（含）以后开具的运输费用结算单据（铁路运输费用结算单据除外），不得作为增值税扣税凭证

已抵扣进项税额的不动产，发生非正常损失，或者改变用途，专用于简易计税方法计税项目、免征增值税项目、集体福利或者个人消费的，按照下列公式计算不得抵扣的进项税额。

不得抵扣的进项税额 =（已抵扣进项税额 + 待抵扣进项税额）×不动产净值率

不动产净值率=（不动产净值÷不动产原值）×100%

不得抵扣的进项税额小于或等于该不动产已抵扣进项税额的，应于该不动产改变用途的当期，将不得抵扣的进项税额从进项税额中扣减；不得抵扣的进项税额大于该不动产已抵扣进项税额的，应于该不动产改变用途的当期，将已抵扣进项税额从进项税额中扣减，并从该不动产待抵扣进项税额中扣减不得抵扣进项税额与已抵扣进项税额的差额。

【例题 2-8】2016 年 5 月 1 日，纳税人买了一栋建筑物办公用，价款 1 000 万元，进项税额为 110 万元，正常是 5 月当月抵扣 66 万元，2017 年 5 月（第 13 个月）再抵扣剩余的 44 万元，可是 2017 年 4 月纳税人就将该办公楼改为员工食堂了。

如果此时不动产的净值为 800 万元（八成新），不动产的净值率就是 800÷1 000=80%，不得抵扣的进项税为 110×80%=88 万元，大于已经抵扣的进项税额 66 万元，按照政策规定，这时应将已抵扣的 66 万元进项税额转出，并在待抵扣进项税额中扣减不得抵扣进项税额与已抵扣进项税额的差额 44−（88−66）=22 万元。

（2）原增值税一般纳税人购进服务、无形资产或者不动产，下列项目的进项税额不得从销项税额中抵扣：①用于简易计税方法计税项目、免征增值税项目、集体福利或者个人消费。其中涉及的无形资产、不动产，仅指专用于上述项目的无形资产（不包括其他权益性无形资产）、不动产。纳税人的交际应酬消费属于个人消费。②非正常损失的购进货物，以及相关的加工修理修配劳务和交通运输服务。③非正常损失的在产品、产成品所耗用的购进货物（不包括固定资产）、加工修理修配劳务和交通运输服务。④非正常损失的不动产，以及该不动产所耗用的购进货物、设计服务和建筑服务。⑤非正常损失的不动产在建工程所耗用的购进货物、设计服务和建筑服务。纳税人新建、改建、扩建、修缮、装饰不动产，均属于不动产在建工程。⑥购进的旅客运输服务、贷款服务、餐饮服务、居民日常服务和娱乐服务。⑦财政部和国家税务总局规定的其他情形。

上述第 4 点、第 5 点所称货物，是指构成不动产实体的材料和设备，包括建筑装饰材料和给排水、采暖、卫生、通风、照明、通信、煤气、消防、中央空调、电梯、电气、智能化楼宇设备及配套设施。

纳税人接受贷款服务向贷款方支付的与该笔贷款直接相关的投融资顾问费、手续费、咨询费等费用，其进项税额不得从销项税额中抵扣。

3. 抵减发生期进项税额的规定

（1）按原抵扣的进项税额转出。

【例题 2-9】甲企业（农产品深加工企业）12 月外购原材料，取得防伪税控增值税专用发票，注明金额 200 万元、增值税 32 万元，运输途中发生损失 5%，经查实属于非正常损失。向农民收购一批免税农产品，收购凭证上注明买价 40 万元，支付运输费用，取得运费增值税专用发票上注明运费 3 万元，购进后将其中的 60%用于企业职工食堂。

准予抵扣的进项税额=32×（1−5%）+（40×10%+3×10%）×（1−60%）

=32.12（万元）

【例题 2-10】某化妆品厂为增值税一般纳税人，10 月产品、材料领用情况：在建的职工文体中心领用外购材料，购进成本 35 万元，其中包括运费 5 万元；生产车间领用外购原材料，购进成本 125 万元。将购进材料用于职工文体中心在建工程（集体福利），不可以抵扣进项税，则：

进项税转出 =（35−5）× 16%+5 × 10% = 4.8+0.5=5.3（万元）

【例题 2-11】甲食品公司（农产品深加工企业）9 月购进的免税农产品（已抵扣进项税额）因保管不善发生霉烂，账面成本价 3 000 元（包括运费成本 200 元，已抵扣进项税额）。

进项税额转出 =（3 000−200）÷（1−10%）× 10% + 200 × 10%

= 311.11+20=331.11（元）

（2）无法准确确定需转出的进项税额时，按当期实际成本（进价 + 运费 + 保险费+其他有关费用）乘以征税时该货物或应税劳务适用的税率计算应扣减的进项税额。

进项税额转出数额 = 实际成本×税率

【例题 2-12】某药厂本月销售免税药品收入 10.8 万元，领用已抵扣了进项税额的原材料，成本 2 万元。

进项税转出 = 2 × 16% = 0.32（万元）

（3）公式计算不得抵扣增值税进项税额。

不得抵扣的进项税额 = 当月无法划分的全部进项税额×当月免税项目销售额、非应税项目营业额合计/当月全部销售额、营业额合计

2.2.3　应纳税额的计算

应纳税额 = 当期销项税额−当期进项税额

1. 计算应纳税额的时间界定

1）销项税额时间界定

关于销项税额的“当期”规定（即纳税义务发生时间），总的要求是：销项税计算当期，不得滞后。增值税纳税义务发生时间计算方法有两种：销售货物或应税劳务，为收讫销售款或取得索取销售额凭据的当天；先开具发票的，为开具发票的当天。

（1）采取直接收款方式销售货物，不论货物是否发出，均为收到销售额或取得索取销售额的凭据的当天。

（2）采取托收承付和委托银行收款方式销售货物，为发出货物并办妥托收手续的当天。

（3）采取赊销和分期收款方式销售货物，为书面合同约定的收款日期的当天。

（4）采取预收货款方式销售货物，为货物发出的当天。但生产销售、生产工期超过 12 个月的大型机械设备、船舶、飞机等货物，为收到预收款或者书面合同约定的收款日期的当天。

（5）委托其他纳税人代销货物，为收到代销单位销售的代销清单或收到全部或部分货款的当天；未收到代销清单及货款的，其纳税义务发生时间为发出代销商品满 180 天的当天。

（6）销售应税劳务，为提供劳务同时收讫销售款或者取得索取销售款凭据的当天。

（7）纳税人发生视同销售货物行为，为货物移送的当天。

2）进项税额抵扣时限

（1）增值税专用发票、公路内河货物运输业统一发票和机动车销售统一发票，应在开具之日起 180 日内到税务机关办理认证，并在认证通过的次月申报期内，向主管税务机关申报抵扣进项税额。

（2）一般纳税人进口货物取得的属于增值税扣税范围的海关缴款书，需经税务机关稽核比对相符后，作为进项税额抵扣。

注：公路内河货物运输业统一发票现为货物运输业增值税专用发票。

2. 扣减当期销项税额

因销货退回或折让而退还给购买方的增值税，扣减当期销项税额。

3. 扣减当期进项税额

（1）进货退回或折让。

（2）商业企业向供货方收取的返还收入税务处理。

按平销返利行为的规定冲减当期增值税进项税额。

$$\text{当期应冲减的进项税额} = \text{当期取得的返还资金} \div (1 + \text{购进货物增值税税率}) \times \text{购进货物增值税税率}$$

（3）已经抵扣进项税额的购进货物发生用途改变的税务处理。

第一，按原抵扣转出（含原来计算抵扣）。

第二，按现在成本 × 16%（或 10%）。

第三，按公式计算分解：不得抵扣的进项税额=（当月全部进项税额−当月可准确划分用于应税项目、免税项目及非应税项目的进项税额）×（当月免税项目销售额、非应税项目营业额合计/当月全部销售额、营业额合计）+当月可准确划分用于免税项目和非应税项目的进项税额。

4. 进项税额不足抵扣处理

应纳税额 < 0，余额留抵下期继续抵扣增值税。

5. 一般纳税人注销时存货及留抵税额处理

存货不作进项税额转出处理，留抵税额也不予退税。

6. 欠缴增值税、又有留抵税额处理

以期末留抵税额抵减增值税欠税；以期末留抵税额抵减拖欠的查补增值税。

7. 关于增值税税控系统专用设备和技术维护费用抵减增值税税额有关政策

（1）增值税纳税人初次购买增值税税控系统专用设备（包括分开票机）支付的费用，可凭购买增值税税控系统专用设备取得的增值税专用发票，在增值税应纳税额中全额抵减（抵减额为价税合计额）；非初次购买增值税税控系统专用设备支付的费用，由其自行负担，不得在增值税应纳税额中抵减。税务活动中常见的税控系统专用设备如表 2-10 所示。

表 2-10　税控系统专用设备

增值税税控系统	专用设备
增值税防伪税控系统	金税卡、IC 卡、读卡器或金税盘和报税盘
货物运输业增值税专用发票税控系统	税控盘和报税盘
机动车销售统一发票税控系统	税控盘和传输盘

（2）增值税纳税人缴纳的技术维护费，可凭技术维护服务单位开具的技术维护费发票，在增值税应纳税额中全额抵减。

（3）增值税一般纳税人支付的二项费用在增值税应纳税额中全额抵减的，其增值税专用发票不作为增值税抵扣凭证，其进项税额不得从销项税额中抵扣。

8. 农产品增值税进项税额核定办法（试点）

（1）适用试点范围。自 2012 年 7 月 1 日起，以购进农产品为原料生产销售液体乳及乳制品、酒及酒精、植物油的增值税一般纳税人，纳入农产品增值税进项税额核定扣除试点范围，其购进农产品无论是否用于生产上述产品，增值税进项税额均按照《农产品增值税进项税额核定扣除试点实施办法》的规定抵扣。

（2）核定方法。核定扣除的核心是以销售产品为核心核定进项税额——实耗扣税法。试点纳税人以购进农产品为原料生产货物的，农产品增值税进项税额可按照投入产出法、成本法、参照法三种方法核定。

第一，投入产出法。

参照国家标准、行业标准确定销售单位数量货物耗用外购农产品的数量（农产品单耗数量），即

当期农产品进项税额=当期销售货物数量（不含采购除农产品以外的半成品生产的货物数量）×农产品单耗数量×农产品平均购买单价×扣除率/（1＋扣除率）（财税〔2017〕37 号规定扣除率改为 11%，财税〔2018〕32 号改为 10%）

第二，成本法。

依据试点纳税人年度会计核算资料，计算确定耗用农产品的外购金额占生产成本的比例（农产品耗用率）。

当期允许抵扣农产品增值税进项税额=当期主营业务成本×农产品耗用率×扣除率/（1＋扣除率）

农产品耗用率=上年投入生产的农产品外购金额/上年生产成本

第三，参照法。

新办的试点纳税人或者试点纳税人新增产品的，试点纳税人可参照所属行业或者生产结构相近的其他试点纳税人确定农产品单耗数量或者农产品耗用率。试点纳税人购进农产品直接销售的，农产品增值税进项税额按照以下方法核定扣除。

当期允许抵扣农产品增值税进项税额=当期销售农产品数量/（1−损耗率）

×农产品平均购买单价×10%/（1+10%）

损耗率=损耗数量/购进数量

试点纳税人购进农产品用于生产经营且不构成货物实体的（包括包装物、辅助材料、燃料、低值易耗品等），增值税进项税额按照以下方法核定扣除。

当期允许抵扣农产品增值税进项税额=当期耗用农产品数量×农产品平均购买单×10%÷（1+10%）

农产品单耗数量、农产品耗用率和损耗率统称为农产品增值税进项税额扣除标准（以下称扣除标准）。

（3）试点纳税人销售货物，应合并计算当期允许抵扣农产品增值税进项税额。

（4）试点纳税人购进农产品取得的农产品增值税专用发票和海关进口增值税专用缴款书，按照注明的金额及增值税额一并计入成本科目；自行开具的农产品收购发票和取得的农产品销售发票，按照注明的买价直接计入成本。

（5）试点纳税人扣除标准核定程序如下。

试点纳税人以农产品为原料生产货物的扣除标准核定程序如下：第一，申请核定。以农产品为原料生产货物的试点纳税人应于当年1月15日前（2012年为7月15日前）或者投产之日起30日内，向主管税务机关提出扣除标准核定申请并提供有关资料。申请资料的范围和要求由省级税务机关确定。第二，审定。主管税务机关应对试点纳税人的申请资料进行审核，并逐级上报给省级税务机关。省级税务机关应由货物和劳务税处牵头，会同政策法规处等相关部门组成扣除标准核定小组，核定结果应由省级税务机关下达，主管税务机关通过网站、报刊等多种方式及时向社会公告核定结果。未经公告的扣除标准无效。省级税务机关尚未下达核定结果前，试点纳税人可按上年确定的核定扣除标准计算申报农产品进项税额。

试点纳税人购进农产品直接销售、购进农产品用于生产经营且不构成货物实体扣除标准的核定采取备案制，抵扣农产品增值税进项税额的试点纳税人应在申报缴纳税款时向主管税务机关备案。备案资料的范围和要求由省级税务机关确定。

9. 纳税人资产重组增值税留抵税额处理

增值税一般纳税人在资产重组过程中，将全部资产、负债和劳动力一并转让给其他增值税一般纳税人，并按程序办理注销税务登记的，其在办理注销登记前尚未抵扣的进项税额可结转至新纳税人处继续抵扣。

10. 总分支机构试点纳税人增值税的计算

（1）分支机构发生《应税服务范围注释》所列业务，按照应征增值税销售额和预征率计算缴纳增值税。

应预缴的增值税=应征增值税销售额×预征率

预征率由财政部和国家税务总局规定，并适时予以调整。

分支机构销售货物、提供加工修理修配劳务，按照增值税暂行条例及相关规定就地申报缴纳增值税。

（2）总机构汇总的应征增值税销售额，为总机构及其分支机构发生《应税服务范围注释》所列业务的应征增值税销售额。

总机构汇总的进项税额，是指总机构及其分支机构因发生《应税服务范围注释》所列业务而购进货物或者接受加工修理修配劳务和应税服务，支付或者负担的增值税税额。总机构及其分支机构用于发生《应税服务范围注释》所列业务之外的进项税额不得汇总。

【例题 2-13】甲公司为增值税一般纳税人，201×年 10 月发生以下业务。

（1）从农业生产者手中收购玉米40吨，每吨收购价3 000元，共计支付收购价款120 000元。企业将收购的玉米从收购地直接运往异地的某酒厂生产加工药酒，酒厂在加工过程中代垫辅助材料款 15 000 元。药酒加工完毕，企业收回药酒时取得酒厂开具的增值税专用发票，注明加工费 30 000 元、增值税额 4 800 元，加工的药酒当地无同类产品市场价格。

本月内企业将收回的药酒批发售出，取得不含税销售额 260 000 元。另外支付给运输单位的销货运输费用 12 000 元，取得普通发票。

要求：计算业务（1）中应缴纳的增值税。

销项税额 = 260 000 × 16% = 41 600（元）

应抵扣进项税额 = 120 000 × 10% + 4 800 = 16 800（元）

应纳增值税税额 = 41 600−16 800 = 24 800（元）

（2）购进货物取得增值税专用发票，注明金额 450 000 元、增值税额 72 000 元；支付给运输单位购货运费，取得增值税专用发票上注明运输费 22 500 元。本月将已验收入库货物的 80%零售，取得含税销售额 580 000 元，20%用于本企业集体福利。

要求：计算业务（2）中应缴纳的增值税。

销项税额 = 580 000÷（1 + 16%）× 16% = 80 000（元）

应抵扣的进项税额 =（72 000 + 22 500 × 10%）× 80% = 59 400（元）

应纳增值税税额 = 80 000−59 400 = 20 600（元）

（3）购进原材料取得增值税专用发票，注明金额 160 000 元、增值税额 25 600 元，材料验收入库。本月生产加工一批新产品 450 件，每件成本价 380 元（无同类产品市场价格），全部售给本企业职工，取得不含税销售额 171 000 元。月末盘存发现半年前从东北购进的原材料被盗，金额 50 000 元（其中含分摊的运输费用 4 650 元）。

要求：计算业务（3）中应缴纳的增值税。

销项税额 = 450 × 380 ×（1 + 10%）× 16% = 30 096（元）

进项税额转出 =（50 000−4 650）× 16% + 4 650 × 10% = 7 721（元）

应抵扣的进项税额 = 25 600−7 721 = 17 879（元）

应纳增值税税额 = 30 096−17 879 = 12 217（元）

（4）销售使用过的一台机器（购进时未抵扣进项税额），取得含税销售额 52 440 元。

要求：计算业务（4）中应缴纳的增值税。

销售使用过机器应纳增值税 = 52 440 ÷（1 + 3%）× 2% = 1 018.25（元）

（5）当月发生逾期押金收入 12 760 元。

要求：计算业务（5）中应缴纳的增值税。

押金收入应纳增值税税额 = 12 760÷（1 + 16%）× 16% = 1 760（元）

结论：该企业 10 月应纳增值税税额 = 24 800 + 20 600 + 12 217 + 1 018.25 + 1 760 =

60 395.25（元）

2.2.4 简易计税方法应纳税额的计算

1. 小规模纳税人应纳增值税计算

（1）简易方法基本规定。按照销售额和规定的征收率计算应纳税额，不得抵扣进项税额。计算公式为

应纳税额 = 不含税销售额 × 征收率 = 含税销售额 ÷（1 + 3%）× 3%（或 2%）

（2）主管税务机关为小规模纳税人代开发票应纳税额计算。小规模纳税人销售货物或提供应税劳务，可以申请由主管税务机关代开发票。

应纳税额 = 不含税销售额 × 征收率 = 含税销售额 ÷（1 + 3%）× 3%（或 2%）

（3）小规模纳税人购进税控收款机的进项税额抵扣。可凭购进税控收款机取得的增值税专用发票上注明的增值税额，抵免当期应纳增值税。凭普通发票上注明的价款，依下列公式计算可抵免的税额。

可抵免的税额 = 价款 ÷（1 + 16%）× 16%

当期应纳税额不足抵免的，未抵免的部分可在下期继续抵免。

【例题 2-14】某商业零售企业为增值税小规模纳税人，201×年 8 月购进货物（商品）取得普通发票，共计支付金额 120 000 元；经主管税务机关核准购进税控收款机一台取得普通发票，支付金额 5 800 元；本月内销售货物取得零售收入共计 158 080 元。计算该企业 8 月应缴纳的增值税。

该企业 8 月应缴纳的增值税 = 158 080 ÷（1 + 3%）× 3%−5 800 ÷（1 + 16%）× 16%
= 3 804.27（元）

（4）小规模纳税人（除其他个人外）销售自己使用过的货物。

小规模纳税人销售已使用货物的相关政策规定如表 2-11 所示。

表 2-11 小规模纳税人销售已使用货物相关政策

销售已用货物	税务处理	计税公式
1.销售自己使用过的固定资产和旧货	减按 2%征收率征收增值税	增值税 = 售价÷（1 + 3%）×2%
2.销售自己使用过的除固定资产以外的物品	按 3%的征收率征收增值税	增值税 = 售价÷（1 + 3%）×3%

《国家税务总局关于增值税发票管理若干事项的公告》（国家税务总局公告 2017 年第 45 号）规定，扩大增值税小规模纳税人自行开具增值税专用发票试点范围。自 2018 年 2 月 1 日起，月销售额超过 3 万元（或季销售额超过 9 万元）的工业以及信息传输、软件和信息技术服务业增值税小规模纳税人（以下简称试点纳税人）发生增值税应税行为，需要开具增值税专用发票的，可以通过增值税发票管理新系统自行开具。

试点纳税人销售其取得的不动产，需要开具增值税专用发票的，应当按照有关规定向地税机关申请代开。

2. 一般纳税人按简易征税

“营改增”后，一般纳税人发生下列应税行为可以选择适用简易计税方法计税。

（1）公共交通运输服务。公共交通运输服务，包括轮客渡、公交客运、地铁、城市轻轨、出租车、长途客运、班车。班车，是指按固定路线、固定时间运营并在固定站点停靠的运送旅客的陆路运输服务。

（2）经认定的动漫企业为开发动漫产品提供的动漫脚本编撰、形象设计、背景设计、动画设计、分镜、动画制作、摄制、描线、上色、画面合成、配音、配乐、音效合成、剪辑、字幕制作、压缩转码（面向网络动漫、手机动漫格式适配）服务，以及在境内转让动漫版权（包括动漫品牌、形象或者内容的授权及再授权）。

动漫企业和自主开发、生产动漫产品的认定标准和认定程序，按照《文化部　财政部　国家税务总局关于印发〈动漫企业认定管理办法（试行）〉的通知》（文市发〔2008〕51 号）的规定执行。

（3）电影放映服务、仓储服务、装卸搬运服务、收派服务和文化体育服务。

（4）以纳入营改增试点之日前取得的有形动产为标的物提供的经营租赁服务。

（5）在纳入营改增试点之日前签订的尚未执行完毕的有形动产租赁合同。

（6）一般纳税人转让其 2016 年 4 月 30 日前取得（不含自建）的不动产，可以选择适用简易计税方法计税，以取得的全部价款和价外费用扣除不动产购置原价或者取得不动产时的作价后的余额为销售额，按照5%的征收率计算应纳税额。纳税人应按照上述计税方法向不动产所在地主管地税机关预缴税款，向机构所在地主管国税机关申报纳税。

（7）一般纳税人转让其 2016 年 4 月 30 日前自建的不动产，可以选择适用简易计税方法计税，以取得的全部价款和价外费用为销售额，按照 5%的征收率计算应纳税额。纳税人应按照上述计税方法向不动产所在地主管地税机关预缴税款，向机构所在地主管国税机关申报纳税。

（8）一般纳税人出租其 2016 年 4 月 30 日前取得的不动产，可以选择适用简易计税方法，按照 5%的征收率计算应纳税额。

（9）一般纳税人以清包工方式提供的建筑服务，可以选择适用简易计税方法计税。以清包工方式提供建筑服务，是指施工方不采购建筑工程所需的材料或只采购辅助材料，并收取人工费、管理费或者其他费用的建筑服务。

（10）一般纳税人为甲供工程提供的建筑服务，可以选择适用简易计税方法计税。甲供工程，是指全部或部分设备、材料、动力由工程发包方自行采购的建筑工程。

（11）一般纳税人为建筑工程老项目提供的建筑服务，可以选择适用简易计税方法计税。建筑工程老项目主要包括：《建筑工程施工许可证》注明的合同开工日期在 2016 年 4 月 30 日前的建筑工程项目；未取得《建筑工程施工许可证》的，建筑工程承包合同注明的开工日期在 2016 年 4 月 30 日前的建筑工程项目。

（12）房地产开发企业中的一般纳税人，销售自行开发的房地产老项目，可以选择适用简易计税方法按照 5%的征收率计税。

（13）公路经营企业中的一般纳税人收取试点前开工的高速公路的车辆通行费，可以选择适用简易计税方法，减按3%的征收率计算应纳税额。试点前开工的高速公路，是指相关施工许可证明上注明的合同开工日期在2016年4月30日前的高速公路。

一般纳税人按照简易办法征收增值税的征收率规定如下所述。

（1）临时到外省、市销售货物：向经营地出示“外管证”回原地纳税和开发票；未持“外管证”，经营地税务机关按3%的征收率征税。

（2）列举的自产货物：①自产货物，如自来水、商品混凝土；②经营货物，如寄售商店代销寄售物品（包括居民个人寄售的物品在内）；典当业销售死当物品；批准的免税商店零售的免税品。

（3）公路经营企业中的一般纳税人收取试点前开工的高速公路的车辆通行费，可以选择适用简易计税方法，减按3%的征收率计算应纳税额。试点前开工的高速公路，是指相关施工许可证明上注明的合同开工日期在2016年4月30日前的高速公路。

一般纳税人销售使用过的固定资产的相关政策规定如表2-12所示。

表2-12　一般纳税人销售已使用固定资产相关政策

销售使用过的	税务处理	计税公式
1.销售2008-12-31前购进或自制的固定资产（未抵扣进项税额）	按简易办法：依4%征收率减半征收自2014年7月1日起改为依3%征收率减按2%征收	增值税＝含税售价÷（1＋3%）×2%
2.销售2009-01-01后购进或自制的固定资产（购进当期已抵扣进项税额）	按正常销售货物适用税率征收增值税	销项税额＝含税售价÷（1＋17%）×17% 2018年5月1日后销项税额=含税售价÷（1+16%）×16%

【例题2-15】甲公司（2008年1月1日纳入试点地区）出售一台使用过的设备，原价234 000元（含增值税），购入时间为2008年2月。设备折旧年限为10年，采用直线法折旧，不考虑净残值。假定2011年2月，甲企业出售该设备，该设备恰好已使用3年，售价为210 600元（含增值税），适用17%的增值税税率。该项固定资产取得时，增值税进项税额已计入“应交税费—应交增值税（进项税额）”科目。则甲公司销售时应当缴纳的增值税为多少？

由于固定资产是在增值税转型后购入的，则固定资产原价为200 000元（不包括进项税额）。

3年累计计提折旧＝（200 000÷10）×3＝60 000（元）

销售时缴纳增值税＝[210 600÷（1＋17%）]×17%＝30 600（元）

例题2-15中如果该设备购入时间为2007年11月5日，则固定资产的原值为234 000元（购入的增值税进项税额34 000元计入设备成本），设备出售之日为2010年11月5日，则设备出售视为旧货销售，按照不含税销售额与4%的征收率减半征收增值税。

3年累计计提折旧＝（234 000÷10）×3＝70 200（元）

2010年出售时应缴纳增值税＝[210 600÷（1＋4%）]×4%×50%＝4 050（元）

2.3　增值税的会计处理

2.3.1　增值税会计科目的设置

根据《中华人民共和国增值税暂行条例》和《财政部　国家税务总局关于全面推开营业税改征增值税试点的通知》（财税〔2016〕36 号）等有关规定，现对增值税有关会计处理规定如下。

增值税一般纳税人应当在"应交税费"科目下设置"应交增值税""未交增值税""预缴增值税""待抵扣进项税额""待认证进项税额""待转销项税额""增值税留抵税额""简易计税""转让金融商品应交增值税""代扣代缴增值税"等明细科目。

（1）增值税一般纳税人应在"应交增值税"明细账内设置"进项税额""销项税额抵减""已交税金""转出未交增值税""减免税款""出口抵减内销产品应纳税额""销项税额""出口退税""进项税额转出""转出多交增值税"等专栏。其中：①"进项税额"专栏，记录一般纳税人购进货物、加工修理修配劳务、服务、无形资产或不动产而支付或负担的、准予从当期销项税额中抵扣的增值税额；②"销项税额抵减"专栏，记录一般纳税人按照现行增值税制度规定因扣减销售额而减少的销项税额；③"已交税金"专栏，记录一般纳税人当月已交纳的应交增值税额；④"转出未交增值税"和"转出多交增值税"专栏，分别记录一般纳税人月度终了转出当月应交未交或多交的增值税额；⑤"减免税款"专栏，记录一般纳税人按现行增值税制度规定准予减免的增值税额；⑥"出口抵减内销产品应纳税额"专栏，记录实行"免、抵、退"办法的一般纳税人按规定计算的出口货物的进项税抵减内销产品的应纳税额；⑦"销项税额"专栏，记录一般纳税人销售货物、加工修理修配劳务、服务、无形资产或不动产应收取的增值税额；⑧"出口退税"专栏，记录一般纳税人出口货物、加工修理修配劳务、服务、无形资产按规定退回的增值税额；⑨"进项税额转出"专栏，记录一般纳税人购进货物、加工修理修配劳务、服务、无形资产或不动产等发生非正常损失以及其他原因而不应从销项税额中抵扣、按规定转出的进项税额。

（2）"未交增值税"明细科目，核算一般纳税人月度终了从"应交增值税"或"预缴增值税"明细科目转入当月应交未交、多交或预缴的增值税额，以及当月交纳以前期间未交的增值税额。

（3）"预缴增值税"明细科目，核算一般纳税人转让不动产、提供不动产经营租赁服务、提供建筑服务、采用预收款方式销售自行开发的房地产项目等，以及其他按现行增值税制度规定应预缴的增值税额。

（4）"待抵扣进项税额"明细科目，核算一般纳税人已取得增值税扣税凭证并经税务机关认证，按照现行增值税制度规定准予以后期间从销项税额中抵扣的进项税额，包括：一般纳税人自 2016 年 5 月 1 日后取得并按固定资产核算的不动产或者 2016 年 5 月 1 日后取得的不动产在建工程，按现行增值税制度规定准予以后期间从销项税额中抵扣的进项税额；实行纳税辅导期管理的一般纳税人取得的尚未交叉稽核比对的增值税扣税凭证上注明或计算的进项税额。

（5）“待认证进项税额”明细科目，核算一般纳税人由于未经税务机关认证而不得从当期销项税额中抵扣的进项税额，包括：一般纳税人已取得增值税扣税凭证，按照现行增值税制度规定准予从销项税额中抵扣，但尚未经税务机关认证的进项税额；一般纳税人已申请稽核但尚未取得稽核相符结果的海关缴款书进项税额。

（6）“待转销项税额”明细科目，核算一般纳税人销售货物、加工修理修配劳务、服务、无形资产或不动产，已确认相关收入（或利得）但尚未发生增值税纳税义务而需以后期间确认为销项税额的增值税额。

（7）“增值税留抵税额”明细科目，核算兼有销售服务、无形资产或者不动产的原增值税一般纳税人，截至纳入营改增试点之日前的增值税期末留抵税额，按照现行增值税制度规定不得从销售服务、无形资产或不动产的销项税额中抵扣的增值税留抵税额。

（8）“简易计税”明细科目，核算一般纳税人采用简易计税方法发生的增值税计提、扣减、预缴、缴纳等业务。

（9）“转出多交增值税”专栏，记录企业月末转出多交的增值税。

（10）“转让金融商品应交增值税”明细科目，核算增值税纳税人转让金融商品发生的增值税额。

（11）“代扣代缴增值税”明细科目，核算纳税人购进在境内未设经营机构的境外单位或个人在境内的应税行为代扣代缴的增值税。

小规模纳税人只需在“应交税费”科目下设置“应交增值税”明细科目，不需要设置上述专栏及除“转让金融商品应交增值税”“代扣代缴增值税”外的明细科目。

2.3.2 一般纳税人的会计核算

1. 一般纳税人销项税额的会计处理

企业销售货物或提供应税劳务，应按实现的营业收入和按规定收取的增值税额，借记“应收账款”“应收票据”“银行存款”等科目，按实现的营业收入，贷记“主营业务收入”等科目，按专用发票上注明的增值税额，贷记“应交税费——应交增值税（销项税额）”。发生的销货退回，做相反会计分录。

1）直接收款销售方式

税法规定，企业采取直接收款方式销售货物，不论货物是否发出，均为收到销售款或者取得索取销售款凭据的当天作为销售收入实现、纳税义务发生和开出增值税发票的时间。

【例题 2-16】甲公司为增值税的一般纳税人，销售货物价款为 600 000 元，货款已经收到并存入银行。

借：银行存款	696 000
贷：主营业务收入	600 000
应交税费——应交增值税（销项税额）	96 000

【例题 2-17】A 企业于 201×年 8 月 21 日销售一批商品，成本为 400 000 元，售价为 500 000 元，商品已经发出，发票也一并交付买方，买方当天收到商品后付款。

确认销售收入：

借：银行存款 580 000

　　贷：主营业务收入 500 000

　　　　应交税费——应交增值税（销项税额） 80 000

同时结转销售成本：

借：主营业务成本 400 000

　　贷：库存商品 400 000

2）预收货款销售方式

企业采用预收货款结算方式销售货物的，以货物发出的当天作为销售收入实现、纳税义务发生和开出增值税发票的时间。

【例题 2-18】甲公司于 201×年 10 月 1 日销售商品，开出的增值税专用发票上注明售价为 600 000 元，增值税税额为 96 000 元；商品已经发出，货款已预收；该批商品的成本为 420 000 元。

借：预收账款 696 000

　　贷：主营业务收入 600 000

　　　　应交税费——应交增值税（销项税额） 96 000

借：主营业务成本 420 000

　　贷：库存商品 420 000

【例题 2-19】某生产制造企业为增值税一般纳税人，201×年 12 月 31 日销售大型设备，设备已发出，合同价款为 100 万元，成本为 80 万元，买方已预付部分货款 50 万元，但根据合同规定，卖方负责安装，卖方在安装并检验合同后，买方立即支付余款。第二年 3 月 20 日设备安装结束，买方付款。

账务处理

收到预收款时：

借：银行存款 500 000

　　贷：预收账款 500 000

商品发出时：

借：发出商品 800 000

　　贷：库存商品 800 000

借：应收账款 160 000

　　贷：应交税费——应交增值税（销项税额） 160 000

第二年 3 月安装合格，验收完毕时：

借：银行存款 660 000

　　预收账款 500 000

　　贷：主营业务收入 1 000 000

　　　　应收账款 160 000

借：主营业务成本 800 000

  贷：发出商品 800 000

3）赊销和分期收款销售方式

企业采取赊销和分期收款方式销售货物的，其纳税义务发生时间为书面合同约定的收款日期的当天；无书面合同或者书面合同没有约定收款日期的，货物发出的当天作为纳税义务发生的时间。

【例题 2-20】甲公司采用托收承付结算方式销售一批商品，开出的增值税专用发票上注明售价为 600 000 元，增值税税额为 96 000 元；商品已经发出，并已向银行办妥托收手续；该批商品的成本为 420 000 元。甲公司应编制如下会计分录。

（1）借：应收账款 696 000

  贷：主营业务收入 600 000

    应交税费——应交增值税（销项税额） 96 000

（2）借：主营业务成本 420 000

  贷：库存商品 420 000

发出商品不符合收入确认条件时：①如果销售该商品的纳税义务已经发生，如已经开出增值税专用发票，则应确认应交的增值税销项税额，借记“应收账款”等科目，贷记“应交税费——应交增值税（销项税额）”科目。②如果纳税义务没有发生，则不需进行上述处理。

【例题 2-21】A 公司于 201×年 3 月 3 日采用托收承付结算方式向 B 公司销售一批商品，开出的增值税专用发票上注明售价为 100 000 元，增值税税额为 16 000 元；该批商品成本为 60 000 元。A 公司在销售该批商品时已得知 B 公司资金流转发生暂时困难，但为了减少存货积压，同时也为了维持与 B 公司长期以来建立的商业关系，A 公司仍将商品发出，并办妥托收手续。假定 A 公司销售该批商品的纳税义务已经发生。A 公司应编制如下会计分录。

发出商品时：

借：发出商品 60 000（成本价）

  贷：库存商品 60 000（成本价）

同时，因 A 公司销售该批商品的纳税义务已经发生，应确认增值税销项税额。

借：应收账款 16 000

  贷：应交税费——应交增值税（销项税额） 16 000

（注：如果销售该批商品的纳税义务尚未发生，则不作这笔分录，待纳税义务发生时再作应交增值税的分录）

假定 201×年 11 月 A 公司得知 B 公司经营情况逐渐好转，B 公司承诺近期付款，A 公司应在 B 公司承诺付款时确认收入，A 公司应编制如下会计分录：

借：应收账款 100 000

  贷：主营业务收入 100 000

同时结转成本：

借：主营业务成本 60 000

贷：发出商品　　60 000

假定 A 公司于 201×年 12 月 6 日收到 B 公司支付的货款，A 公司应编制如下会计分录：

借：银行存款　　116 000

贷：应收账款　　116 000

4）混合销售业务

从事货物的生产、批发或者零售的企业，企业性单位和个体工商户的混合销售行为，视为销售货物，应当缴纳增值税。但纳税人销售自产货物并同时提供建筑业劳务的行为，应当分别核算货物的销售额和非增值税应税劳务的营业额，并根据其销售货物的销售额计算缴纳增值税，非增值税应税劳务的营业额不缴纳增值税；未分别核算的，由主管税务机关核定其货物的销售额，其中非应税劳务的收入计入“其他业务收入”科目。

5）委托代销

委托其他纳税人代销货物，为收到代销单位的代销清单或者收到全部或者部分货款的当天作为销售收入实现、纳税义务发生和开出增值税发票的时间。委托代销主要有视同买断和收取手续费方式两种方式。下面举例说明收取手续费方式。

采用支付手续费委托代销方式下，委托方在发出商品时通常不应确认销售商品收入，而应在收到受托方开出的代销清单时确认为销售商品收入，同时应将支付的代销手续计入销售费用。受托方应在代销商品销售后，按合同或协议约定的方式计算确定代销手续费，确认劳务收入。

确认代销手续费收入时：

借：应付账款

贷：其他业务收入

【例题 2-22】甲公司委托丙公司销售商品200 件，商品已经发出，每件成本为 65 元。合同约定丙公司应按每件 100 元对外销售，甲公司按售价的 10%向丙公司支付手续费。丙公司对外实际销售 100 件，开出的增值税专用发票上注明的销售价格为 10 000 元，增值税税额为 1 600 元，款项已经收到。甲公司收到丙公司开具的代销清单时，向丙公司开具一张相同金额的增值税专用发票。假定：甲公司发出商品时纳税义务尚未发生；甲公司采用实际成本核算，丙公司采用进价核算代销商品。

甲公司应编制如下会计分录。

（1）发出商品时：

借：委托代销商品　　13 000

贷：库存商品　　13 000

（2）收到代销清单时：

借：应收账款　　11 600

贷：主营业务收入　　10 000

应交税费——应交增值税（销项税额）　　1 600

借：主营业务成本　　6 500

贷：委托代销商品 6 500

借：销售费用 1 000

贷：应收账款 1 000

代销手续费金额 = 10 000×10% = 1 000（元）

（3）收到丙公司支付的货款时：

借：银行存款 10 600

贷：应收账款 10 600

丙公司应编制如下会计分录。

（1）收到商品时：

借：受托代销商品 20 000

贷：受托代销商品款 20 000

（2）对外销售时：

借：银行存款 11 600

贷：受托代销商品 10 000

应交税费——应交增值税（销项税额） 1 600

（3）收到增值税专用发票时：

借：应交税费——应交增值税（进项税额） 1 600

贷：应付账款 1 600

借：受托代销商品款 10 000

贷：应付账款 10 000

（4）支付货款并计算代销手续费时：

借：应付账款 11 600

贷：银行存款 10 600

其他业务收入 1 000

6）用于对外投资、捐赠的货物

企业将自产、委托加工或购买的货物作投资，提供给其他单位或者个体工商户作为销售活动；无偿捐赠其他单位或个人的，按税法属于视同销售行为，应按自产、委托加工或购买的货物成本与税务机关核定的货物计税依据计算缴纳增值税，纳税义务发生时间为货物移送的当天。

（1）借：长期股权投资（营业外支出）

贷：主营业务收入

应交税费——应交增值税（销项税额）

（2）借：主营业务成本（账面价值）

贷：库存商品等

【例题 2-23】 7 月，某企业将售价为 1.2 万元（不含税）的自制 A 产品和外购 1.16 万元（含税价）的礼品 B 商品赠送有关客户，自制 A 产品的成本为 1 万元。

借：管理费用——业务招待费 23 520

贷：库存商品——A 产品 10 000

——B 商品 10 000

应交税费——应交增值税（销项税额） 3 520

【例题 2-24】甲公司将所生产的乙产品无偿赠送给他人，生产成本 9 000 元，计税不含税价 11 000 元。将购进的 A 材料 400 千克，每千克计划价 30 元，无偿赠送他人，该材料计划成本差异率为−2%。已计提跌价准备 1 100 元。

乙产品应计销项税额=11 000 × 16%=1 760（元）

A 材料实际成本=400 × 30 ×（1−2%）=11 760（元）

A 材料成本差异=400 × 30×（−2%）=−240（元）

借：营业外支出 24 440

材料成本差异 240

贷：库存商品 9 000

原材料 12 000

应交税费——应交增值税（销项税额） 3 680

7）将自产委托加工的货物分配给股东

纳税人将自产、委托加工的货物分配给股东，货物的所有权也发生了转移，所以同样要作为销售缴纳增值税，纳税义务的确认时间为货物移送的当天。

（1）借：应付股利

贷：主营业务收入（公允价值）

应交税费——应交增值税（销项税额）

（2）借：主营业务成本（账面价值）

贷：库存商品等

8）“买一赠一”等实物折扣销售

企业销售货物时采用“买一赠一”方式，除正常销售货物需计算缴纳增值税外，赠品也按增值税暂行条例视同销售货物中的赠送他人计算缴纳增值税。

（1）确认收入时：

借：银行存款、现金

贷：主营业务收入

应交税费——应交增值税（销项税额）

（2）结转成本时：

借：主营业务成本

贷：库存商品

（3）赠品的账务处理：

借：销售费用

贷：库存商品

应交税费——应交增值税（销项税额）

9）以物易物方式销售货物

采取以物易物方式销售的双方都应作购销处理，以各自发出的货物核算销售额，以各自收到的货物按规定核算购货额并计算进项税额。

【例题 2-25】甲公司于 201×年 12 月以自产 A 产品换取原材料一批，原材料已经验收入库，取得的增值税专用发票上注明的价款 76 000 元，增值税额 12 160 元，发出 A 产品不含税价格为 65 000 元，增值税额 10 400 元，另支付差价款 12 760 元。

借：原材料　　76 000
　　应交税费——应交增值税（进项税额）　　12 160
　　贷：主营业务收入　　65 000
　　　　应交税费——应交增值税（销项税额）　　10 400
　　　　银行存款　　12 760

10）采取以旧换新和还本销售的方式

采取以旧换新方式销售货物，销售额与收购额不能相互抵减，其销售额按新货物同期销售价格确定；而以还本销售方式销售货物实质上属于一种融资行为，其销售额就是货物的销售价格，并且不得从销售额中还本支出，其会计处理与一般货物销售相同。

【例题 2-26】某百货大楼销售森林牌电视机零售价 3 480 元 / 台（含增值税），若顾客交还同品牌旧电视机作价 1 000 元，交差价 2 480 元就可换回全新电视机。当月采用此种方式销售 A 牌电视机 100 台，增值税税率 16%，作会计分录如下：

借：银行存款　　2 480
　　库存商品——旧电视机　　1 000
　　贷：主营业务收入——森林牌电视机　　3 000
　　　　应交税费——应交增值税（销项税额）　　480

金银首饰以旧换新（按实际收取的价款计提销项税额）。

【例题 2-27】某金银首饰零售商店为小规模纳税人，10 月取得含税销售收入 60 000 元，以旧换新业务收入 30 000 元（含税），其中收回旧金银首饰折价 21 000 元，实收现金 9 000 元。

应纳增值税=（60 000＋9 000）÷（1+3%）×3%=2 010（元）

借：银行存款　　69 000
　　库存商品——旧金银首饰　　21 000
　　贷：主营业务收入——金银首饰　　87 990
　　　　应交税费——应交增值税（销项税额）　　2 010

11）销售自己使用过的固定资产

销售自己使用过的 2009 年 1 月 1 日以后购进或者自制的固定资产，按照适用税率征收增值税；销售自己使用过的 2008 年 12 月 31 日以前购进或者自制的固定资产，按照 4%征收率减半征收增值税。

【例题 2-28】A 企业于 2009 年 8 月 2 日转让 5 月购入的一台设备，该设备原价为 200 000 元，累计已提取折旧 80 000 元，取得变价收入 100 000 元，增值税额 16 000 元，已经收到全部款项。该设备购进时所含增值税 34 000 元已全部计入进项税额。假定 A 企业未计提减值准备，不考虑其他相关税费，A 企业应作如下会计处理。

（1）转入清理时：

借：固定资产清理　　120 000

累计折旧　80 000

贷：固定资产　200 000

（2）收取价款和增值税额：

借：银行存款　116 000

贷：固定资产清理　100 000

应交税费——应交增值税（销项税额）　16 000

（3）结转固定资产清理损失：

借：营业外支出　20 000

贷：固定资产清理　20 000

【例题 2-29】假设 B 企业于 201×年 3 月转让 2002 年购入的生产设备，原价为 1 000 000 元，累计已提取折旧 800 000 元，取得变价收入 208 000 元，款项已收到。假定 B 企业未计提减值准备，不考虑其他相关税费。B 企业应作如下会计处理。

（1）转入清理：

借：固定资产清理　200 000

累计折旧　800 000

贷：固定资产　1 000 000

（2）收取价款：

借：银行存款　208 000

贷：固定资产清理　208 000

（3）计算应交增值税：

应交增值税：208 000÷（1+4%）×4%÷2=4 000（元）

借：固定资产清理　4 000

贷：应交税费——未交增值税　4 000

（4）结转固定资产清理损益：

借：固定资产清理　4 000

贷：营业外收入　4 000

12）转让不动产

（1）一般纳税人转让其 2016 年 4 月 30 日前取得（不含自建）的不动产，可以选择适用简易计税方法计税，以取得的全部价款和价外费用扣除不动产购置原价或者取得不动产时的作价后的余额为销售额，按照5%的征收率计算应纳税额。纳税人应按照上述计税方法向不动产所在地主管地税机关预缴税款，向机构所在地主管国税机关申报纳税。

应交增值税=（全部价款和价外费用−不动产购置原价或者取得不动产时的作价）÷（1+5%）×5%

会计分录如下：

借：银行存款

贷：固定资产清理

应交税费——应交增值税（销项税额）

按上述税款在不动产所在地预缴，会计处理：

借：应交税费——应交增值税（已交税金）

贷：银行存款

（2）一般纳税人转让其2016年4月30日前自建的不动产，可以选择适用简易计税方法计税，以取得的全部价款和价外费用为销售额，按照5%的征收率计算应纳税额。纳税人应按照上述计税方法向不动产所在地主管地税机关预缴税款，向机构所在地主管国税机关申报纳税。

应交增值税=全部价款和价外费用÷（1+5%）×5%

会计分录如下：

借：银行存款

贷：固定资产清理

应交税费——应交增值税（销项税额）

按上述税款在不动产所在地预缴，会计处理：

借：应交税费——应交增值税（已交税金）

贷：银行存款

（3）一般纳税人转让其2016年4月30日前取得（不含自建）的不动产，选择适用一般计税方法计税的，以取得的全部价款和价外费用为销售额计算应纳税额。纳税人应以取得的全部价款和价外费用扣除不动产购置原价或者取得不动产时的作价后的余额，按照5%的预征率向不动产所在地主管地税机关预缴税款，向机构所在地主管国税机关申报纳税。

应交增值税=全部价款和价外费用÷（1+10%）×10%

会计分录如下：

借：银行存款

贷：固定资产清理

应交税费——应交增值税（销项税额）

不动产所在地应预缴增值税=（全部价款+价外费用−不动产购置原价或者取得不动产时的作价）÷（1+10%）×5%

借：应交税费——应交增值税（已交增值税）

贷：银行存款

（4）一般纳税人转让其2016年4月30日前自建的不动产，选择适用一般计税方法计税的，以取得的全部价款和价外费用为销售额计算应纳税额。纳税人应以取得的全部价款和价外费用，按照5%的预征率向不动产所在地主管地税机关预缴税款，向机构所在地主管国税机关申报纳税。

应交增值税=全部价款和价外费用÷（1+10%）×11%

会计分录如下：

借：银行存款

贷：固定资产清理

应交税费——应交增值税（销项税额）

不动产所在地应预缴增值税=全部价款和价外费用÷（1+10%）×5%

会计处理：

借：应交税费——应交增值税——已交增值税

贷：银行存款

（5）一般纳税人转让其 2016 年 5 月 1 日后取得（不含自建）的不动产，适用一般计税方法的，以取得的全部价款和价外费用为销售额计算应纳税额。纳税人应以取得的全部价款和价外费用扣除不动产购置原价或者取得不动产时的作价后的余额，按照 5%的预征率向不动产所在地主管地税机关预缴税款，向机构所在地主管国税机关申报纳税。

会计分录如下：

应交增值税=全部价款和价外费用÷（1+10%）×10%

借：银行存款

贷：固定资产清理

应交税费——应交增值税（销项税额）

在不动产所在地应预缴增值税=（全部价款和价外费用−不动产购置原价或者取得不动产时的作价）÷（1+10%）×5%

预缴时：

借：应交税费——应交增值税（已交增值税）

贷：银行存款

（6）一般纳税人转让其 2016 年 5 月 1 日后自建的不动产，适用一般计税方法，以取得的全部价款和价外费用作为销售额计算应纳税额。纳税人应以取得的全部价款和价外费用，按照 5%的预征率向不动产所在地主管地税机关预缴税款，向机构所在地主管国税机关申报纳税。

应交增值税=全部价款和价外费用÷（1+10%）×10%

会计分录如下：

借：银行存款

贷：固定资产清理

应缴税费——应交增值税（销项税额）

在不动产所在地预缴增值税=全部价款和价外费用÷（1+10%）×5%

预缴时：

借：应交税费——应交增值税——已交增值税

贷：银行存款

13）不动产经营租赁服务

（1）一般纳税人出租其 2016 年 4 月 30 日前取得的不动产，可以选择适用简易计税方法，按照 5%的征收率计算应纳税额。不动产所在地与机构所在地不在同一县（市、区）的，纳税人应按照上述计税方法向不动产所在地主管国税机关预缴税款，向机构所在地主管国税机关申报纳税。不动产所在地与机构所在地在同一县（市、区）的，纳税人向机构所在地主管国税机关申报纳税。

计算应纳增值税：

应纳增值税=含税租赁收入÷（1+5%）×5%

会计分录如下：

借：银行存款

　　贷：应交税费——应交增值税（销项税额）

在不动产所在地，按上述税款全额预缴：

借：应交税费——应交增值税（已交税金）

　　贷：银行存款

（2）一般纳税人出租其2016年5月1日后取得的不动产，适用一般计税方法计税。不动产所在地与机构所在地不在同一县（市、区）的，纳税人应按照3%的预征率向不动产所在地主管国税机关预缴税款，向机构所在地主管国税机关申报纳税。不动产所在地与机构所在地在同一县（市、区）的，纳税人应向机构所在地主管国税机关申报纳税。

计算应纳增值税和预缴税款：

应纳增值税=含税租赁收入÷（1+10%）×10%

不动产所在地应预缴税款=含税租赁收入÷（1+10%）×3%

会计分录如下：

计提增值税时：

借：银行存款

　　贷：其他业务收入

　　　　应交税费——应交增值税（销项税）

在不动产所在地预缴时：

借：应交税费——应交增值税——已交增值税

　　贷：银行存款

2. 一般纳税人进项税额的会计核算

企业购进货物、接受应税劳务时，按增值税专用发票上注明的增值税额，借记：“应交税费——应交增值税（进项税额）”科目；按发票上记载的应计入采购成本的金额，借记：“在途物资”“原材料”“周转材料”“库存商品”“生产成本”“管理费用”“委托加工物资”等科目；按应付或实际支付的金额，贷记：“应付账款”“应付票据”“银行存款”等科目。购入货物发生退货时，作相反的会计处理。

1）可抵扣进项税额的核算

（1）购入材料、商品等取得增值税专用发票。从国内采购货物或接受应税劳务，应按增值税专用发票上注明的增值税额加上按运费注明的运费额的10%计算得出的进项税额，借记“应交税费——应交增值税（进项税额）”科目；按照增值税专用发票上注明的应计入采购成本的金额，借记“在途物资”“原材料”“库存商品”“周转材料”“制造费用”“管理费用”等科目；按应付或实际已付的价款、税费总额，贷记“应付账款”“应付票据”“银行存款”“库存现金”等科目。

【例题 2-30】甲公司购入 C 材料一批，增值税专用发票记载的货款为 300 000 元，增值税税额 48 000 元，对方代垫包装费 1 000 元，全部款项已用转账支票付讫，材料已验收入库。甲公司应编制如下会计分录。

借：原材料——C 材料　301 000
　　应交税费——应交增值税（进项税额）　48 000
　　贷：银行存款　349 000

【例题 2-31】甲公司 11 月收到电力公司开来的电力增值税专用发票，该公司用电总价为 20 000 元，其中管理部门用电的电价为 2 000 元，生产用电 18 000 元。电力公司开来的增值税专用发票，电价 20 000 元，税额 3 200 元，价税合计 23 200 元，甲公司已经支付。甲公司应编制如下会计分录。

借：管理费用　2 000
　　制造费用　18 000
　　应交税费——应交增值税（进项税额）　3 200
　　贷：银行存款　23 200

【例题 2-32】甲公司从某企业采购生产用机器设备一台，专用发票上注明价款 40 万元，增值税额 6.4 万元；支付运输费用，取得货物运输业增值税专用发票，运费 0.5 万元，增值税额 500 元。

借：固定资产　405 000
　　应交税费——应交增值税（进项税额）　64 500
　　贷：银行存款　469 500

（2）购入免税农产品进项税额的核算。按购入农产品买价的 10%计算进项税额，借记“应交税费——应交增值税（进项税额）”科目；按照买价扣除按规定可扣除的进项税额，借记“在途物资”“原材料”“库存商品”等科目；按应付或实际已付的价款，贷记“应付账款”“银行存款”“库存现金”等科目。

【例题 2-33】甲公司于 20 日，购入免税农产品一批，价款 200 000 元，规定的扣除率为 10%，货物尚未到达，货款尚未支付。

借：在途物资　180 000
　　应交税费——应交增值税（进项税额）　20 000
　　贷：应付账款　200 000

进项税额 = 购买价款 × 扣除率 = 200 000 × 10% = 20 000（元）

（3）接受应税劳务进项税额的核算。企业接受加工、修理修配劳务，应使用增值税专用发票，分别反映加工、修理修配的成本和进项税额。

（4）接受投资或捐赠的进项税额的核算。纳税人接受投资或捐赠转入的货物，按专用发票上注明的增值税额，借记“应交税费——应交增值税（进项税额）”科目；按照确认投资或捐赠货物的价值，借记“原材料”“库存商品”等科目；贷记“实收资本”“营业外收入”等科目。

【例题 2-34】甲公司在 201×年 2 月接受某外资企业捐赠的原材料一批，增值税专用发票上注明价款 30 000 元，增值税额 4 800 元，则会计处理如下。

借：原材料　　30 000
　　应交税金——应交增值税（进项税额）　　4 800
　　贷：营业外收入　　34 800

（5）进口货物进项税额的核算。企业进口物资，应按组成计税价格和规定的税率计税，依法缴纳增值税，按海关进口增值税专用缴款书上注明的增值税额，借记“应交税费——应交增值税（进项税额）”科目；按进口货物的实际成本，借记“原材料”“库存商品”等科目；贷记“银行存款”“应付账款”等科目。

（6）购入固定资产进项税额的核算。自2009年1月1日起，增值税一般纳税人购进（包括接受捐赠、实物投资）或者自制（包括改扩建、安装）固定资产发生的进项税额，可凭增值税专用发票、海关进口增值税专用缴款书和运输费用结算单据从销项税额中抵扣，其进项税额计入“应交税费——应交增值税（进项税额）”科目。

【例题 2-35】甲公司为增值税一般纳税人，201×年购入一台不需要安装的设备，取得的增值税专用发票上注明的设备价款为30 000元，增值税税额为4 800元，另支付保险费800元，款项以银行存款支付。购进固定资产时的增值税进项税额可以从销项税额中抵扣，甲公司应编制如下会计分录。

借：固定资产　　30 800
　　应交税费——应交增值税（进项税额）　　4 800
　　贷：银行存款　　35 600

2）不得抵扣进项税额的核算

（1）取得普通发票的购进货物的核算。一般纳税人在购入货物时（不包括购进免税农业产品），只取得普通发票的，应按发票累计全部价款入账，不得将增值税分离出来进行抵扣处理。在进行会计处理时，借记“在途物资”“原材料”“制造费用”“管理费用”“其他业务成本”等科目；贷记“银行存款”“应付票据”“应付账款”等科目。

（2）购入用于非应税项目的货物或劳务的核算。企业购入货物及接受应税劳务直接用于非应税项目，如用于不动产在建工程、职工福利等，按其专用发票上注明的增值税额，计入购入货物及接受劳务的成本，借记“在建工程”“应付职工薪酬”等科目，贷记“银行存款”等科目。需要注意，纳税人购进用于交际应酬的货物不允许抵扣进项税额。

（3）购进货物过程中发生非正常损失的会计处理。企业在货物购进过程中，如果因管理不善造成货物被盗、发生霉烂、变质产生的损失，称为非正常损失，其进项税额不得抵扣。2009年1月1日实施的修订后的增值税暂行条例规定非正常损失不再包括自然灾害造成的损失。

3）进项税额转出的会计处理

已抵扣进项税额的购进货物或者应税劳务改变用途，用于免税项目、非增值税应税劳务、集体福利或个人消费的，应当将该项购进货物或者应税劳务的进项税额从当期的进项税额中扣减。

（1）将购进的货物用于非货币性福利。纳税人将外购的货物用于集体福利或个人消费的，其进项税额不得抵扣。企业以外购的货物作为非货币性福利提供给职工的，应当按照该产品的公允价值确定应付职工薪酬金额，其收入和成本的会计处理与正常商品销售相同，进项税额作转出处理。

【例题 2-36】201×年 7 月 18 日，甲公司所属的职工宿舍维修领用原材料 6 000 元，购入原材料时支付的增值税税额为 960 元。

借：应付职工薪酬——非货币性福利　　6 960
　　贷：原材料　　6 000
　　　　应交税费——应交增值税（进项税额转出）　　960

（2）发生非正常损失。购进的物资，在产品、产成品发生因管理不善造成的非正常损失，其进项税额应相应转入有关科目不得抵扣。借记“待处理财产损溢”科目，贷记“应交税费——应交增值税（进项税额转出）”科目。

【例题 2-37】201×年 7 月 10 日，甲公司的库存材料因意外火灾毁损一批，有关增值税专用发票确认的成本为 20 000 元，增值税税额为 3 200 元。

借：待处理财产损溢——待处理流动资产损溢　　23 200
　　贷：原材料　　20 000
　　　　应交税费——应交增值税（进项税额转出）　　3 200

4）待认证进项税额的核算

购进的货物等已到达并验收入库，但尚未收到增值税扣税凭证的，应按货物清单或相关合同协议上的价格暂估入账。按应计入相关成本费用的金额，借记“原材料”“库存商品”等科目，按未来可抵扣的增值税额，借记“应交税费——待认证进项税额”科目，按应付或实际支付的金额，贷记“应付账款”“应付票据”“银行存款”等科目。待取得相关增值税扣税凭证并经认证后，借记“应交税费——应交增值税（进项税额）”或“应交税费——待抵扣进项税额”科目，贷记“应交税费——待认证进项税额”科目。

企业购进货物并取得防伪税控增值税专用发票后，如果在未到主管税务机关进行认证之前入账，其购进货物的“进项税额”还不能确认是否符合条件，可增设“应交税费——待认证进项税额”科目。

【例题 2-38】 创立公司于 201×年 8 月购入材料一批并且已经验收入库，数量为 5 000 千克，价格为 11 元/千克，增值税进项税额为 8 800，但尚未取得增值税专用发票。

材料入库时：

借：原材料　　55 000
　　应交税费——待认证进项税额　　8 800
　　贷：应付账款　　63 800

取得增值税专用发票并且已经认证：

借：应交税费——应交增值税（进项税额）　　8 800
　　贷：应交税费——待认证进项税额　　8 800

5）待抵扣进项税额的会计处理

（1）一般纳税人 2016 年 5 月 1 日后取得并在会计制度上按固定资产核算的不动

产，以及2016年5月1日后发生的不动产在建工程，其进项税额应分2年从销项税额中抵扣，第一年抵扣比例为60%，第二年抵扣比例为40%。2016年5月1日后购进货物和设计服务、建筑服务，用于新建不动产，或者用于改建、扩建、修缮、装饰不动产并增加不动产原值超过50%的，其进项税额依照《国家税务总局关于发布〈不动产进项税额分期抵扣暂行办法〉的公告》有关规定分2年从销项税额中抵扣。会计处理如下。

取得增值税专用发票认证当月会计分录如下：

借：固定资产/在建工程

　　应交税费——应交增值税（进项税额）

　　应交税费——待抵扣进项税额

　　贷：银行存款（或应付账款）

第十三个月会计分录如下：

借：应交税费——应交增值税（进项税额）

　　贷：应交税费——待抵扣进项税额

【例题2-39】 假设某企业（一般纳税人）于201×年8月购进一项不动产，购入价1 100万元，取得增值税专用发票。则：

进项税额=1 100÷（1+10%）×10%=100（万元）

取得扣税凭证的当期，即201×年8月可抵扣进项税额=100×60%=60（万元）

取得扣税凭证的当月起第13个月，即第二年8月可抵扣进项税额=100×40%=40（万元）

201×年8月会计处理如下：

借：固定资产　10 000 000

　　应交税费——应交增值税（进项税额）　600 000

　　应交税费——待抵扣进项税额　400 000

　　贷：银行存款　11 000 000

第二年8月会计处理如下：

借：应交税费——应交增值税（进项税额）　400 000

　　贷：应交税费——待抵扣进项税额　400 000

（2）购进时已全额抵扣进项税额的货物和服务，转用于不动产在建工程的，其已抵扣进项税额的40%部分，应于转用的当期从进项税额中扣减，计入待抵扣进项税额，并于转用的当月起第13个月从销项税额中抵扣。会计处理如下。

转用当月会计分录如下：

借：在建工程——××项目

　　应交税费——待抵扣进项税额

　　贷：原材料

　　　　应交税费——应交增值税（进项税额）

转用的第十三个月会计分录如下：

借：应交税费——应交增值税（进项税额）

　　贷：应交税费——待抵扣进项税额

【**例题 2-40**】甲公司属于一般纳税人，于201×年5月购入了一批价值116万元钢材用于生产经营，购进时该公司取得的增值税发票上注明的税额为16万元，并已于当期进行了抵扣，201×年6月该公司将该批钢材用于修建办公大楼。甲公司应如何进行会计处理。

201×年6月，将16×40%=6.4万元转入待抵扣进项税额：

借：应交税费——待抵扣进项税额　　6.4

　　贷：应交税费——应交增值税（进项税额转出）　　6.4

第二年7月，可以抵扣6.4万元时：

借：应交税费——应交增值税（进项税额）　　6.4

　　贷：应交税费——待抵扣进项税额　　6.4

（3）已抵扣进项税额的不动产，发生非正常损失，或者改变用途，专用于简易计税方法计税项目、免征增值税项目、集体福利或者个人消费的，会计处理如下。

发生非正常损失当月会计分录如下：

借：固定资产清理

　　累计折旧

　　贷：固定资产

同时做进项税额转出（小于或等于已抵扣进项税额数）：

借：固定资产清理

　　贷：应交税费——应交增值税（进项税额转出）（按实际计算的不得抵扣数额）

同时做进项税额转出（大于已抵扣进项税额数）：

借：固定资产清理

　　贷：应交税费——应交增值税——进项税额转出（已抵扣数）

　　　　应交税费——待抵扣进项税额（差）

（4）不动产在建工程发生非正常损失的，其所耗用的购进货物、设计服务和建筑服务已抵扣的进项税额应于当期全部转出，其待抵扣进项税额不得抵扣。

会计处理如下：

借：待处理财产损溢

　　贷：在建工程

　　　　应交税费——应交增值税（进项税额转出）

　　　　应交税费——待抵扣进项税额

（5）按照规定不得抵扣进项税额的不动产，发生用途改变，用于允许抵扣进项税额项目的，按照下列公式在改变用途的次月计算可抵扣进项税额。会计处理如下。

根据改变用途次月计算的可抵扣税额做分录如下：

借：应交税费——应交增值税（进项税额）

　　应交税费——待抵扣进项税额

　　贷：固定资产

改变用途次月的第十三个月会计分录如下：

借：应交税费——应交增值税
　　贷：应交税费——抵扣进项税额

3. 一般纳税人已交增值税的会计核算

企业购销业务等发生的进项税、销项税，平时均在“应交税费——应交增值税”的明细科目有关专栏核算。月末，结出借、贷方合计和余额，计算企业当期应缴纳的增值税额，并在规定的期限内向税务机关申报缴纳。

当期应纳税额 =（销项税额 + 出口退税 + 进项税额转出）-（进项税额 + 期初留抵税额 + 已交税金 + 减免税款 + 出口抵减内销产品应纳税额）

企业按规定期限申报缴纳的增值税，根据银行退回的缴款书回执联，作会计分录如下：

借：应交税费——应交增值税额（已交税金）
　　贷：银行存款

4. 减免增值税的会计核算

减免增值税分先征收后返还、即征即退、直接减免三种形式，其会计处理也有所不同，但企业收到返还的增值税都应通过“营业外收入——政府补助”账户进行核算，作为企业利润总额的组成部分。

采用先征收后返还、即征即退办法进行减免的企业，在销售货物时，应按正常会计核算程序核算应纳增值税税额。当办理增值税退还手续，收到退税款时，直接作会计分录。

借：银行存款
　　贷：营业外收入——政府补助

直接减免增值税不属于政府补助。如果是免税，在会计处理时，借记“应收账款”等，贷记“主营业务收入”，即不反映“应交税费”的贷项；若是减税，只按应交增值税的税额，贷记“应交税费”即可。

2.3.3　小规模纳税人的会计核算

1. 小规模纳税人销售货物的核算

小规模纳税人销售货物实行简易征收方法，按征收率3%计算税额。以不含税销售额乘以征收率，计算其应交增值税。小规模纳税人一般不得为购货方开具增值税专用发票，如果购货方特别提出开具专用发票的要求，小规模纳税人应持普通发票前往税务机关换开专用发票。无论是否开具专用发票，小规模纳税人均按实现的应税收入和征税率计算应纳税额，并计入“应交税费——应交增值税”账户。实现销售时，按价税合计数，借记“银行存款”“应收账款”等科目，按不含税销售额，贷记“主营业务收入”“其他业务收入”等科目，按规定收取的增值税，贷记“应交税费——应交增值税”科目。

2. 小规模纳税人购进货物的核算

简易办法计算应纳增值税的小规模纳税人，购进货物或接受劳务时，不论是否取得增值税专用发票，其支付给销售方的增值税额都不得抵扣，而应计入购进货物或接受劳务的成本。依据这一特点，在会计处理时，应按全部价款和税款，借记“在途物资”“原材料”“库存商品”“管理费用”“主营业务成本”“制造费用”等科目，贷记“银行存款”“应付账款”等科目。

2.4　增值税发票管理

2.4.1　增值税专用发票概述

1. 专用发票的构成与限额管理

（1）基本三联次：发票联、抵扣联、记账联。

（2）限额管理：增值税专用发票最高开票限额由一般纳税人申请，区县税务机关审批。自 2014 年 5 月 1 日起，申请最高开票限额不超过 10 万元的，主管税务机关不需要事前进行实地查验。

2. 专用发票的初始发行

主管税务机关将一般纳税人的下列信息载入空白金税卡和 IC 卡：①企业名称；②税务登记代码；③开票限额；④购票限量；⑤购票人员姓名、密码；⑥开票机数量；⑦其他。

3. 增值税发票领用实行分类分级规范化管理

自 2014 年 5 月 1 日起，以下纳税人可一次领取不超过 3 个月增值税发票用量，纳税人需要调整增值税发票用量，手续齐全，按照纳税人需要即时办理。

（1）纳税信用等级评定为 A 类纳税人。

（2）地市国税局确定纳税信用好、税收风险等级低的其他类型纳税人。

上述纳税人 2 年内有涉税违法行为、移交司法机关处理记录，或者正在接受税务机关立案稽查，不适用上述规定。

4. 增值税专用发票的开具

（1）国家税务总局编写了《商品和服务税收分类与编码（试行）》，并在新系统中增加了编码相关功能。自 2016 年 5 月 1 日起，纳入新系统推行范围的试点纳税人及新办增值税纳税人，应使用新系统选择相应的编码开具增值税发票。北京市、上海市、江苏省和广东省已使用编码的纳税人，应于 5 月 1 日前完成开票软件升级。5 月 1 日前已使用新系统的纳税人，应于 8 月 1 日前完成开票软件升级。

（2）按照现行政策规定适用差额征税办法缴纳增值税，且不得全额开具增值税发票的（财政部、国家税务总局另有规定的除外），纳税人自行开具或者税务机关代开增值税发票时，通过新系统中差额征税开票功能，录入含税销售额（或含税评估额）和扣除额，系统自动计算税额和不含税金额，备注栏自动打印“差额征税”字样，发票开具不应与其他应税行为混开。

《财政部　国家税务总局关于全面推开营业税改征增值税试点的通知》（财税

〔2016〕36 号）附件 2《营业税改征增值税试点有关事项的规定》规定：试点纳税人提供有形动产融资性售后回租服务，向承租方收取的有形动产价款本金，不得开具增值税专用发票，可以开具普通发票。试点纳税人提供旅游服务，可以选择以取得的全部价款和价外费用，扣除向旅游服务购买方收取并支付给其他单位或者个人的住宿费、餐饮费、交通费、签证费、门票费和支付给其他接团旅游企业的旅游费用后的余额为销售额。选择上述办法计算销售额的试点纳税人，向旅游服务购买方收取并支付的上述费用，不得开具增值税专用发票，可以开具普通发票。

（3）提供建筑服务，纳税人自行开具或者税务机关代开增值税发票时，应在发票的备注栏注明建筑服务发生地县（市、区）名称及项目名称。

（4）销售不动产，纳税人自行开具或者税务机关代开增值税发票时，应在发票“货物或应税劳务、服务名称”栏填写不动产名称及房屋产权证书号码（无房屋产权证书的可不填写），“单位”栏填写面积单位，备注栏注明不动产的详细地址。

（5）出租不动产，纳税人自行开具或者税务机关代开增值税发票时，应在备注栏注明不动产的详细地址。

（6）个人出租住房适用优惠政策减按 1.5%征收，纳税人自行开具或者税务机关代开增值税发票时，通过新系统中征收率减按 1.5%征收开票功能，录入含税销售额，系统自动计算税额和不含税金额，发票开具不应与其他应税行为混开。

（7）税务机关代开增值税发票时，“销售方开户行及账号”栏填写税收完税凭证字轨及号码或系统税票号码（免税代开增值税普通发票可不填写），系统税票号码是指税收征管系统自动赋予的税票号码。

（8）国税机关为跨县（市、区）提供不动产经营租赁服务、建筑服务的小规模纳税人（不包括其他个人），代开增值税发票时，在发票备注栏中自动打印“YD”字样。

5. “营改增”纳税人发票的使用

（1）一般纳税人提供货物运输服务、开具货运专票的，使用货物运输业增值税专用发票税控系统（简称货运专票税控系统）。

（2）提供运输服务以外的其他增值税应税项目、开具增值税专用发票和增值税普通发票的，使用增值税防伪税控系统。

不同税控系统专用设备及用途如表 2-13 所示。

表 2-13 税控系统专用设备及用途表

专用设备用途 / 税控系统	开具发票	领购发票、抄报税
货运专票税控系统	税控盘	报税盘
增值税防伪税控系统	金税盘	报税盘

（3）增值税一般纳税人销售货物、提供加工修理修配劳务和应税行为，使用增值税发票管理新系统开具增值税专用发票、增值税普通发票、机动车销售统一发票、增值税电子普通发票。

（4）增值税小规模纳税人销售货物、提供加工修理修配劳务月销售额超过 3 万元（按季纳税 9 万元），或者销售服务、无形资产月销售额超过 3 万元（按季纳税 9 万元），使用新系统开具增值税普通发票、机动车销售统一发票、增值税电子普通发票。

（5）增值税普通发票（卷式）启用前，纳税人可通过新系统使用国税机关发放的现有卷式发票。

（6）门票、过路（过桥）费发票、定额发票、客运发票和二手车销售统一发票继续使用。

（7）采取汇总纳税的金融机构，省、自治区所辖地市以下分支机构可以使用地市级机构统一领取的增值税专用发票、增值税普通发票、增值税电子普通发票；直辖市、计划单列市所辖区县及以下分支机构可以使用直辖市、计划单列市机构统一领取的增值税专用发票、增值税普通发票、增值税电子普通发票。

（8）国税机关、地税机关使用新系统代开增值税专用发票和增值税普通发票。代开增值税专用发票使用六联票，代开增值税普通发票使用五联票。

（9）自 2016 年 5 月 1 日起，地税机关不再向试点纳税人发放发票。试点纳税人已领取地税机关印制的发票以及印有本单位名称的发票，可继续使用至 2016 年 6 月 30 日，特殊情况经省国税局确定，可适当延长使用期限，最迟不超过 2016 年 8 月 31 日。

纳税人在地税机关已申报营业税未开具发票，2016 年 5 月 1 日以后需要补开发票的，可于 2016 年 12 月 31 日前开具增值税普通发票，税务总局另有规定的除外，如国家税务总局关于发布《房地产开发企业销售自行开发的房地产项目增值税征收管理暂行办法》的公告（国家税务总局公告 2016 年第 18 号）规定：小规模纳税人销售自行开发的房地产项目，其 2016 年 4 月 30 日前收取并已向主管地税机关申报缴纳营业税的预收款，未开具营业税发票的，可以开具增值税普通发票，不得申请代开增值税专用发票。

2.4.2　专用发票的开具

1. 专用发票开具范围

一般纳税人有下列销售情形之一，不得开具专用发票：①商业企业一般纳税人零售的烟、酒、食品、服装、鞋帽（不包括劳保专用部分）、化妆品等消费品不得开具专用发票。②销售免税货物或提供免征增值税的应税服务不得开具专用发票，法律、法规及国家税务总局另有规定的除外。③销售自己使用过的不得抵扣且未抵扣进项税额的固定资产。④销售旧货。⑤向消费者个人销售货物或者应税服务。

2. 红字专用发票开具

一般纳税人开具增值税专用发票后，可按规定开具红字专用发票：①销货退回；②开票有误但不符合作废条件；③销货部分退回及发生销售折让；④销货开票后，由于买方在一定时期内累计购货达到一定数量而给予买方的价格优惠或补偿等折扣、折让。

2.4.3 专用发票数据采集：抄税、报税、认证

按相关规定，不得作为抵扣凭证的情况如表 2-14 所示。

表 2-14 不得作为抵扣凭证的情况

项目	具体情形	税务处理
（一）有下列情形之一的，不得作为增值税进项税额的抵扣凭证	1.无法认证	税务机关退还原件，购买方可要求销售方重新开具专用发票
	2.纳税人识别号认证不符	
	3.专用发票代码、号码认证不符	
（二）有下列情形之一的，暂不得作为增值税进项税额的抵扣凭证	1.重复认证	税务机关扣留原件，查明原因，分别情况进行处理
	2.密文有误	
	3.认证不符	
	4.列为失控专用发票	

2.4.4 专用发票缴销

纳税人在办理专用发票缴销手续时，应向主管税务机关提供以下材料：缴销的发票；发票购领证；购票人员的身份证、办税员证；注销或取消一般纳税人资格的纳税人的金税卡、IC 卡（指已纳入防伪税控开票系统的纳税人）。

2.4.5 丢失已开具专用发票

按相关规定，丢失专用发票处理措施的相关规定如表 2-15 所示。

表 2-15 丢失专用发票处理措施

具体情形		处理措施
丢失已开具专用发票的发票联和抵扣联	（1）如果丢失前已认证相符的	购买方凭销售方提供的相应专用发票记账联复印件及销售方所在地主管税务机关出具的《丢失增值税专用发票已报税证明单》，经购买方主管税务机关审核同意后，可作为增值税进项税额的抵扣凭证
	（2）如果丢失前未认证的	购买方凭销售方提供的相应专用发票记账联复印件到主管税务机关进行认证，认证相符的凭该专用发票记账联复印件及销售方所在地主管税务机关出具的《丢失增值税专用发票已报税证明单》，经购买方主管税务机关审核同意后，可作为增值税进项税额的抵扣凭证
丢失已开具专用发票的抵扣联	（1）如果丢失前已认证相符	可使用专用发票发票联复印件留存备查
	（2）如果丢失前未认证	可使用专用发票发票联到主管税务机关认证，专用发票发票联复印件留存备查
丢失已开具专用发票的发票联		可将专用发票抵扣联作为记账凭证，专用发票抵扣联复印件留存备查（只要是丢一个，都是以原件做记账凭证，以复印件作为留存备查）

2.4.6 税务机关代开增值税专用发票管理的规定

按规定，小规模纳税人不得领购和使用增值税专用发票。若一般纳税人向小规模纳税人购进货物，不能取得增值税专用发票，无法抵扣进项税额，会使小规模纳税人的销售受到一定影响。为了既有利于加强增值税专用发票的管理，又不影响小规模纳税人的销售，税法规定由税务机关为小规模企业代开增值税专用发票。

凡是能够认真履行纳税义务的小规模纳税人，经县（市）税务局批准，其销售货物

或应税劳务可由税务机关代开增值税专用发票。税务机关应将代开增值税专用发票的情况造册，详细登记备查。但销售免税货物或将货物、应税劳务销售给消费者以及小额零星销售，不得代开增值税专用发票。

小规模纳税人在税务机关代开增值税专用发票前，应先到税务机关临时申报应纳税额，持税务机关开具的税收缴款书，到其开户银行办理税款入库手续后，凭盖有银行转讫章的纳税凭证，税务机关方能代开增值税专用发票。

对于不能认真履行纳税义务的小规模纳税人，不能代开增值税专用发票。为小规模纳税人代开增值税专用发票，应在增值税专用发票“单价”栏和“金额”栏分别填写不含其本身应纳税额的单价和销售额，“税率”栏填写增值征收率 6%或 4%；“税额”栏填写其本身的应纳税额，即按销售额依照 6%或 4%征收率计算的增值税额。一般纳税人取得由税务机关代开的增值税专用发票后，应以增值税专用发票上填写的税额为其进项税额。

◆本章小结

增值税是我国现行开征税种中会计核算相对比较复杂的税种，这主要是由增值税法规的复杂性决定的，本章主要介绍了以下四点。

（1）增值税的基本内容及申报，包括增值税纳税人的确定、增值税的概念及特点和增值税纳税义务人的划分。

（2）增值税征税范围的确定包括：①征税范围的一般规定、属于征税范围的几个特殊项目、属于征税范围的几个特殊行为；②增值税税率的选择；③增值税优惠政策的运用，增值税法定免税项目，其他减免税的有关规定；④增值税纳税申报；⑤增值税的计算，包括增值税销项税额的计算、进项税额的计算、应纳税额的计算、简易计税方法应纳税额的计算等。

（3）增值税的会计处理包括：①增值税会计科目的设置；②一般纳税人的会计核算，包括一般纳税人销项税额的会计处理、一般纳税人进项税额的会计核算、一般纳税人已交增值税的会计核算、减免增值税的会计核算；③小规模纳税人的会计核算、小规模纳税人销售货物的核算、小规模纳税人购进货物的核算。

（4）增值税发票管理包括：增值税专用发票概述、专用发票的开具、专用发票数据采集，抄税、报税、认证，专用发票缴销，丢失已开具专用发票，税务机关代开增值税专用发票管理的规定，等等。

◆复习思考题

1. 简述一般纳税人和小规模纳税人的认定。
2. 简述一般纳税人与小规模纳税人的区别。
3. 简述增值税专用发票的作用和征税范围。
4. 简述税务机关代开发票的规定。
5. 不动产或不动产在建工程发生非正常损失，已抵扣的相关进项税额应如何处理？
6. 购进时已全额抵扣进项税额的货物和服务，转用于不动产在建工程的，进项税额是否需要转出？若要转出应该如何进行会计处理？

◆练习题

一、判断题

1. 在实际工作中，凡是属于生产资料转移价值的因素，都应该作为扣除项目，从商品总价值中扣除。（　　）

2. 我国现行的增值税是对在我国境内销售货物或者提供加工、修理修配劳务的单位和个人，就其取得的货物或应税劳务销售额计算税款，并实行税款抵扣制的一种流转税。（　　）

3. “生产型增值税”与“消费型增值税”的区别在于是否允许企业购入固定资产所含税金进行抵扣。（　　）

4. 纳税人出口货物，税率为零，因此一般纳税人的税率有两档，即基本税率和零税率。（　　）

5. 年不含税销售额在 50 万元以下，从事货物生产的纳税人，只能被认定为小规模纳税人。（　　）

二、选择题

1. 增值税一般纳税人应开具增值税专用发票的是（　　）业务。

A. 提供修理修配劳务　　B. 销售报关出口货物

C. 销售房地产　　D. 向消费者销售应税产品

2. 某企业为增值税小规模纳税人，本月购入甲材料 2 060 千克，每千克单价（不含增值税）50 元，另外支付运费 4 120 元（取得增值税专用发票），运输途中发生合理损耗 60 千克。该批材料入库的实际单位成本为每千克（　　）元。

A. 50　　B. 51.81　　C. 52　　D. 53.56

3. 某企业为增值税一般纳税人，购入材料一批，增值税专用发票上标明的价款为 25 万元，增值税为 4 万元，另支付材料的保险费 2 万元、包装物押金 2 万元。该批材料的采购成本为（　　）万元。

A. 27　　B. 29　　C. 29.25　　D. 31.25

4. 根据我国现行增值税的规定，纳税人提供下列劳务应当缴纳增值税的有（　　）。

A. 汽车的租赁　　B. 汽车的修理　　C. 房屋的修理　　D. 受托加工白酒

5. 应当征收增值税的是（　　）。

A. 电信器材的生产销售　　B. 房地产公司销售开发商品房业务

C. 某报社自己发行报刊　　D. 农业生产者销售自产农产品

6. 纳税人销售货物时，下列情况中可以开具增值税专用发票的有（　　）。

A. 企业购买劳保用品　　B. 消费者个人购进电脑要求开具专用发票

C. 商业零售化妆品　　D. 购货方购进免税药品要求开具专用发票

三、业务处理题

1. 甲企业为增值税一般纳税企业，适用的增值税税率为 16%，原材料按计划成本核算，销售商品价格为不含增值税的公允价格。201×年 8 月发生经济交易或事项。请编制相关的会计分录。

（1）5 日购入原材料一批，增值税专用发票上注明货款 120 000 元，增值税税额 19 200 元，货物尚未到达，货款和进项税额已用银行存款支付。用银行存款支付运输公司的运输费用 5 000 元（不含税金额），运输费用的进项税额税率为 16%。

（2）15 日，购入不需要安装设备一台，增值税专用发票上注明的价款为 180 000 元，增值税税额 28 800 元，款项尚未支付。

（3）20 日，购入免税农产品一批，价款 200 000 元，规定的扣除率为 11%，货物尚未到达，货款已用银行存款支付。

（4）25 日，生产车间委托外单位修理机器设备，增值税专用发票上注明修理费用 20 000 元，增值税税额 3 200 元，款项已用银行存款支付。

2. 某企业 201×年 8 月发生进项税额转出事项。请编制相关的会计分录。

（1）10 日，库存材料因意外火灾毁损一批，有关增值税专用发票确认的成本为 20 000 元，增值税税额为 3 200 元。

（2）18 日，企业所属的职工宿舍维修领用原材料 6 000 元，购入原材料时支付的增值税税额为 960 元。

3. 甲企业 201×年 8 月发生经济交易或事项。请编制相关的会计分录。

（1）15 日，销售产品一批，价款 500 000 元，按规定应收取增值税税额 80 000 元，提货单和增值税专用发票已交给买方，款项尚未收到。

（2）20 日，为外单位代加工电脑桌 500 个，每个收取加工费 80 元，加工完成，款项已收到并存入银行。

（3）201×年 8 月 15 日，该企业将自己生产的产品用于自行建造职工俱乐部。该批产品的成本为 150 000 元，市场售价为 260 000 元。

4. 甲企业为增值税小规模纳税人，适用增值税税率为 3%，原材料按实际成本核算。该企业发生经济交易如下：购入原材料一批，取得的专用发票中注明货款 30 000 元，增值税 4 800 元，款项以银行存款支付，材料验收入库。销售产品一批，所开出的普通发票中注明的货款（含税）为 51 500 元，款项已存入银行。用银行存款交纳增值税 1 500 元。请编制相关的会计分录。

5. 某商场销售 M 牌的电视机 3 510 元/台，如客户交还同品牌旧电视机则作价 500 元，交差价 3 010 元，就可以换回一台新的电视机。当月该商场通过该方式销售电视机 100 台。请编制相关的会计处理。

◆案例讨论题

1. 某大型超市是增值税一般纳税人，商品销售利润率为 40%，也就是说，每销售 100 元商品，其成本为 60 元，商场购物均取得增值税专用发票。该商场为促销商品拟采用以下三种方式：一是商品以七折销售；二是“满百送三十”，即购物满 100 元赠送价值 30 元的商品（所赠送的商品成本为 18 元，均为含税价）；三是购物满 100 元返还 30 元现金。现假定消费者同样是购买一件价值 1 000 元的商品，对于商家来说在以上三种方式下的应纳税情况及利润情况是不同的。现分别进行计算分析，借以衡量哪种方式对商家更为有利（由于城建税和教育费附加对结果影响较小，计算时不予考虑）。

2. 甲公司系增值税一般纳税人，在年度财务报表中，在执行应交增值税测试审计程序，发现该公司年度产品销售收入乘以增值税税率所测算出的销项税额比会计账簿中“应交税费——应交增值税（销项税额）”的贷方发生额合计多 320 万元。已知该年度没有免税产品，也没有出口销售。320 万元的销项税额所对应的销售额应当是 2 000 万元，占全年销售收入额近 20%。进一步检查发现，公司 12 月销售收入明显高于其他月份，在抽查其大额记账凭证时发现，销售产品的会计分录是：

借：应收账款

　　贷：主营业务收入

　　　　其他应付款——预缴税金

再查阅公司“其他应付款——预缴税金”明细账时发现其账户年初余额有 220 万元，年末余额为 710 万元。

要求：请分析该公司的会计处理是否正确？这样处理的初衷是什么？可能会带来什么后果？

本章附件：销售服务、无形资产、不动产注释

一、销售服务

销售服务，是指提供交通运输服务、邮政服务、电信服务、建筑服务、金融服务、现代服务、生活服务。

（一）交通运输服务

交通运输服务，是指利用运输工具将货物或者旅客送达目的地，使其空间位置得到转移的业务活动。包括陆路运输服务、水路运输服务、航空运输服务和管道运输服务。

1. 陆路运输服务

陆路运输服务，是指通过陆路（地上或者地下）运送货物或者旅客的运输业务活动，包括铁路运输服务和其他陆路运输服务。

（1）铁路运输服务，是指通过铁路运送货物或者旅客的运输业务活动。

（2）其他陆路运输服务，是指铁路运输以外的陆路运输业务活动。包括公路运输、缆车运输、索道运输、地铁运输、城市轻轨运输等。

出租车公司向使用本公司自有出租车的出租车司机收取的管理费用，按照陆路运输服务缴纳增值税。

2. 水路运输服务

水路运输服务，是指通过江、河、湖、川等天然、人工水道或者海洋航道运送货物或者旅客的运输业务活动。

水路运输的程租、期租业务，属于水路运输服务。

程租业务，是指运输企业为租船人完成某一特定航次的运输任务并收取租赁费的业务。

期租业务，是指运输企业将配备有操作人员的船舶承租给他人使用一定期限，承租

期内听候承租方调遣，不论是否经营，均按天向承租方收取租赁费，发生的固定费用均由船东负担的业务。

3. 航空运输服务

航空运输服务，是指通过空中航线运送货物或者旅客的运输业务活动。

航空运输的湿租业务，属于航空运输服务。

湿租业务，是指航空运输企业将配备有机组人员的飞机承租给他人使用一定期限，承租期内听候承租方调遣，不论是否经营，均按一定标准向承租方收取租赁费，发生的固定费用均由承租方承担的业务。

航天运输服务，按照航空运输服务缴纳增值税。

航天运输服务，是指利用火箭等载体将卫星、空间探测器等空间飞行器发射到空间轨道的业务活动。

4. 管道运输服务

管道运输服务，是指通过管道设施输送气体、液体、固体物质的运输业务活动。

无运输工具承运业务，按照交通运输服务缴纳增值税。

无运输工具承运业务，是指经营者以承运人身份与托运人签订运输服务合同，收取运费并承担承运人责任，然后委托实际承运人完成运输服务的经营活动。

（二）邮政服务

邮政服务，是指中国邮政集团公司及其所属邮政企业提供邮件寄递、邮政汇兑和机要通信等邮政基本服务的业务活动。包括邮政普遍服务、邮政特殊服务和其他邮政服务。

1. 邮政普遍服务

邮政普遍服务，是指函件、包裹等邮件寄递，以及邮票发行、报刊发行和邮政汇兑等业务活动。

函件，是指信函、印刷品、邮资封片卡、无名址函件和邮政小包等。

包裹，是指按照封装上的名址递送给特定个人或者单位的独立封装的物品，其重量不超过五十千克，任何一边的尺寸不超过一百五十厘米，长、宽、高合计不超过三百厘米。

2. 邮政特殊服务

邮政特殊服务，是指义务兵平常信函、机要通信、盲人读物和革命烈士遗物的寄递等业务活动。

3. 其他邮政服务

其他邮政服务，是指邮册等邮品销售、邮政代理等业务活动。

（三）电信服务

电信服务，是指利用有线、无线的电磁系统或者光电系统等各种通信网络资源，提供语音通话服务，传送、发射、接收或者应用图像、短信等电子数据和信息的业务活动。包括基础电信服务和增值电信服务。

1. 基础电信服务

基础电信服务，是指利用固网、移动网、卫星、互联网，提供语音通话服务的业务活动，以及出租或者出售带宽、波长等网络元素的业务活动。

2. 增值电信服务

增值电信服务，是指利用固网、移动网、卫星、互联网、有线电视网络，提供短信和彩信服务、电子数据和信息的传输及应用服务、互联网接入服务等业务活动。

卫星电视信号落地转接服务，按照增值电信服务缴纳增值税。

（四）建筑服务

建筑服务，是指各类建筑物、构筑物及其附属设施的建造、修缮、装饰，线路、管道、设备、设施等的安装以及其他工程作业的业务活动。包括工程服务、安装服务、修缮服务、装饰服务和其他建筑服务。

1. 工程服务

工程服务，是指新建、改建各种建筑物、构筑物的工程作业，包括与建筑物相连的各种设备或者支柱、操作平台的安装或者装设工程作业，以及各种窑炉和金属结构工程作业。

2. 安装服务

安装服务，是指生产设备、动力设备、起重设备、运输设备、传动设备、医疗实验设备以及其他各种设备、设施的装配、安置工程作业，包括与被安装设备相连的工作台、梯子、栏杆的装设工程作业，以及被安装设备的绝缘、防腐、保温、油漆等工程作业。

固定电话、有线电视、宽带、水、电、燃气、暖气等经营者向用户收取的安装费、初装费、开户费、扩容费以及类似收费，按照安装服务缴纳增值税。

3. 修缮服务

修缮服务，是指对建筑物、构筑物进行修补、加固、养护、改善，使之恢复原来的使用价值或者延长其使用期限的工程作业。

4. 装饰服务

装饰服务，是指对建筑物、构筑物进行修饰装修，使之美观或者具有特定用途的工程作业。

5. 其他建筑服务

其他建筑服务，是指上列工程作业之外的各种工程作业服务，如钻井（打井）、拆除建筑物或者构筑物、平整土地、园林绿化、疏浚（不包括航道疏浚）、建筑物平移、搭脚手架、爆破、矿山穿孔、表面附着物（包括岩层、土层、沙层等）剥离和清理等工程作业。

（五）金融服务

金融服务，是指经营金融保险的业务活动。包括贷款服务、直接收费金融服务、保险服务和金融商品转让。

1. 贷款服务

贷款，是指将资金贷与他人使用而取得利息收入的业务活动。

各种占用、拆借资金取得的收入，包括金融商品持有期间（含到期）利息（保本收益、报酬、资金占用费、补偿金等）收入、信用卡透支利息收入、买入返售金融商品利息收入、融资融券收取的利息收入，以及融资性售后回租、押汇、罚息、票据贴现、转贷等业务取得的利息及利息性质的收入，按照贷款服务缴纳增值税。

融资性售后回租，是指承租方以融资为目的，将资产出售给从事融资性售后回租业务的企业后，从事融资性售后回租业务的企业将该资产出租给承租方的业务活动。

以货币资金投资收取的固定利润或者保底利润，按照贷款服务缴纳增值税。

2. 直接收费金融服务

直接收费金融服务，是指为货币资金融通及其他金融业务提供相关服务并且收取费用的业务活动。包括提供货币兑换、账户管理、电子银行、信用卡、信用证、财务担保、资产管理、信托管理、基金管理、金融交易场所（平台）管理、资金结算、资金清算、金融支付等服务。

3. 保险服务

保险服务，是指投保人根据合同约定，向保险人支付保险费，保险人对于合同约定的可能发生的事故因其发生所造成的财产损失承担赔偿保险金责任，或者当被保险人死亡、伤残、疾病或者达到合同约定的年龄、期限等条件时承担给付保险金责任的商业保险行为。包括人身保险服务和财产保险服务。

人身保险服务，是指以人的寿命和身体为保险标的的保险业务活动。

财产保险服务，是指以财产及其有关利益为保险标的的保险业务活动。

4. 金融商品转让

金融商品转让，是指转让外汇、有价证券、非货物期货和其他金融商品所有权的业务活动。

其他金融商品转让包括基金、信托、理财产品等各类资产管理产品和各种金融衍生品的转让。

（六）现代服务

现代服务，是指围绕制造业、文化产业、现代物流产业等提供技术性、知识性服务的业务活动。包括研发和技术服务、信息技术服务、文化创意服务、物流辅助服务、租赁服务、鉴证咨询服务、广播影视服务、商务辅助服务和其他现代服务。

1. 研发和技术服务

研发和技术服务，包括研发服务、合同能源管理服务、工程勘察勘探服务、专业技术服务。

（1）研发服务，也称技术开发服务，是指就新技术、新产品、新工艺或者新材料及其系统进行研究与试验开发的业务活动。

（2）合同能源管理服务，是指节能服务公司与用能单位以契约形式约定节能目标，节能服务公司提供必要的服务，用能单位以节能效果支付节能服务公司投入及其合理报酬的业务活动。

（3）工程勘察勘探服务，是指在采矿、工程施工前后，对地形、地质构造、地下资源蕴藏情况进行实地调查的业务活动。

（4）专业技术服务，是指气象服务、地震服务、海洋服务、测绘服务、城市规划、环境与生态监测服务等专项技术服务。

2. 信息技术服务

信息技术服务，是指利用计算机、通信网络等技术对信息进行生产、收集、处理、加工、存储、运输、检索和利用，并提供信息服务的业务活动。包括软件服务、电路设计及测试服务、信息系统服务、业务流程管理服务和信息系统增值服务。

（1）软件服务，是指提供软件开发服务、软件维护服务、软件测试服务的业务活动。

（2）电路设计及测试服务，是指提供集成电路和电子电路产品设计、测试及相关技术支持服务的业务活动。

（3）信息系统服务，是指提供信息系统集成、网络管理、网站内容维护、桌面管理与维护、信息系统应用、基础信息技术管理平台整合、信息技术基础设施管理、数据中心、托管中心、信息安全服务、在线杀毒、虚拟主机等业务活动。包括网站对非自有的网络游戏提供的网络运营服务。

（4）业务流程管理服务，是指依托信息技术提供的人力资源管理、财务经济管理、审计管理、税务管理、物流信息管理、经营信息管理和呼叫中心等服务的活动。

（5）信息系统增值服务，是指利用信息系统资源为用户附加提供的信息技术服务。包括数据处理、分析和整合、数据库管理、数据备份、数据存储、容灾服务、电子商务平台等。

3. 文化创意服务

文化创意服务，包括设计服务、知识产权服务、广告服务和会议展览服务。

（1）设计服务，是指把计划、规划、设想通过文字、语言、图画、声音、视觉等形式传递出来的业务活动。包括工业设计、内部管理设计、业务运作设计、供应链设计、造型设计、服装设计、环境设计、平面设计、包装设计、动漫设计、网游设计、展示设计、网站设计、机械设计、工程设计、广告设计、创意策划、文印晒图等。

（2）知识产权服务，是指处理知识产权事务的业务活动。包括对专利、商标、著作权、软件、集成电路布图设计的登记、鉴定、评估、认证、检索服务。

（3）广告服务，是指利用图书、报纸、杂志、广播、电视、电影、幻灯、路牌、招贴、橱窗、霓虹灯、灯箱、互联网等各种形式为客户的商品、经营服务项目、文体节目或者通告、声明等委托事项进行宣传和提供相关服务的业务活动。包括广告代理和广告的发布、播映、宣传、展示等。

（4）会议展览服务，是指为商品流通、促销、展示、经贸洽谈、民间交流、企业沟通、国际往来等举办或者组织安排的各类展览和会议的业务活动。

4. 物流辅助服务

物流辅助服务，包括航空服务、港口码头服务、货运客运场站服务、打捞救助服务、装卸搬运服务、仓储服务和收派服务。

（1）航空服务，包括航空地面服务和通用航空服务。

航空地面服务，是指航空公司、飞机场、民航管理局、航站等向在境内航行或者在境内机场停留的境内外飞机或者其他飞行器提供的导航等劳务性地面服务的业务活动。包括旅客安全检查服务、停机坪管理服务、机场候机厅管理服务、飞机清洗消毒服务、空中飞行管理服务、飞机起降服务、飞行通讯服务、地面信号服务、飞机安全服务、飞机跑道管理服务、空中交通管理服务等。

通用航空服务，是指为专业工作提供飞行服务的业务活动，包括航空摄影、航空培训、航空测量、航空勘探、航空护林、航空吊挂播洒、航空降雨、航空气象探测、航空海洋监测、航空科学实验等。

（2）港口码头服务，是指港务船舶调度服务、船舶通讯服务、航道管理服务、航道疏浚服务、灯塔管理服务、航标管理服务、船舶引航服务、理货服务、系解缆服务、停泊和移泊服务、海上船舶溢油清除服务、水上交通管理服务、船只专业清洗消毒检测服务和防止船只漏油服务等为船只提供服务的业务活动。

港口设施经营人收取的港口设施保安费按照港口码头服务缴纳增值税。

（3）货运客运场站服务，是指货运客运场站提供货物配载服务、运输组织服务、中转换乘服务、车辆调度服务、票务服务、货物打包整理、铁路线路使用服务、加挂铁路客车服务、铁路行包专列发送服务、铁路到达和中转服务、铁路车辆编解服务、车辆挂运服务、铁路接触网服务、铁路机车牵引服务等业务活动。

（4）打捞救助服务，是指提供船舶人员救助、船舶财产救助、水上救助和沉船沉物打捞服务的业务活动。

（5）装卸搬运服务,是指使用装卸搬运工具或者人力、畜力将货物在运输工具之间、装卸现场之间或者运输工具与装卸现场之间进行装卸和搬运的业务活动。

（6）仓储服务，是指利用仓库、货场或者其他场所代客贮放、保管货物的业务活动。

（7）收派服务，是指接受寄件人委托，在承诺的时限内完成函件和包裹的收件、分拣、派送服务的业务活动。

收件服务，是指从寄件人收取函件和包裹，并运送到服务提供方同城的集散中心的业务活动。

分拣服务，是指服务提供方在其集散中心对函件和包裹进行归类、分发的业务活动。

派送服务，是指服务提供方从其集散中心将函件和包裹送达同城的收件人的业务活动。

5. 租赁服务

租赁服务，包括融资租赁服务和经营租赁服务。

（1）融资租赁服务，是指具有融资性质和所有权转移特点的租赁活动。即出租人根据承租人所要求的规格、型号、性能等条件购入有形动产或者不动产租赁给承租人，合同期内租赁物所有权属于出租人，承租人只拥有使用权，合同期满付清租金后，承租人有权按照残值购入租赁物，以拥有其所有权。不论出租人是否将租赁物销售给承租人，均属于融资租赁。

按照标的物的不同，融资租赁服务可分为有形动产融资租赁服务和不动产融资租赁服务。

融资性售后回租不按照本税目缴纳增值税。

（2）经营租赁服务，是指在约定时间内将有形动产或者不动产转让他人使用且租赁物所有权不变更的业务活动。

按照标的物的不同，经营租赁服务可分为有形动产经营租赁服务和不动产经营租赁服务。

将建筑物、构筑物等不动产或者飞机、车辆等有形动产的广告位出租给其他单位或者个人用于发布广告，按照经营租赁服务缴纳增值税。

车辆停放服务、道路通行服务（包括过路费、过桥费、过闸费等）等按照不动产经营租赁服务缴纳增值税。

水路运输的光租业务、航空运输的干租业务，属于经营租赁。

光租业务，是指运输企业将船舶在约定的时间内出租给他人使用，不配备操作人员，不承担运输过程中发生的各项费用，只收取固定租赁费的业务活动。

干租业务，是指航空运输企业将飞机在约定的时间内出租给他人使用，不配备机组人员，不承担运输过程中发生的各项费用，只收取固定租赁费的业务活动。

6. 鉴证咨询服务

鉴证咨询服务，包括认证服务、鉴证服务和咨询服务。

（1）认证服务，是指具有专业资质的单位利用检测、检验、计量等技术，证明产品、服务、管理体系符合相关技术规范、相关技术规范的强制性要求或者标准的业务活动。

（2）鉴证服务，是指具有专业资质的单位受托对相关事项进行鉴证，发表具有证明力的意见的业务活动。包括会计鉴证、税务鉴证、法律鉴证、职业技能鉴定、工程造价鉴证、工程监理、资产评估、环境评估、房地产土地评估、建筑图纸审核、医疗事故鉴定等。

（3）咨询服务，是指提供信息、建议、策划、顾问等服务的活动。包括金融、软件、技术、财务、税收、法律、内部管理、业务运作、流程管理、健康等方面的咨询。

翻译服务和市场调查服务按照咨询服务缴纳增值税。

7. 广播影视服务

广播影视服务，包括广播影视节目（作品）的制作服务、发行服务和播映（含放映，下同）服务。

（1）广播影视节目（作品）制作服务，是指进行专题（特别节目）、专栏、综艺、体育、动画片、广播剧、电视剧、电影等广播影视节目和作品制作的服务。具体包括与广播影视节目和作品相关的策划、采编、拍摄、录音、音视频文字图片素材制作、场景布置、后期的剪辑、翻译（编译）、字幕制作、片头、片尾、片花制作、特效制作、影片修复、编目和确权等业务活动。

（2）广播影视节目（作品）发行服务，是指以分账、买断、委托等方式，向影院、电台、电视台、网站等单位和个人发行广播影视节目（作品）以及转让体育赛事等活动的报道及播映权的业务活动。

（3）广播影视节目（作品）播映服务，是指在影院、剧院、录像厅及其他场所播映广播影视节目（作品），以及通过电台、电视台、卫星通信、互联网、有线电视等无线或者有线装置播映广播影视节目（作品）的业务活动。

8. 商务辅助服务

商务辅助服务，包括企业管理服务、经纪代理服务、人力资源服务、安全保护服务。

（1）企业管理服务，是指提供总部管理、投资与资产管理、市场管理、物业管理、日常综合管理等服务的业务活动。

（2）经纪代理服务，是指各类经纪、中介、代理服务。包括金融代理、知识产权代理、货物运输代理、代理报关、法律代理、房地产中介、职业中介、婚姻中介、代理记账、拍卖等。

货物运输代理服务，是指接受货物收货人、发货人、船舶所有人、船舶承租人或者船舶经营人的委托，以委托人的名义，为委托人办理货物运输、装卸、仓储和船舶进出港口、引航、靠泊等相关手续的业务活动。

代理报关服务，是指接受进出口货物的收、发货人委托，代为办理报关手续的业务活动。

（3）人力资源服务，是指提供公共就业、劳务派遣、人才委托招聘、劳动力外包等服务的业务活动。

（4）安全保护服务，是指提供保护人身安全和财产安全，维护社会治安等的业务活动。包括场所住宅保安、特种保安、安全系统监控以及其他安保服务。

9. 其他现代服务

其他现代服务，是指除研发和技术服务、信息技术服务、文化创意服务、物流辅助服务、租赁服务、鉴证咨询服务、广播影视服务和商务辅助服务以外的现代服务。

（七）生活服务

生活服务，是指为满足城乡居民日常生活需求提供的各类服务活动。包括文化体育服务、教育医疗服务、旅游娱乐服务、餐饮住宿服务、居民日常服务和其他生活服务。

1. 文化体育服务

文化体育服务，包括文化服务和体育服务。

（1）文化服务，是指为满足社会公众文化生活需求提供的各种服务。包括：文艺创作、文艺表演、文化比赛，图书馆的图书和资料借阅，档案馆的档案管理，文物及非物质遗产保护，组织举办宗教活动、科技活动、文化活动，提供游览场所。

（2）体育服务，是指组织举办体育比赛、体育表演、体育活动，以及提供体育训练、体育指导、体育管理的业务活动。

2. 教育医疗服务

教育医疗服务，包括教育服务和医疗服务。

（1）教育服务，是指提供学历教育服务、非学历教育服务、教育辅助服务的业务活动。

学历教育服务，是指根据教育行政管理部门确定或者认可的招生和教学计划组织教学，并颁发相应学历证书的业务活动。包括初等教育、初级中等教育、高级中等教育、高等教育等。

非学历教育服务，包括学前教育、各类培训、演讲、讲座、报告会等。

教育辅助服务，包括教育测评、考试、招生等服务。

（2）医疗服务，是指提供医学检查、诊断、治疗、康复、预防、保健、接生、计划生育、防疫服务等方面的服务，以及与这些服务有关的提供药品、医用材料器具、救护车、病房住宿和伙食的业务。

3. 旅游娱乐服务

旅游娱乐服务，包括旅游服务和娱乐服务。

（1）旅游服务，是指根据旅游者的要求，组织安排交通、游览、住宿、餐饮、购物、文娱、商务等服务的业务活动。

（2）娱乐服务，是指为娱乐活动同时提供场所和服务的业务。

具体包括：歌厅、舞厅、夜总会、酒吧、台球、高尔夫球、保龄球、游艺（包括射击、狩猎、跑马、游戏机、蹦极、卡丁车、热气球、动力伞、射箭、飞镖）。

4. 餐饮住宿服务

餐饮住宿服务，包括餐饮服务和住宿服务。

（1）餐饮服务，是指通过同时提供饮食和饮食场所的方式为消费者提供饮食消费服务的业务活动。

（2）住宿服务，是指提供住宿场所及配套服务等的活动。包括宾馆、旅馆、旅社、度假村和其他经营性住宿场所提供的住宿服务。

5. 居民日常服务

居民日常服务，是指主要为满足居民个人及其家庭日常生活需求提供的服务，包括市容市政管理、家政、婚庆、养老、殡葬、照料和护理、救助救济、美容美发、按摩、桑拿、氧吧、足疗、沐浴、洗染、摄影扩印等服务。

6. 其他生活服务

其他生活服务，是指除文化体育服务、教育医疗服务、旅游娱乐服务、餐饮住宿服务和居民日常服务之外的生活服务。

二、销售无形资产

销售无形资产，是指转让无形资产所有权或者使用权的业务活动。无形资产，是指不具实物形态，但能带来经济利益的资产，包括技术、商标、著作权、商誉、自然资源使用权和其他权益性无形资产。

技术，包括专利技术和非专利技术。

自然资源使用权，包括土地使用权、海域使用权、探矿权、采矿权、取水权和其他自然资源使用权。

其他权益性无形资产，包括基础设施资产经营权、公共事业特许权、配额、经营权（包括特许经营权、连锁经营权、其他经营权）、经销权、分销权、代理权、会员权、席位权、网络游戏虚拟道具、域名、名称权、肖像权、冠名权、转会费等。

三、销售不动产

销售不动产，是指转让不动产所有权的业务活动。不动产，是指不能移动或者移动后会引起性质、形状改变的财产，包括建筑物、构筑物等。

建筑物，包括住宅、商业营业用房、办公楼等可供居住、工作或者进行其他活动的建造物。

构筑物，包括道路、桥梁、隧道、水坝等建造物。

转让建筑物有限产权或者永久使用权的，转让在建的建筑物或者构筑物所有权的，以及在转让建筑物或者构筑物时一并转让其所占土地的使用权的，按照销售不动产缴纳增值税。

第3章

消费税会计

【学习目标】

1. 了解消费税的概念、特点。

2. 理解和掌握我国消费税的税制要素。

3. 掌握企业应纳消费税额的计算方法、会计账户的设置、核算方法及纳税申报规定与程序。

【内容提要】

本章我们将在前面章节学习的基础上，通过税收制度与会计核算的讲解，进一步理解纳税会计的理论和操作方法。

本章中将涉及消费税基本原理，如企业应纳消费税额的计算方法、会计账户的设置、核算方法及纳税申报规定与程序。

【思维导图】

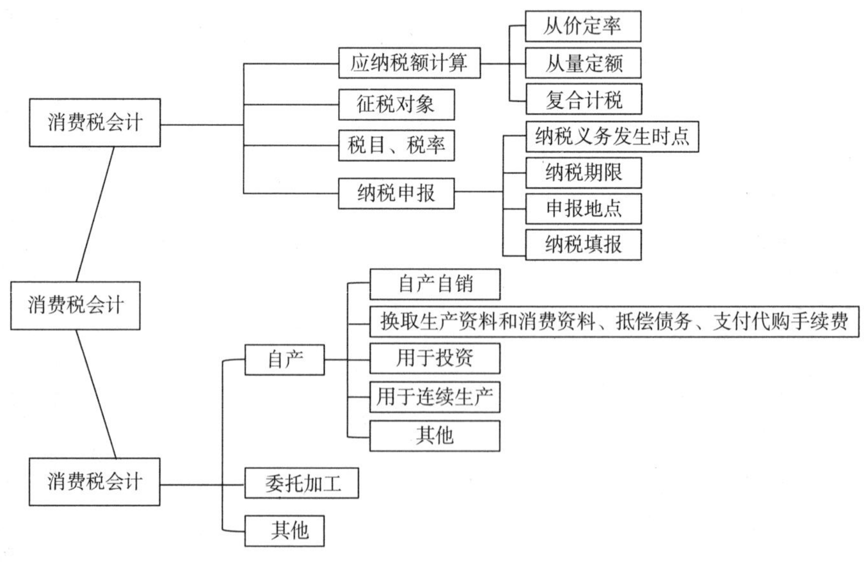

【引言】

消费税是我国在1994年新税制改革中新设置的一个税种，是对税法规定的特定消费品或消费行为的流转额征收的一种税。目前，世界上已有一百多个国家开征了这一税种或类似税种。

消费税是对于烟酒及其他对健康有害的物品的征税。一种新型税收是对污染和其他有害的外部效应征税，这些税被称为绿税，因为它们旨在改善环境，同时增加收入。消费税与增值税优势互补，但价内计税与价外计税却并非税种性质使然，纯属规定而已，徒增会计工作量。

——保罗·萨缪尔森

3.1 消费税的基本内容

3.1.1 纳税义务人

在中华人民共和国境内生产、委托加工和进口消费税暂行条例规定的消费品的单位和个人，以及国务院确定的销售《中华人民共和国消费税暂行条例》规定的消费品的其他单位和个人，为消费税的纳税人，应当依照《中华人民共和国消费税暂行条例》缴纳消费税。

3.1.2 征税范围

现行消费税的纳税范围包括五类消费品。

（1）过度消费会对人类健康、社会秩序、生态环境等造成危害的特殊消费品，如烟、酒、鞭炮、焰火。

（2）奢侈品、非生活必需品，如化妆品、贵重首饰及珠宝玉石。

（3）高能耗及高档消费品，如小汽车、摩托车。

（4）不可再生和替代的石油类消费品，如汽油、柴油。

（5）只具财政意义的消费品，如汽车轮胎、护肤品。

3.1.3 税目及税率

按照《中华人民共和国消费税暂行条例》规定，消费税分为以下税目。

1. 烟

凡是以烟叶为原料加工生产的产品，不论使用何种辅料，均属于本税目的征收范围，包括卷烟、雪茄烟和烟丝。

另外，税法规定，在卷烟批发环节加征一道从价税（在中华人民共和国境内从事卷烟批发业务的单位和个人，批发销售的所有牌号规格的卷烟，按其销售额不含税价征收5%消费税），纳税人应将卷烟销售额与其他商品销售额分开核算，未分开核算的，一并征收消费税。纳税人销售给纳税人以外的单位和个人的卷烟于销售时纳税，纳税人之间销售卷烟不纳消费税。

2. 酒

酒是酒精度在 1 度以上的各种酒类饮料。

啤酒每吨出厂价（含包装物及包装物押金）在 3 000 元（含 3 000 元，不含增值税）以上的是甲类啤酒（吨税 250 元/吨），其他为乙类啤酒（吨税 220 元/吨）。对饮食业、商业、娱乐业举办的啤酒屋利用啤酒生产设备生产的啤酒，应当征收消费税。配制酒是指以发酵酒、蒸馏酒或食用酒精为酒基，加入可食用或药食两用的辅料或食品添加剂，进行调配、混合或再加工制成的并改变了其原酒基风格的饮料酒，规定如下所述。

（1）以蒸馏酒或食用酒精为酒基，具有国家相关部门批准的国食健字或卫食健字文号并且酒精度低于38度（含38度）的配制酒，按照消费税税目税率表“其他酒”10%适用税率征收消费税。

（2）以发酵酒为酒基，酒精度低于20度（含20度）的配制酒，按消费税税目税率表“其他酒”10%适用税率征收消费税。

（3）其他配制酒，按消费税税目税率表“白酒”试用税率征收消费税。

3. 化妆品

化妆品税目包括各类美容、修饰类化妆品，高档护肤类化妆品和成套化妆品，但不包括舞台、戏剧、影视演员化妆用的上妆油、卸装油、油彩。高档护肤类化妆品征收范围另行制定。

4. 贵重首饰及珠宝玉石

本税目征收范围包括以金、银、珠宝玉石等高贵稀有物质以及其他金属、人造宝石等制作的各种纯金银及镶嵌饰物，以及经采掘、打磨、加工的各种珠宝玉石。对出国人员免税商店销售的金银首饰征收消费税（免税只在进口环节）。

5. 鞭炮、焰火

本税目征收范围不包括体育上用的发令纸、鞭炮药引线。

6. 成品油

本税目征收范围包括汽油、柴油、石脑油、溶剂油、航空煤油、润滑油、燃料油七个子目，但2015年增加取消车用含铅汽油消费税、航空煤油暂缓征收、绝缘类油品不征收内容。

7. 小汽车、小轿车、中轻型商用客车

本税目征收范围不包括：①电动汽车；②车身长度大于 7 米（含）、座位 10~23 座（含）；③沙滩车、雪地车、卡丁车、高尔夫车。

8. 摩托车

本税目征收范围包括轻便摩托车和摩托车两种，其中不征税的情况包括：①最大设计车速不超过 50 千米 / 小时，发动机气缸总工作容量不超过 50 毫升的三轮摩托车不征收消费税；②气缸容量 250 毫升（不含）以下的小排量摩托车不征收消费税。

9. 高尔夫球及球具

本税目征收范围包括高尔夫球、高尔夫球杆、高尔夫球包（袋）。高尔夫球杆的杆头、杆身和握把属于本税目的征收范围。

10. 高档手表

高档手表是指销售价格（不含增值税）每只在10 000元（含）以上的各类手表。

11. 游艇

本税目征收范围包括艇长大于8米小于90米，内置发动机，可以在水上移动，一般为私人或团体购置，主要用于水上运动和休闲娱乐等非牟利活动的各类机动艇。

12. 木制一次性筷子

本税目征收范围包括各种规格的木制一次性筷子，未经打磨、倒角的木制一次性筷子属于本税目征收范围。

13. 实木地板

本税目征收范围包括各类规格的以木材为原料（包括实木复合地板 ）的地面装饰材料，包括独板（块）实木地板、实木指接地板、实木复合地板及用于装饰墙壁、天棚的侧端面为榫、槽的实木装饰板以及未经涂饰的素板。

14. 电池

本税目征收范围包括原电池、蓄电池、燃料电池、太阳能电池和其他电池。对无汞原电池、镍氢蓄电池、锂原电池、锂离子蓄电池、太阳能电池、燃料电池、全钒液流电池免征消费税。2015年12月31日前对铅蓄电池缓征消费税；2016年1月1日起，对铅蓄电池按4%税率征收消费税。

15. 涂料（新增，4%）

2015年起对涂料按4%税率征收消费税。

消费税税目、税率如表3-1所示。

表3-1　消费税税目、税率表

税目	税率
一、烟	
1.卷烟	
（1）甲类卷烟［调拨价70元（不含增值税）/条以上（含70元）］	56%加0.003元/支（生产环节）
（2）乙类卷烟［调拨价70元（不含增值税）/条以下］	36%加0.003元/支（生产环节）
	备注：烟类产品按照标准箱征收 150 元/箱，0.6元/条
（3）批发环节	5%
2.雪茄烟	36%（生产环节）
3.烟丝	30%（生产环节）
二、酒	

续表

税目	税率
1.白酒	20%加 0.5 元/500 克（或者 500 毫升）
2.黄酒	240 元/吨
3.啤酒	
（1）甲类啤酒	250 元/吨
（2）乙类啤酒	220 元/吨
两类啤酒划定标准：每吨出厂价（含包装物及包装物押金，不包含重复使用的塑料固转箱押金）在 3 000 元（含 3 000 元，不含增值税）	
4.其他酒	10%
5.酒精	5%
三、化妆品	30%
四、贵重首饰及珠宝玉石	
1.金银首饰、铂金首饰和钻石及钻石饰品	5%
2.其他贵重首饰和珠宝玉石	10%
五、鞭炮、焰火	15%
六、成品油	
1.汽油	
（1）含铅汽油	1.52 元/升
（2）无铅汽油	1.52 元/升
2.柴油	1.20 元/升
3.航空煤油	1.20 元/升
4.石脑油	1.52 元/升
5.溶剂油	1.52 元/升
6.润滑油	1.52 元/升
7.燃料油	1.20 元/升
七、摩托车	
1.气缸容量（排气量，下同）在 250 毫升（含 250 毫升）以下的	3%
2.气缸容量在 250 毫升以上的	10%
八、小汽车	
1.乘用车	
（1）气缸容量（排气量，下同）在 1.0 升（含 1.0 升）以下的	1%
（2）气缸容量在 1.0 升以上至 1.5 升（含 1.5 升）的	3%
（3）气缸容量在 1.5 升以上至 2.0 升（含 2.0 升）的	5%
（4）气缸容量在 2.0 升以上至 2.5 升（含 2.5 升）的	9%
（5）气缸容量在 2.5 升以上至 3.0 升（含 3.0 升）的	12%
（6）气缸容量在 3.0 升以上至 4.0 升（含 4.0 升）的	25%
（7）气缸容量在 4.0 升以上的	40%
2.中轻型商用客车	5%
九、高尔夫球及球具	10%
十、高档手表	20%
十一、游艇	10%

续表

税目	税率
十二、木制一次性筷子	5%
十三、实木地板	5%
十四、铅蓄电池	4%（2016 年 1 月 1 日起实施）
无汞原电池、金属氢化物镍蓄电池、锂原电池、锂离子蓄电池、太阳能电池、燃料电池和全钒液流电池	免征
十五、涂料	4%
施工状态下挥发性有机物含量低于 420 克/升（含）	免征

注：（1）税法规定，2014 年 12 月 1 日起，取消对酒精征收消费税，修改税目。

（2）2014 年 12 月 1 日起，取消对汽车轮胎、缸容量 250 毫升（不含）以下的小排量摩托车、车用含铅汽油、酒精征收消费税（财税〔2014〕93 号文件）。

（3）2015 年 2 月 1 日起，对电池、涂料征消费税。

3.2　消费税的纳税申报

3.2.1　纳税义务发生时间确认

纳税人生产的应税消费品于销售时纳税，进口消费品应当于应税消费品报关进口环节纳税，金银首饰、钻石及钻石饰品在零售环节纳税。消费税纳税义务发生的时间，以货款结算方式或行为发生时间分别确定。

3.2.2　纳税期限

按照《中华人民共和国消费税暂行条例》规定，消费税的纳税期限分别为 1 日、3 日、5 日、10 日、15 日、1 个月或者 1 个季度。纳税人的具体纳税期限，由主管税务机关根据纳税人应纳税额的大小分别核定；不能按照固定期限纳税的，可以按次纳税。

纳税人以 1 个月或者 1 个季度为一个纳税期的，自期满之日起 15 日内申报纳税；以 1 日、3 日、5 日、10 日、15 日为一个纳税期的，自期满之日起 5 日内预缴税款，于次月 1 日起至 15 日内申报纳税并结清上月应纳税款。

3.2.3　纳税申报地点

消费税的申报地点主要是在核算地进行，其他具体申报地点归纳如表 3-2 所示。

表 3-2　消费税申报地点归纳表

情形	申报地点
1.纳税人销售的应税消费品，以及自产自用的应税消费品	除国务院财政、税务主管部门另有规定外，应当向纳税人机构所在地或者居住地的主管税务机关申报纳税
2.委托加工的应税消费品	除委托个人加工外，由受托方向所在地主管税务机关代收代缴消费税税款
3.进口的应税消费品	由进口人或者其代理人向报关地海关申报纳税
4.纳税人到外县（市）销售或委托外县（市）代销自产应税消费品	于应税消费品销售后，向纳税人机构所在地或居住地主管税务机关申报纳税
5.纳税人的总机构与分支机构不在同一县（市）的	应当分别向各自机构所在地的主管税务机关申报纳税，经批准，可以由总机构汇总向总机构所在地的主管税务机关申报纳税

3.2.4 填制消费税纳税申报表

在我国境内生产、委托加工、进口属于征税范围的应税消费品的单位和个人，应按规定到主管税务机关办理消费税纳税申报。

生产石脑油、溶剂油、航空煤油、润滑油、燃料油的纳税人在办理纳税申报时，还应提供“生产企业生产经营情况表”和“生产企业产品销售明细表（油品）”。

纳税人在办理纳税申报时，如需办理消费税税款抵扣手续，除应按有关规定提供纳税申报所需材料外，还应当提供以下资料。

（1）外购应税消费品连续生产应税消费品的，提供外购应税消费品增值税专用发票（抵扣联）原件及其复印件。

（2）委托加工收回应税消费品连续生产应税消费品的，提供“代扣代收税款凭证”原件及其复印件。

（3）进口应税消费品连续生产应税消费品的，提供“海关进口消费税专用缴款书”原件及其复印件。

消费税纳税人应按规定及时办理纳税申报，无论是否应缴消费税，都应该如实填写消费税纳税申报表（表 3-3）。

表 3-3 消费税纳税申报表

税款所属时期： 年 月 日至 年 月 日

纳税人识别号 | | | | | | | | | | | | | | | | | | | |

纳 税 编 码 | | | | | | | | |

纳税人名称： 填表日期： 2017-01-08

应税消费品名称	适用税目	应税销售额（数量）	适用税率（单位税额）	当期准予扣除外购应税消费品买价（数量）				外购应税消费品适用税率（单位税额）
				合计	期初库存外购应税消费品买价（数量）	当期购进外购应税消费品买价（数量）	期末库存外购应税消费品买价（数量）	
合计								

应纳消费税		当期准予扣除外购应税消费品已纳税款	当期准予扣除委托加工应税消费品已纳税款			
本期	累计		合计	期初库存委托加工应税消费品已纳税款	当期收回委托加工应税消费品已纳税款	期末库存委托加工应税消费品已纳税款

已纳消费税		本期应补（退）税金额			
本期	累计	合计	上期结算税额	补交本年度欠税	补交以前年度欠税

截至上年底累计欠税额	本年度新增欠税额		减免税额	预缴税额	多缴税额
	本期	累计			

续表

<table>
<tr><td colspan="2">如纳税人填报，由纳税人填写以下各栏</td><td colspan="4">如委托代理人填报，由代理人填写以下各栏</td><td>备注</td></tr>
<tr><td rowspan="3">会计主管：
（签章）</td><td rowspan="3">纳税人
（公章）</td><td>代理人名称</td><td></td><td colspan="2" rowspan="2">代理人
（公章）</td><td></td></tr>
<tr><td>代理人地址</td><td></td><td></td></tr>
<tr><td>经办人</td><td></td><td>电话</td><td></td><td></td></tr>
<tr><td colspan="7">以下由税务机关填写</td></tr>
<tr><td>收到申报表日期</td><td colspan="2"></td><td>接收人</td><td colspan="3"></td></tr>
</table>

填表说明：

（1）本表条形码具有唯一性，表格复印使用无效；条形码区域请保持整洁。

（2）请在指定区域内盖纳税人公章。

（3）表中 2 栏“适用税目”必须按照《中华人民共和国消费税暂行条例》规定的税目填写。

（4）第 10 栏，准予抵扣项目无减税优惠的按 10=5×9 的钩稽关系填报；准予抵扣项目有减税优惠的按 10=5×9（1−减征幅度）的钩稽关系填报。目前准予抵扣且有减税优惠的项目为石脑油、润滑油，减征幅度为 70%。

（5）第 26 栏，全额免税的应税消费品按“26=3×4”填报，减征税款的应税消费品按“26=3×4×减征幅度”填报，目前有减税优惠的项目为石脑油、润滑油，润滑油、燃料油减征幅度为 70%。

（6）本表一式三份，区（分）局、计征局、纳税人各一份。

（7）当期有出口应税消费品的纳税人，请在备注栏注明出口应税消费品的品目、销售金额及税额即可，无须反映在本表。

3.3　消费税的计算

3.3.1　消费税从价定率计算

从价定率计算方法下，公式为

应纳税额=应税消费品的销售额×适用税率

从这个公式中可以发现，应纳税额的多少取决于应税消费品的销售额和适用税率两个因素。

销售额为纳税人销售应税消费品向购买方收取的全部价款和价外费用。

1. 基本规定

全部价款和价外费用，含消费税税款，但不含增值税税款；价外费用的内容与增值税规定相同，均为价外向购买方收取的手续费、补贴、基金、集资费、返还利润、奖励费、违约金（延期付款利息）、包装费、包装物租金、储备费、优质费、运输装卸费、代收款项、代垫款项及其他各种性质的价外收费，其中，不包括在内的项目如下所述。

（1）同时符合下列两项条件的代垫运输费用：承运部门的运费发票开具给购货方的；纳税人将该项发票转交给购货方的。

（2）同时符合下列三项条件代为收取的政府性基金或者行政事业性收费：由国务院或者财政部批准设立的政府性基金，由国务院或者省级人民政府及其财政、价格主管部门批准设立的行政事业性收费；收取时开具省级以上财政部门印制的财政票据；所收款项全额上缴财政，其他价外费用，无论是否属于纳税人的收入，均应并入销售额计算征税。

2. 含增值税销售额的换算

应税消费品在缴纳消费税的同时，与一般货物一样，还应缴纳增值税。《中华人民共和国消费税暂行条例实施细则》规定，应税消费品的销售额，不包括应向购货方收取的增值税税款。如果纳税人应税消费品的销售额中未扣除增值税税款或者因不得开具增值税专用发票而发生价款和增值税税款合并收取的，在计算消费税时，应将含增值税的销售额换算成不含增值税税款的销售额。公式为

应税消费品的销售额 = 含增值税的销售额 ÷（1+增值税税率或征收率）

（1）销售方为一般纳税人，转换时用相应增值税税率。

（2）销售方为小规模纳税人，转换时用 3%征收率。

3. 包装物

（1）应税消费品连同包装销售的，并入应税消费品的销售额中征收消费税。

（2）包装物不作价随同产品销售，而是收取押金，且单独核算的，此项押金不应并入应税消费品的销售额中征税。

（3）包装物既作价随同产品销售，又收取押金，凡逾期未归还的，均并入销售额中纳税。

3.3.2 消费税从量定额计算

在从量定额的计算方法下：

应纳税额=销售数量 × 单位税额

由计税公式可以看出，应纳税额的多少取决于销售数量和单位税额两个因素，销售数量参见表 3-4。单位税额参见表 3-1 消费税税目、税率表。

表 3-4 销售数量的确定

具体情况	销售数量确定
1.销售应税消费品的	应税消费品的销售数量
2.自产自用应税消费品的	应税消费品的移送使用数量
3.委托加工应税消费品的	纳税人收回的应税消费品数量
4.进口的应税消费品	海关核定的应税消费品的进口数量

3.3.3 消费税复合计税的计算

按照消费税征收法规，只有卷烟、白酒采用复合计征方法。公式为

应纳税额=应税消费数量 × 定额税率+应税销售额 × 比例税率

【例题 3-1】某卷烟厂 1 月购买已税烟丝 1 000 千克，每千克 50 元，未扣增值税。加工成卷烟 200 个标准箱，每标准箱调拨价格 20 000 元，全部售出。应纳消费税计算如下所述。

烟丝不含增值税销售额=1 000 × 50 ÷（1+16%）=43 103.45（元）

应纳消费税额=200 × 150+200 × 20 000 × 56%−43 103.45 × 30%=2 257 068.97（元）

3.3.4　计税依据的特殊规定

（1）纳税人通过自设非独立核算门市部销售的自产应税消费品，应当按照门市部对外销售额或销售数量征收消费税。

（2）纳税人用于换取生产资料和消费资料、投资入股和抵偿债务等方面的应税消费品，应当以纳税人同类应税消费品的最高销售价格为依据计算消费税。

（3）白酒生产企业向商业销售单位收取的“品牌使用费”应并入白酒的销售额中缴纳消费税。

（4）兼营不同税率应税消费品的税务处理：①纳税人兼营不同税率应税消费品，未分别核算各自销售额的，从高适用税率；②纳税人将不同税率应税消费品组成成套消费品销售的，从高适用税率（即使分别核算也从高适用税率）。

例如，某酒厂生产税率为 10%的调制酒，也生产税率为 20%的白酒，若未单独核算销售额，则均按照白酒的税率 20%进行计算纳税；若该厂生产的白酒和其他调制酒装礼品套酒进行销售，则均按照 20%的税率进行征税。

3.4　消费税的会计处理

消费税是价内税，不实行税款抵扣。依据这一特点，会计处理上只需对应缴纳以及已缴纳消费税进行核算。

3.4.1　生产后直接销售

正常业务中，分录如下：

借：营业税金及附加

　　贷：应交税费——应交消费税

发生销售退回及退税时做相反会计处理，企业出口应税消费品，按规定不予免税或退税时，应视同国内销售，其会计处理方法同上。

【例题 3-2】某白酒生产企业为增值税一般纳税人，201×年 11 月销售粮食白酒 10 吨，取得不含增值税的销售额 50 万元，货款尚未收到。请对白酒企业 11 月应缴纳的消费税进行核算。

按照税法规定，白酒适用比例税率 20%，定额税率每 500 克 0.5 元，1 吨白酒按照 2 000 千克进行估计，该厂销售白酒应纳消费税总额为

$$10 \times 2\ 000 \times 0.5 + 500\ 000 \times 20\% = 110\ 000（元）$$

会计处理为：

借：应收账款	580 000	
贷：应交税费——应交增值税（销项税额）		80 000
主营业务收入		500 000
借：营业税金及附加	110 000	

贷：应交税费——应交消费税　　110 000

开出转账支票实际缴纳时：

借：应交税费——应交消费税　　110 000

贷：银行存款　　110 000

3.4.2　企业从生产的应税消费品换取生产资料和消费资料、抵偿债务、支付代购手续费等

按照税法规定，纳税人生产的于销售时纳税的应税消费品，除取得货币的销售方式外，企业用应税消费品换取生产资料和消费资料、抵偿债务、支付代购手续费等业务，也需要缴纳消费税。

正常业务中，分录如下：

借：营业税金及附加

贷：应交税费——　应交消费税

【例题 3-3】某公司（增值税一般纳税人）以自产中轻型商用客车（消费税税率 5%）10 辆偿还某客运公司债务，双方协议，每辆车含税价 116 000 元，按照成本价 80 000 元进行计量。请进行核算。

消费税额=116 000÷（1+16%）×10×5%=50 000（元）

借：应付账款　　1 010 000

贷：应交税费——应交消费税　　50 000

应交税费——应交增值税（销项税额）　　160 000

主营业务收入　　800 000

3.4.3　企业以生产的消费品用于投资的会计处理

按照税法规定，企业以应税消费品作为投资，视同销售，也应缴纳消费税。

借：长期股权投资

贷：应交税费——应交消费税

应交税费——应交增值税（销项税额）

【例题 3-4】某公司（增值税一般纳税人）以自产中轻型商用客车（消费税税率 5%）10 辆投资于某客运公司，双方协议，每辆车含税价 116 000 元，按照成本价 80 000 元进行投资。请进行核算消费税额。

消费税额=116 000÷（1+16%）×10×5%=50 000（元）

借：长期股权投资——其他股权投资　　1 010 000

贷：应交税费——应交消费税　　50 000

应交税费——应交增值税（销项税额）　　160 000

主营业务收入　　800 000

3.4.4　自产自用消费品用于连续生产

纳税人自产自用的应税消费品，用于连续生产应税消费品的，不纳税。其中，应税消费品指的是作为生产最终应税消费品的直接材料并构成最终产品实体的消费品。例如，卷烟厂用自产烟丝生产卷烟，对于用于连续生产卷烟的这部分烟丝就不需要缴纳消费税，而是对最终产品——卷烟进行征税。

3.4.5　包装物的会计处理

按照税法最新规定，针对包装物的处理有以下几种情况。

（1）连同产品销售的包装物，应同产品一起征收消费税。

（2）对于包装物只收取押金的情况，对逾期未收回的包装物不再退还和已收取一年以上的押金，应并入消费品征收消费税。

（3）黄、啤酒以外的酒类产品收取押金，在收取时并入消费额征收消费税。

【例题 3-5】某企业向外销售 42 度白酒 100 吨，收取价款 300 000 元，随同产品出售的单独计价包装物价值 10 000 元（税法规定 38 度以上白酒消费税税率 20%），请进行核算相关会计问题。

（1）计算销售粮食白酒应纳税会计处理：

消费税额=300 000 × 20%+100 × 2 000 × 0.5=160 000（元）

借：营业税金及附加　　160 000

　　贷：应交税费——应交消费税　　160 000

（2）计算单独计价包装物应纳税会计处理：

消费税额=10 000 × 20%=2 000（元）

借：营业税金及附加　　2 000

　　贷：应交税费——应交消费税　　2 000

【例题 3-6】假设逾期未退还包装物押金为 3 480 元，公司进行转账处理，增值税税率 16%，消费税税率 20%，请进行核算相关税额。

没收押金不含税收入 3 480 ÷（1+16%）=3 000（元）

增值税税额=3 000 × 16%=480（元）

消费税税额=3 000 × 20%=600（元）

会计处理如下：

（1）包装物押金转账处理，因为在收取包装物押金时，为含税价格，故应转出增值税，并记收入：

借：其他应付款　　3 480

　　贷：其他业务收入　　3 000

　　　　应交税费——应交增值税（销项税额转出）　　480

（2）补交消费税处理：

借：其他业务成本　　600

　　贷：应交税费——应交消费税　　600

3.4.6 委托加工

按照税法规定，委托加工应税消费品是指委托方提供原料和主要材料，受托方只收取加工费和代垫部分辅助材料加工的应税消费品。由受托方提供原材料或其他情形的一律不能视同加工应税消费品。委托加工应税消费品有以下两种处理方式。

（1）若是收回后直接用于销售，则销售时不再缴纳消费税，委托方只需将受托方代收代缴的消费税随同应付加工费一并计入委托加工应税消费品成本即可。借记委托加工物资或生产成本，贷记应付账款、银行存款等。

（2）委托加工应税消费品收回后，再继续用于生产应税消费品销售且符合现行政策规定的，其加工环节缴纳的消费税款可以扣除（按由受托方代扣代缴的消费税款）。

【例题 3-7】甲公司委托乙公司加工应税消费品，甲公司提供原材料 50 000 元，加工 20 000 元（不含增值税），消费税税率 5%，甲公司为一般纳税人，增值税税率 16%，乙公司为小规模纳税人，增值税征收率为 3%。

应税消费品组成计税价格为（50 000+20 000）÷（1−5%）=73 684（元）

代扣代缴消费税为 73 684 × 5%=3 684（元）

乙公司应缴纳增值税=20 000 × 3%=600（元）

受托方：

乙公司作为受托方，会计处理如下：

借：应收账款　　24 284
　　贷：应交税费——应交消费税　　3 684
　　　　应交税费——应交增值税　　600
　　　　主营业务收入　　20 000

委托方：

甲公司收回货物时，如果直接用于销售，将代扣的消费税计入委托加工的应税消费品成本，则

借：委托加工物资　　24 284
　　贷：应交税费——应交消费税　　24 284

甲公司收回货物，如果用于连续生产应税消费品，则代缴的消费税按规定准予抵扣，不计入委托加工材料成本，则

借：委托加工物资　　20 600
　　应交税费——应交消费税　　3 684
　　贷：应付账款　　24 284

◆本章小结

消费税作为增值税的补充，是对特定消费行为进行计税的，它的主要特点体现在单一环节纳税，因此，确定消费税的纳税环节非常重要。在纳税实务中，消费税的计算、缴纳、会计处理往往是与增值税同步进行的，尤其在委托加工应税消费品的计算、核算中需要谨慎对待。

通过本章的学习，我们了解了很多问题。

（1）消费税的基本知识和有关规定，税目、税率、纳税对象、纳税人、纳税时间、申报地点等税制要素。

（2）对消费税应纳税额进行计算、纳税申报的方法。

（3）消费税会计常见的会计处理问题如下所述：①生产后直接销售；②企业以生产的应税消费品换取生产资料和消费资料、抵偿债务、支付代购手续费；③企业以生产的消费品用于投资的会计处理；④自产自用消费品用于连续生产；⑤自产自用消费品用于其他方面；⑥包装物的会计处理；⑦委托加工。

◆复习思考题

1. 总结消费税与增值税的异同点。
2. 总结消费税会计与增值税会计的异同点。
3. 为什么消费税是价内税而增值税是价外税？
4. 试分析我国消费税的改革方向。
5. 如何区分混合销售行为和兼营非应税行为？
6. 委托加工应税消费品用于直接销售与连续生产在会计核算上有何不同？

◆练习题

一、单项选择题

1. 消费税是一种（　　）。

A. 财产税　　B. 所得税　　C. 价内税　　D. 价外税

2. 用外购已税产品连续生产出来的应税消费品计算征税时，应按当期（　　）计算准予扣除外购已税消费品已纳的消费税税额。

A. 生产领用数量　　B. 外购数量　　C. 销售数量　　D. 库存数量

3. 委托加工的应税消费品，应按照受托方同类消费品的销售价格计算纳税，没有同类消费品销售价格的，按照组成计税价格计算纳税，其组成计税价格为（　　）。

A.（材料成本＋加工费）÷（1＋消费税税率）

B.（材料成本＋加工费）÷（1−消费税税率）

C. 加工费÷（1＋消费税税率）

D. 加工费÷（1−消费税税率）

4. 甲烟草公司提供烟叶委托乙公司加工一批烟丝。甲公司将已收回烟丝中的一部分用于生产卷烟，另一部分烟丝卖给丙公司。在这项委托加工烟丝业务中，消费税的代收代缴义务人是（　　）。

A. 甲公司　　B. 乙公司　　C. 丙公司　　D. 甲公司和丙公司

5. 根据消费税法律制度的规定，下列关于消费税纳税环节的表述中，不正确的是（　　）。

A. 纳税人生产应税消费品对外销售的，在销售时纳税

B. 纳税人自产自用应税消费品，不用于连续生产应税消费品而用于其他方面的，

在移送使用时纳税

C. 纳税人委托加工应税消费品，收回后直接销售的，在销售时纳税

D. 纳税人委托加工应税消费品，由受托方向委托方交货时代收代缴税款，但受托方为个人和个体工商户的除外

6. 某化妆品企业将一批自制化妆品用于抵偿债务，该产品无同类消费品销售价格，该批产品成本为 10 万元，成本利润率为 10%，消费税税率为 10%，该批产品应纳消费税税额为（　　）万元。

A. 1.1　　B. 0.84　　C. 0.27　　D. 1.24

7. 根据增值税和消费税法的规定，下列关于增值税和消费税计税依据的表述中，正确的是（　　）。

A. 计算增值税时所依据的销售额中含应纳消费税本身，但不含增值税销项税额

B. 适用从价定率征收消费税的应税消费品，在计算增值税和消费税时各自依据的销售额不同

C. 适用从价定率征收消费税的应税消费品，其销售额中含增值税销项额和应纳消费税本身

D. 适用从价定率征收消费税的应税消费品，其销售额中含增值税销项税额，但不含应纳消费税本身

8. 某酒厂于 201×年 1 月将自产的 3 吨新型粮食白酒作为职工福利发放给本厂职工，已知该批白酒的成本为 300 000 元，无同类产品市场销售价格；成本利润率为 10%，白酒消费税税率：比例税率 20%，定额税率每 500 克 0.5 元。根据消费税法律制度的规定，该批白酒应缴纳的消费税税额为（　　）元。

A. 69 000　　B. 25 500　　C. 68 500　　D. 57 300

9. 根据消费税法律制度的规定，企业发生的下列经营行为中，外购应税消费品已纳消费税税额准予从应纳消费税税额中抵扣的是（　　）。

A. 以外购已税酒精为原料生产白酒

B. 以外购已税烟丝为原料生产卷烟

C. 以外购已税烟丝为原材料生产雪茄烟

D. 以外购已税汽车轮胎为原料生产应税小汽车

10. 201×年1月，某卷烟厂从甲企业购进烟丝，取得增值税专用发票，注明价款 50 万元；使用60%用于生产A牌卷烟（甲类卷烟）；本月销售A牌卷烟80箱（标准箱），取得不含税销售额400万元。已知：甲类卷烟消费税税率为56%加150元/标准箱、烟丝消费税税率为30%。当月该卷烟厂应纳消费税税额为（　　）万元。

A. 231.2　　B. 255.2　　C. 242.1　　D. 179.5

二、多项选择题

1. 据现行消费税的规定，消费税的纳税环节可能有（　　）。

A. 生产环节　　B. 批发环节　　C. 进口环节　　D. 零售环节

2. 属于消费税税率形式的是（　　）。

A. 比例税率　　B. 定额税率　　C. 复合税率　　D.累进税率

3. 下列纳税人自产的应税消费品，需缴纳消费税的有（　　）。

A. 日化厂自产化妆品用于赠送客户

B. 日化厂自产化妆品用于广告样品

C. 酿造厂自产酒精勾兑白酒

D. 汽车制造厂自产汽车赞助汽车拉力赛

4. 在消费税计税依据的确定方面，下列说法符合法律规定的有（　　）。

A. 纳税人自产自用的应税消费品，不计入应纳税额

B. 委托加工的应税消费品，没有同类消费品销售价格的，按照组成计税价格计算纳税

C. 进口的应税消费品，按照组成计税价格计算纳税

D. 纳税人应税消费品的计税价格明显偏低并无正当理由的，由主管税务机关核定其计税价格

5. 对于企业自产的化妆品，下列处理方式正确的是（　　）。

A. 直接出售，缴纳消费税

B. 连续生产应税消费品的，移送使用环节不缴纳消费税

C. 用于职工福利的，不缴纳消费税

D. 连续生产非应税消费品的，移送使用环节不缴纳消费税

6. 纳税人自产的应税消费品用于以下几个方面应按纳税人同类应税消费品的最高销售价格作为计税依据（　　）。

A. 对外捐赠　　B. 投资入股

C. 抵偿债务　　D. 换取生产资料和消费资料

7. 关于消费税纳税义务发生时间，下列表述正确的有（　　）。

A. 某酒厂销售葡萄酒 20 箱，直接收取价款 4 800 元，其纳税义务发生时间为收款当天

B. 某汽车厂自产自用 3 台小汽车，其纳税义务发生时间为使用人实际使用的当天

C. 某烟花企业采用托收承付结算方式销售焰火，其纳税义务发生时间为发出焰火并办妥托收手续的当天

D. 某化妆品厂采用赊销方式销售化妆品，合同规定收款日期为 3 月 20 日，4 月 15 日收到货款，纳税义务发生时间为 4 月

三、计算题

1. 某企业是增值税一般纳税人，201×年 1 月从国外进口一批烟丝，海关核定的关税完税价格为 150 000 元（关税税率为 40%，消费税税率为 30%），已取得海关开具的完税凭证。2 月该企业把其中的一部分烟丝在国内市场销售，取得不含税销售收入 400 000 元。假定该企业没发生其他增值税业务，要求计算该企业当月应缴纳的进口增值税税额和进口消费税税额、销售进口应税消费品的应纳增值税税额。

2. 某金银珠宝专卖店为增值税一般纳税人，201×年 1 月发生以下业务。

（1）零售金银首饰与镀金首饰组成的套装礼盒，取得收入 200 万元，其中金银首饰收入 100 万元，镀金首饰收入 100 万元。

（2）采取“以旧换新”方式向消费者销售金项链 3 000 条，新项链每条零售价 1 万元，旧项链每条作价 0.37 万元，每条项链取得差价款 0.05 万元。

（3）用 600 条银基项链抵偿债务，该批项链账面成本为 60 万元，零售价 120 万元。

（4）外购金银首饰一批，取得的普通发票上注明的价款 2 000 万元；外购镀金首饰一批，取得经税务机关认可的增值税专用发票，注明价款 320 万元。

要求计算该首饰商城当月应缴纳的消费税。

3. 某化妆品生产企业为增值税一般纳税人。201×年 1 月 1 日向某大型商场销售化妆品一批，开具增值税专用发票，取得不含增值税销售额 10 万元，增值税额 1.6 万元；2 月 20 日向某单位销售化妆品一批，开具普通发票，取得含增值税销售额 4.8 万元。计算该化妆品生产企业上述业务应缴纳的消费税额并进行会计核算。

4. A 酒厂为增值税一般纳税人，某年 1 月发生如下经济业务：①2 日，销售甲种粮食白酒 10 吨，每吨含税单价 243 600 元，销售乙种粮食白酒 5 吨，每吨含税单价 440 800 元，款项存入银行；②4 日，销售白酒 3 吨，每吨含税单价 11 000 元，收取包装物押金 2 320 元，款项全部存入银行；③10 日，委托某酒厂为其加工高度白酒 6 吨，粮食由委托方提供，发出粮食成本 17 000 元，支付加工费 1 000 元，银行付款支付。收回的白酒部分用于连续生产套装礼品白酒 10 吨，每吨含税单位售价 34 800 元；另 3 吨价值 50 000 元的部分用于职工福利。

根据以上业务，计算本月应交消费税并进行会计核算。

◆案例讨论题

案例一

某酒厂，将生产的白酒和调制酒组成成套礼包对外销售，每套消费品由以下产品组成：白酒 200 元，调制酒 100 元，上述价格均不含税。当月销售 1 万套。厂家有两种纳税方式：

方案一：将产品包装后再销售给商家。

方案二：将产品先分别销售给商家，再由商家包装后对外销售。

试讨论，两种方案下，厂家需要交纳消费税是否相同？哪种更合适？

案例二

某汽车集团生产的小轿车出厂价为 20 万元/辆，而向集团的汽车销售公司供货时价格定为 15 万元/辆，当月制造小汽车 100 辆。厂家有两种销售方式：

方案一：由汽车制造公司直接对外销售。

方案二：先销售给集团的汽车销售公司，再由汽车销售公司对外销售。

试讨论，两种方案下，厂家需要交纳消费税是否相同？哪种更合适？若向集团的汽车销售公司供货时价格定为 5 万元/辆，结果是否会有不同？

第4章

关税会计

【学习目标】

1. 了解关税的概念和基本内容。
2. 熟悉关税的税率和税前价格的确定。
3. 掌握关税税务筹划的有效方法。

【内容提要】

本章分为4个小节。4.1节介绍关税的基本法规规定；4.2节介绍关税的计算；4.3节介绍关税的会计核算；4.4节介绍关税的申报、缴纳、退还、补征与追征。

【思维导图】

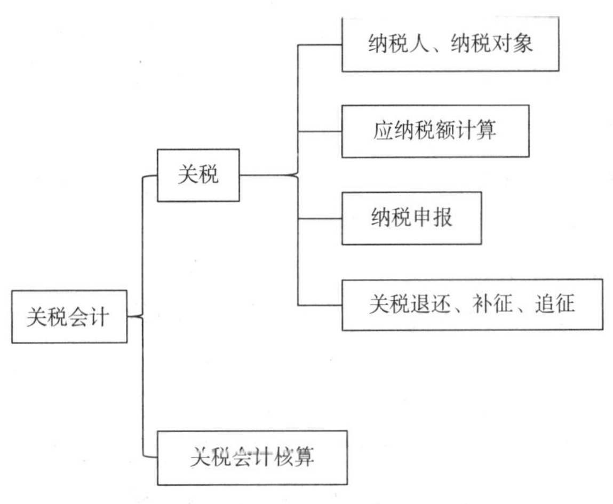

【引言】

关税是海关对进出境货物和物品征收的一种税。我国关税税目规定明晰、税率的适用对象具体、税基减免优惠等方面的规定相当详尽，因此，关税税务筹划不像其他税那样有较大的弹性空间。但确定关税税率的依据不是唯一的，有多种方案可供纳税人选择，这就为纳税人在《中华人民共和国海关法》《中华人民共和国进出口关税条例》规定的范围内，选择税负最轻的方法来计算和缴纳关税，进行关税的税务筹划提供了条件。

4.1 关税的基本法规规定

4.1.1 纳税人和征税对象的确定

关税是海关对进出境货物、物品征收的一种税。所谓“境”指关境，又称“海关境域”或“关税领域”，是一国海关法全面实施的领域。关税纳税人的相关规定见表 4-1。

表 4-1 关税纳税人

具体情况	纳税人
进口货物	收货人
出口货物	发货人
进出境物品	所有人和推定所有人（持有人、收件人等）

关税征收的对象是准许进出境的货物和物品。其中，货物是指贸易性的进出口商品；物品是指入境旅客随身携带的行李物品、个人邮递物品、各种运输工具上的服务人员携带进口的自用物品、馈赠物品及以其他方式进境的个人物品。

4.1.2 关税的税率及其运用

关税税则，又称海关税则，是根据国家关税政策和经济政策，通过一定的方法程序制定和公布实施的、对进出口的应税商品和免税商品加以系统分类的一览表。

1. 进口关税税率

进口关税税率包括最惠国税率、协定税率、特惠税率、普通税率、关税配额税率。对进口货物在一定期限内可实行暂定税率。

特别关税包括报复性关税、反倾销税、反补贴税、保障性关税。其中，报复性关税是指，任何国家或地区对其进口的原产于我国的货物征收歧视性关税或者给予其他歧视性待遇的，我国对产于该国或地区的进口货物，可以征收报复性关税。反倾销关税与反补贴关税则是为保护我国产业，根据《中华人民共和国反补贴条例》规定，进口产品存在补贴，并对已经建立的国内产业造成实质损害或者产生实质损害威胁，或者对建立国内产业造成实质阻碍的，依照本条例的规定进行调查，采取反补贴措施。保障性关税是当某种商品进口量剧增，对我国相关产业带来巨大威胁或损害时，按照世界贸易组织（World Trade Organization，WTO）有关规则，可以启动一般保障措施。

2. 出口关税税率

我国出口税则为一栏税率，即出口税率。出口货物税率没有通税率和优惠税率之分。目前我国对绝大部分出口货物不征收出口关税，只对少数产品征收出口关税。

3. 优惠政策的运用

首先，法定减免是税法中明确列出的减税或免税，按照《中华人民共和国海关法》《中华人民共和国进出口关税条例》和《中华人民共和国海关进出口货物减免税管理办法》执行。

其次，特定减免税也称政策性减免税，是指在法定减免税以外，由国务院或国务院授权的机关颁布法规、规章特别规定的减免。特定减免税货物一般有地区、企业和用途的限制，海关需要进行后续管理，并进行减免税统计，主要包括科教用品、残疾人专用品、扶贫慈善性捐赠物资、加工贸易用品、边境贸易加工物资、保税区进出口货物、出口加工区进出口货物、进口设备、特定行业或用途的减免税政策。

最后，临时减免税指以上法定和特定减免税以外的其他减免税，即由国务院根据《中华人民共和国海关法》对某个单位、某类商品、某个项目或某批进出口货物的特殊情况，给予特别照顾，一案一批，专文下达的减免税。

（1）关税税额在人民币 50 元以下的一票货物，可免征关税。

（2）无商业价值的广告样品和货样，可免征关税。

（3）外国政府、国际组织无偿赠送的物资，可免征关税。

（4）进出境运输工具装载的途中必需的燃料、物料和饮食用品，可免征关税。

（5）经海关批准暂时进境或暂时出境并在 6 个月内复运出境或复运进境的在展览会、交易会、会议及类似活动中展示或者使用的货物，可暂免征收关税。

（6）为境外厂商加工、装配成品和为制造商产品而进口的原材料、辅料、零件、部件、配套件和包装物料，海关按照实际加工出口的成品数量免征进口关税；或对进口料、件先征进口关税，再按照实际加工出口的成品数量予以退税。

（7）因故退还的中国出口货物，经海关审查属实，可予以免征进口关税，但已征收的出口关税不予退还。

（8）因故退还的境外进口货物，经海关审查属实，可予以免征出口关税，但已征收的进口关税不予退还。

（9）进口货物如有以下情形，经海关审查属实，可酌情减免进口关税：①在境外运输途中或者在起卸时，遭受损坏或者损失的；②起卸后海关放行前，因不可抗拒力遭受损毁或者损失的；③海关查验时已经破漏、损坏或者腐烂，经证明不是保管不慎造成的。

（10）我国缔结或参加的国际条约规定减征、免征关税的货物、物品，按照规定予以减免关税。

4.2 关税的计算

4.2.1 关税完税价格的确定

关税完税价格是海关计征关税所使用的计税价格，是海关以进出口货物或物品的实际交易价格为基础审定的价格。实际交易价格是一般贸易项目下进口或出口货物的买方为购买该项货物向卖方实际支付或应当支付的价格。

1. 进口货物完税价格的确定

1）进口货物的成交价格

进口货物的成交价格，因有不同的成交条件而有不同的价格形势，常用的价格条款有离岸价格（free on board，FOB）、离岸价加运费（cost and freight，CFR）、到岸价（cost insurance freight，CIF）三种。

2）一般进口货物完税价格的确定

进口货物以海关审定的交易价格为基础的到岸价格为完税价格。到岸价格包括货物价格及货物运抵我国关境内输入地点起卸前的包装费、运费、保险费和其他劳务费等。

为此，我们需要格外注意，首先，货物交易价格之外如果发生下列费用，应一并计入完税价格。

（1）货物进口人以在国内生产、制造、使用或出版、发行的目的而向境外的货物卖方支付的与该进口货物有关的商标权、专利权、专有技术、著作权、计算机软件和资料等费用。

（2）货物交易过程中进口人向卖方支付的佣金。

（3）货物运抵我国关境内输入地点起卸前由买方支付的包装费、运费、保险费及其他劳务费用。

其次，若在货物交易价格之内已包括下列费用，且能单独分列，应从完税价格中扣除：①进口人向其境外采购代理人支付的买方佣金。②卖方付给买方的正常价格回扣。③机械设备、工业设施类货物进口后发生的基建、安装、调试、技术指导等费用。

最后，进口货物完税价格中的运费和保险费的确定如下所述。

海运进口货物应计算至货物运抵我国境内的卸货口岸；陆运进口货物应计算至货物运抵我国关境的第一口岸为止，若交易价格中所包括的运费、保险费、杂费计算至内地到达口岸的，关境的第一口岸至内地到达口岸的以上费用，不予扣除；空运进口货物应计算至进入境内的第一口岸，若交易价格为进入关境的第一个口岸外的其他口岸，则应计算至目的地口岸。

3）特殊进口货物完税价格的确定

首先，运往境外加工的货物，出境时向海关报明，并在海关规定时限内复运进境的，确定其完税价格应该按照以下几个步骤确定。

（1）以加工后的货物进入关境时的到岸价格与与原出境货物相同的类似的货物在进入关境时的到岸价格的差额作为完税价格。

（2）若无法得到原出境货物在进入关境时的到岸价格，可用原出境货物申报出境时的离岸价格替代。

（3）若上述方法均不能确定，可用该出口货物在境外加工时支付的工料费，加上运抵我国关境输入地点起卸前的包装费、运费、保险费和其他劳务费等一切费用作为完税价格。

其次，运往境外修理的机械器具、运输工具或其他货物，出境时已向海关报明，并在海关规定期限内复运出境的，按审查后的修理费和料件费作为完税价格。

最后，以租赁和租借方式进入关境的货物，以海关审查确定进境货物的租金作为完税价格，如租赁进境的货物是一次性支付租金，则可以以海关审定进口货物的交易价格作为完税价格。

4）进口关税应纳税额的计算

（1）从价应纳税额的计算。

第一，以国外口岸离岸价或国外口岸到岸价格成交的，应另加从发货口岸或国外交货口岸运到我国口岸以前的运杂费和保险费作为完税价格。应纳关税的计算公式为

应纳进口关税额 =（国外口岸离岸价 + 运杂费 + 保险费）× 关税税率

第二，以国外口岸离岸价格加运费成交的，应另加保险费作为完税价格。计算公式为

应纳进口关税额 =（离岸价加运费 + 保险费）× 关税税率

（2）从量应纳税额的计算。

关税税额 = 应税进口货物数量 × 单位货物税额

（3）复合税应纳税额的计算。

关税税额 = 应税进口货物数量 × 单位货物税额+应税进口货物数量 × 单位完税价格 × 税率

2. 出口货物完税价格的确定

1）以交易价格为基础的完税价格

出口货物的完税价格，由海关以货物向境外销售的交易价格为基础审查确定，并应包括货物运至我国境内输出地点装载前的运输及相关费用、保险费，但其中包括的出口关税税额应当扣除。

2）出口货物海关估价方法

出口货物的交易价格不能确定时，完税价格由海关依次使用下列方法估定：①同时或大约同时向同一国家或地区出口的相同货物的交易价格；②同时或大约同时向同一国家或地区出口的类似货物的交易价格；③根据境内生产相同或类似货物的成本、利润和一般费用、境内发生的运输及其相关费用、保险费计算所得的价格。

3）出口货物应纳关税

（1）从价应纳税额的计算。

关税税额 = 应税出口货物数量 × 单位完税价格 × 税率

具体分以下几种情况：

以我国口岸离岸价格成交的出口关税计算公式：

应纳关税额 = FOB ÷（1+关税税率）× 关税税率

以国外口岸到岸价格成交的出口关税计算公式：

应纳关税额 =（CIF−保险费−运费）÷（1+关税税率）× 关税税率

以国外口岸价格加运费价格成交的出口关税公式：

应纳关税额 =（CFR−运费）÷（1+关税税率）× 关税税率

（2）从量应纳税额的计算。

出口关税税额 = 应税出口货物数量 × 单位货物税额

（3）复合税应纳税额的计算。

我国目前实行的复合税都是先计征从量税，再计征从价税。

出口关税税额 = 应税出口货物数量 × 单位货物税额+应税出口货物数量 × 单位完税价格 × 税率

4.2.2 进出口货物无法得到运输及相关费用金额时的处理

完税价格 =（FOB+运费）×（1+保险费率）

注意：其中运费按该货物进出口同期运输行业公布的运费率（额）计算；按照“货价加运费”两者总额的 3‰计算保险费。即保险费=（货价+运费）× 3‰。

【**例题 4-1**】河豚进出口公司从加拿大进口某种商品 800 吨，离岸价格为 USD 52 000，运费每吨 USD 40，保险费率 3‰，当日的外汇牌价 USD 1=CNY6.30，关税税率为 20%。试计算该批进口商品应纳关税税额。

运费 = 800×40×6.30 = 201 600（元）

关税完税价格 =（52 000×6.30 + 201 600）×（1 + 3‰）= 530 787.60（元）

应纳关税税额 = 530 787.60×20% = 106 157.52（元）

【**例题 4-2**】恒远贸易公司从美国进口某类商品 3 000 件，单件商品的到岸价格 CIF 为人民币 600 元，该类商品的进口关税税率为 20%，试计算该批商品的应纳关税税额。

关税完税价格 = 3 000×600 = 1 800 000（元）

应纳关税税额 = 1 800 000×20% = 360 000（元）

4.3 关税的会计核算

4.3.1 关税核算的账户设置

为了正确地反映和核算企业缴纳关税的情况，企业在“应交税费”账户下设置“应交税费——应交关税”二级账户。该账户贷方反映企业应该缴纳的关税税额，借方反映企业已经缴纳的关税税额；余额一般在贷方，表示企业应缴而未缴的关税税额。同时，企业负担的关税税额根据具体情况，分别在“材料采购”“在建工程”“营业税金及附加”等账户列支。

4.3.2 关税的会计处理

1. 自营进口业务关税的会计处理

【**例题 4-3**】A 企业从国外 B 公司自营进口排气量 2.2 升以上的小轿车一批，CIF 价格折合人民币为 400 万元，进口关税税率为 25%，代征消费税税率 9%，增值税税率 16%。根据海关开出的税款缴纳凭证，以银行转账支票付讫税款。

应交关税=4 000 000 × 25%=1 000 000（元）

应交消费税=（4 000 000+1 000 000）÷（1−9%）× 9%=5 494 505 × 9%=494 505（元）

应交增值税=5 494 505×16%=879 120.8（元）

A企业会计处理如下：

（1）应付账款时：

借：材料采购　　4 000 000

　　贷：应付账款——B公司　　4 000 000

（2）应交税费时：

借：材料采购　　1 494 505

　　贷：应交税费——应交进口关税　　1 000 000

　　　　　　　——应交消费税　　494 505

（3）上交税费时：

借：应交税费——应交增值税（进项税额）　　879 120.8

　　　　　　——应交进口关税　　1 000 000

　　　　　　——应交消费税　　494 505

　　贷：银行存款　　2 373 625.8

（4）商品验收入库时：

借：库存商品　　5 494 505

　　贷：材料采购　　5 494 505

2. 代理进口业务关税的会计处理

工业企业通过外贸企业代理进口原材料应支付的进口关税，不通过“应交税费”账户核算，而是将其与进口原材料的货款、国外运费、保险费、国内费用等一并计入进口原材料的采购成本。

商业企业通过外贸企业代理进口原材料应支付的国内费用在“销售费用”账户中列支。

企业根据与外商签订的加工装配和补偿贸易合同而引进的国外设备，所支付的关税在“固定资产”“在建工程”账户中列支。

【例题4-4】A进出口公司受B公司（B公司为工业企业）委托从境外C公司代理进口增值税免税商品一批，进口货款4 375 000元已汇入进出口公司的开户银行。该进口商品我国口岸CIF价为USD480 000，当日的人民币市场汇价USD100=CNY650，进口关税税率为20%，代理手续费按货价2%收取（不含增值税）。该批商品已运达指定口岸，公司与委托单位办理有关结算。

该批商品的人民币货价=480 000×6.5=3 120 000（元）

进口关税=3 120 000×20%=624 000（元）

代理手续费=3 120 000×2%=62 400（元）

现代服务业中的商务辅助服务增值税税率6%，代理服务费增值税销项税额=62400×6%=3 744

A进出口公司会计处理如下：

（1）收到委托方划来的货款时：

借：银行存款　　4 375 000
　　贷：预收账款——B 单位　　4 375 000

（2）进口关税结算时：

借：预收账款——B 单位　　624 000
　　贷：应交税费——应交进口关税　　624 000
借：应交税费——应交进口关税　　624 000
　　贷：银行存款　　624 000

（3）将进口商品交付委托单位并收取手续费时：

借：预收账款——B 单位　　3 186 144
　　贷：主营业务收入　　62 400
　　　　应交税费——应交增值税（销项税额）　　3 744
　　　　应付账款——C 公司　　3 120 000

（4）将委托单位余款退回时：

借：预收账款——B 单位　　564 856
　　贷：银行存款　　564 856

B 公司会计处理如下：

预付进口货款时：

借：预付账款——A 公司　　4 375 000
　　贷：银行存款　　4 375 000

收到进出口公司转来有关单据及商品时：

借：原材料　　3 806 400
　　应交税费——应交增值税（进项税额）　　3 744
　　贷：预付账款　　3 810 144

与 A 进出口公司结算款项时，该企业预付货款 4 375 000 元，实际用了 3 810 144 元，应收回货款 564 856 元：

借：银行存款　　564 856
　　贷：预付账款　　564 856

注意：实际进口中绝大部分商品需要缴纳增值税，会计处理时还要考虑进口商品增值税的会计处理。

4.4 关税的申报、缴纳、退还、补征与追征

4.4.1 关税的申报

进口货物的纳税义务人应当自运输工具申报进境之日起14日内，出口货物的纳税义务人应当在货物运抵海关监管区后、装货的24小时前，向货物的进出境地海关申报（海关特准的除外）。进出口货物转关运输的，按照海关总署的规定执行。进口货物到达前，纳税义务人经海关核准可以先行申报，具体办法由海关总署另行规定。

4.4.2 关税的缴纳

纳税义务人应当自海关填发税款缴款书之日起 15 日内向指定银行缴纳税款。纳税义务人未按期缴纳税款的，从滞纳税款之日起，按日加收滞纳金。金额为滞纳税款万分之五。纳税义务人应当自海关填发滞纳金缴款书之日起 15 日内向指定银行缴纳滞纳金。缴款期限届满日为休息日或者法定节假日时，顺延至休息日或者法定节假日之后的第一个工作日。国务院临时调整休息日与工作日的，海关应当按照调整后的情况计算缴款期限。海关以人民币计征关税、滞纳金等。

4.4.3 关税退还、补征和追征

1. 关税退还

海关发现多征税款的，应当立即通知纳税义务人办理退还手续。

纳税义务人发现多缴税款的，自缴纳税款之日起 1 年内，可以以书面形式要求海关退还多缴的税款并加算银行同期活期存款利息；海关应当自受理退税申请之日起 30 日内查实并通知纳税义务人办理退还手续。纳税义务人应当自收到通知之日起 3 个月内办理有关退税手续。

2. 关税的补征和追征

进出口货物进境或出境后，海关发现少征或者漏征税款的，应当自缴纳税款或者货物进出境之日起 1 年内，向纳税义务人补征税款。因纳税义务人违反规定造成少征或者漏征税款的，海关可以自缴纳税款或者货物进出境之日起 3 年内追征税款，并从缴纳税款或者货物进出境之日起按日加收滞纳金，金额为少征或者漏征税款的万分之五。

需由海关监管使用的减免税进口货物，在监管年限内转让或者移作他用需要补税的，海关应当根据该货物进口时间折旧估价，补征进口关税。

◆本章小结

关税在世界各国均为中央税。关税的征收不仅可以保护和促进国民经济发展；又可以作为合法使用的一种经济斗争工具，扩大国际合作，维护国家权益；也可以为国家建设积累资金。我国加入 WTO 后，关税总水平不断降低。关税这一章的一些概念比较特殊，如关税税则、关税完税价格等。进口关税的计算，会成为计算进口环节增值税和消费税的重要基础。

本章主要介绍了如下内容。

（1）关税的基本法规规定包括：①纳税人和征税对象的确定；②关税的税率及其运用，其中有进口关税税率和出口关税税率；③优惠政策的运用。

（2）关税的计算包括：①关税完税价格的确定，其中有进口货物完税价格的确定和出口货物完税价格的确定；②进出口货物无法得到运输及相关费用金额时的处理。

（3）关税的会计核算，包括关税核算的账户设置和关税的会计处理。

（4）关税的申报与缴纳：关税的申报、关税的缴纳以及关税退还、补征和追征。

◆复习思考题

1. 何为关税？它有何作用？它分为哪些种类？
2. 关税有哪些减免规定？
3. 进口货物的完税价格和出口货物的完税价格是怎样确定的？

◆练习题

一、单项选择题

1. 我国海关进口货物计税的依据是（　　）。

A. 离岸价格　　B. 到岸价格　　C. 市场价格　　D. 出厂价格

2. 下列项目中，不计入进口完税价格的有（　　）。

A. 货物价款　　B. 由卖方负担的包装材料和包装劳务费

C. 进口关税　　D. 运抵海关前的运杂费

3. 我国进口税则是（　　）。

A. 协定税率　　B. 最惠国税率　　C. 单一税率　　D. 四栏税率

4. 进出口货物完税后，如发现少征或者漏征税款，海关应当自缴纳税款或者货物放行之日起（　　）内，向收发货人或他们的代理人补征。

A. 半年　　B. 1 年　　C. 2 年　　D. 3 年

5. 出口货物完税价格的计算公式应为（　　）。

A. FOB/（1+出口税率）　　B. FOB/（1−出口税率）

C. CIF/（1−出口税率）　　D. CIF/（1+出口税率）

6. 某工艺品进出口公司 3 月从泰国进口宝石一批，到岸价格共计 200 000 元，另外在宝石成交过程中，公司还向卖方支付了购货佣金 30 000 元，但在该批宝石成交价格中已包括宝石进口后发生的技术指导费 40 000 元（能够单独分列）。宝石进口关税税率为 20%。则该批宝石应纳关税税额为（　　）元。

A. 46 000　　B. 38 000　　C. 32 000　　D. 40 000

7. 进口货物的保险费应计入进口完税价格中，但陆、空、海运进口货物的保险费无法确定时，可按货价加运费之和的（　　）计算保险费。

A. 0.1%　　B. 3%　　C. 0.3%　　D. 0.5%

8. 某外贸企业收购一批货物出口，离岸价折合人民币 49.8 万元，出口关税率为 20%。则该批货物应纳出口关税为（　　）。

A. 8.3 万元　　B. 9.96 万元　　C. 10 万元　　D. 12.45 万元

二、多项选择题

1. 关税的征税对象是进出我国国境的货物和物品。物品的纳税人包括（　　）。

A. 入境旅客随身携带的行李、物品的持有人

B. 进口个人邮件的收件人

C. 出口货物的发货人

D. 有进出口经营权的企业

2. 下列各项，属于《中华人民共和国进出口关税条例》规定的可以酌情减免关税的有（　　）。

A. 纳税人确有暂时经济困难的

B. 进口货物在境外运输途中或者起卸时，遭受损坏或者损失的

C. 进出口货物起卸后海关放行前，因不可抗力遭受损坏或者损失的

D. 进出口货物海关查验时已经损坏或腐烂，经证明不是保管不慎造成的

3. 出口货物离岸价格扣除（　　），作为出口关税的完税价格。

A. 出口关税

B. 包含在成交价格中的支付给境外的佣金

C. 离境口岸至境外口岸间的运输费用

D. 国内运至离境口岸的运费

4. 进口关税计税方法有（　　）。

A. 从量定额计税　　B. 核定税额计税

C. 从价定率计税　　D. 从量定额和从价定率同时采用的复合计税

5. 下列各项目中，不计入进口完税价格的有（　　）

A. 进口关税及其他国内税

B. 进口设备进口后的维修服务费用

C. 货物运抵我国境内输入地起卸后的运输装卸费

D. 进口货物在境内的复制权费

二、判断题

1. 关税具有纳税统一性、执行一次性的特点。（　　）

2. 出口货物完税价格中不包括货物从内地口岸至最后出境口岸所支付的国内段运输费用。进口货物完税价格包括国内段运费。（　　）

3. 进口完税价格以成交价格为基础，成交价格除货价外，还包括货物送抵我国输入地起卸前的包装、运输、保险及其他劳务费用。（　　）

4. 关税完税价格是纳税义务人向海关申报的价格，即货物实际成交价格。（　　）

5. 我国目前对进出口货物实行比例关税、从量关税、复合关税和滑准关税。（　　）

6. 关税的征税对象是贸易性商品，不包括入境旅客携带的个人行李和物品。（　　）

四、计算题

1. 某服装公司为增值税一般纳税人。201×年 3 月从国外进口一批服装面料，海关审定的完税价格为 50 万元，关税税率为 5%，增值税率为 16%，已交并取得了相关完税凭证。该批服装布料运到服装公司发生国内运费 3 万元并取得运费发票，当月生产加工成服装后全部在国内销售，取得销售收入 200 万元（不含增值税）。

要求：（1）计算该公司当月进口服装布料应缴纳的增值税税额。

（2）计算该公司当月允许抵扣的增值税进项税额。

（3）计算该公司当月销售服装应缴纳的增值税税额。

2. 某具有进出口经营权的外贸公司，201×年3月经批准从境外进口小轿车30辆，每辆小轿车货款15万元，运抵我国海关前发生的运输费用9万元、保险费用1.38万元。向海关缴纳了相关税款，并取得完税凭证。公司委托运输公司将小轿车从海关运回本单位，支付运输费用9万元，取得了运输公司开具的普通发票。当月售出24辆，每辆取得含税销售额40.95万元。公司自用2辆并作为本公司固定资产。已知：小轿车关税税率为60%、消费税税率为8%。

要求：（1）计算小轿车在进口环节应缴纳的关税、消费税和增值税。

（2）计算国内当月应缴纳的增值税。

3. 龙腾公司出口商品一批，离岸价为288 000元，出口关税税率为20%，计算应纳的出口关税税额。

4. 某钢铁厂将钢铁废料500吨报关离境出口，离岸价每吨720美元，汇率1∶6.5，出口关税率为30%。

要求：计算应交关税税额。

5. 某广播电视局从国外进口4台录像机，到岸价为2 500美元/台。关税税率为：每台从量税4 374元，加3%从价税；增值税税率为16%。当日税率为1∶7.0。

要求：计算进口关税税额及增值税额。

第5章

出口退税会计

【学习目标】

1. 理解出口退税的概念及规定。
2. 掌握出口退税的计算、会计处理和纳税筹划。
3. 了解进出口关税纳税申报表和关税专用缴款书的填制。

【内容提要】

本章分为4个小节。5.1节介绍出口退税的基本概念、原则及规定；5.2节介绍出口退税的退税率、计算、会计处理；5.3节介绍出口退税的税收筹划；5.4节介绍进出口关税纳税申报表和关税专用缴款书的填制方法。

【思维导图】

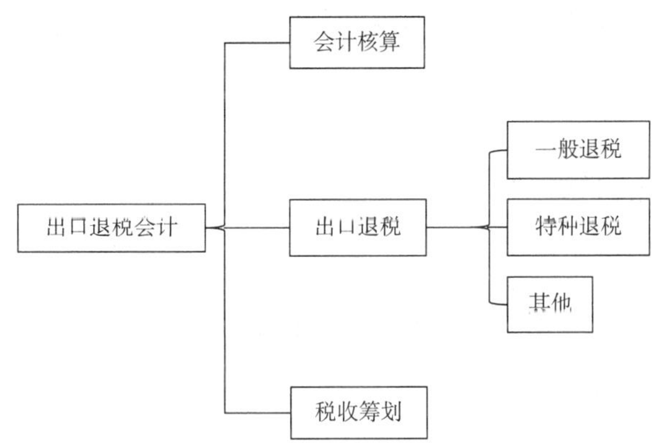

【引言】

张某在一家外贸公司工作，积累了不少骗取出口退税的门道。2008年5月，他注册了深圳市隆泰祥进出口有限公司，据其后来向公安机关交代，“成立隆泰祥公司的目的就是骗税，隆泰祥接收的发票都是虚开的”。

骗取出口退税的手法有多种，产品主要以服装、电子产品和家具为主。举例来说，A从河南农民手中收购棉花，但农民没发票只能写收据，价格高低随意写，A拿收据去税务机关抵扣，开出棉花的发票，税收成本大约3%，B则从A处收购棉花后，加工成纱线，征税约5%，外贸公司再以6%~7%的成本，从B手里大量购买增值税发票。原本从纱线到服装，中间还需大量的工序，但坐在办公室里闭门造车的外贸公司要从这些环节生产企业处购票，操作起来很麻烦。因此，外贸公司提供的一张服装发票，纱线的原材料发票就占九成，这个明显的作假痕迹，一经检查则易暴露。

张某团伙控制了17家服装生产企业和7家外贸公司。张某与服装企业之间达成协议，由其为企业支付场地租金，或者每虚开一百万元给予1%的好处费，企业则为张某虚开增值税发票提供条件。

财务方面由其亲属王某负责，伪造购销合同、记账凭证、账本账册以及划拨资金，对外大量虚开增值税发票到张某控制的隆泰祥等7家外贸公司，再伪造外贸合同、接受境外资金入境、获取空白外汇核销，勾结货代“配货配票”，虚假报关出口骗取国家税款。

由此可见，出口退税显得至关重要，本章的目标就是帮助财务工作者更好地了解出口退税并解决实际的出口退税问题。

5.1 出口退税的基本概念、原则及规定

5.1.1 基本概念

出口货物退税（export rebates），简称出口退税，其基本含义是指对出口货物退还其在国内生产和流通环节实际缴纳的增值税、消费税。

出口货物退税制度，是一个国家税收的重要组成部分。出口退税主要是通过退还出口货物的国内已纳税款来平衡国内产品的税收负担，使本国产品以不含税成本进入国际市场，与国外产品在同等条件下进行竞争，从而增强竞争能力，扩大出口的创汇。

5.1.2 出口退税的原则

1. 税收中性原则

税收中性原则指的是政府课税不应干扰或扭曲市场机制的正常运行，或者说不影响私人经济部门原有的资源配置状况。

2. 零税率

零税率即纳税人出口产品不仅可以不纳本环节增值额的应纳税额，而且可以退还以前各环节增值额的已纳税款。增值税的免税规定，只是免除纳税人本环节增值额的应纳税额，纳税人购进的货物和劳务中仍然是含税的。对出口产品实行零税率，目的在于奖励出口，使我国产品在国际市场上以完全不含税的价格参与竞争。

5.1.3 出口退税的规定

1. 一般退税货物适用范围

国家规定外贸企业出口的货物必须要同时具备以下 4 个条件才予以退税。

（1）必须是增值税、消费税征收范围内的货物。增值税、消费税的征收范围，包括除直接向农业生产者收购的免税农产品以外的所有增值税应税货物，以及烟、酒、化妆品等 11 类列举征收消费税的消费品。必须是报关离境出口的货物。所谓出口，即输出关口。区别货物是否报关离境出口，是确定货物是否属于退（免）税范围的主要标准之一。

（2）必须是在财务上作出口销售处理的货物。

（3）必须是已收汇并经核销的货物。按照现行规定，出口企业申请办理退（免）税的出口货物，必须是已收外汇并经外汇管理部门核销的货物。

2. 特准退税货物适用范围

下列特定的货物，虽然不同时具备上述四个条件。但经国家特准，可退还或免征增值税、消费税。

（1）对外承包工程公司运出境外用于对外承包项目的货物。

（2）对外承接修理修配业务的企业用于对外修理修配的货物。

（3）外轮供应公司、远洋运输供应公司销售给外轮、远洋国轮而收取外汇的货物。

（4）企业在国内采购并运往境外作为在国外投资的货物。

（5）援外企业利用中国政府的援外优惠贷款和合资合作项目基金方式下出口的货物。

（6）外商投资企业特定投资项目采购的部分国产设备。

（7）利用国际金融组织或国外政府贷款，采用国际招标方式，由国内企业中标销售的机电产品。

（8）境外带料加工装配业务企业的出境设备、原材料及散件。

（9）外国驻华使（领）馆及其外交人员、国际组织驻华代表机构及其官员购买的中国产物品。

3. 免征增值税、消费税但不予退税适用范围

（1）来料加工复出口的货物，即原材料进口免税，加工自制的货物出口不退税；避孕药品和用具、古旧图书，内销免税，出口也免税。

（2）出口卷烟：有出口卷烟权的企业出口国家出口卷烟计划内的卷烟，在生产环节免征增值税、消费税，出口环节不办理退税。其他非计划内出口的卷烟照章征收增值税和消费税，出口一律不退税。

（3）军品以及军队系统企业出口军需工厂生产或军需部门调拨的货物免税。

（4）国家现行税收优惠政策中享受免税的货物，如饲料、农药等货物出口。

（5）一般物资援助项下实行实报实销结算的援外出口货物。

4. 免税但不予退税的出口货物

（1）属于生产企业的小规模纳税人自营出口或委托外贸企业代理出口的自产货物。

（2）外贸企业从小规模纳税人购进并持普通发票的货物出口，免税但不予退税。但对下列出口货物考虑其占出口比重较大及其生产、采购的特殊因素，特准退税：抽纱、工艺品、香料油、山货、草柳竹藤制品、渔网渔具、松香、五倍子、生漆、鬃尾、山羊板皮、纸制品。

（3）外贸企业直接购进国家规定的免税货物（包括免税农产品）出口的，免税但不予退税。

5. 不免税也不退税的出口货物

（1）国家计划外出口的原油。

（2）国家禁止出口的货物，包括天然牛黄、麝香、铜及铜基合金（出口电解铜自2001年1月1日起按照17%的退税率退还增值税）。

5.2 出口退税的退税率、计算及会计处理

5.2.1 出口货物的退税率

出口货物的退税率是指出口货物的实际退税额与退税计税依据的比例。我国现行出口货物退税率主要有16%、13%、10%、8%几种。但是从小规模纳税人收购的出口应退税货物，出口退税率视情况而定。

（1）凡财税〔2003〕222号文件规定出口退税率为5%的货物，按5%的退税率执行。

（2）凡财税〔2003〕222号文件规定出口退税率高于5%的货物，按6%的退税率执行。

（3）从属于增值税小规模纳税人的商贸公司购进征收为4%的货物出口，按4%的退税率执行。

5.2.2 出口退税的计算

1. 外贸企业出口货物免退增值税的确认计量

1）一般贸易应退增值税的计算

一般外贸企业出口货物退还增值税，应根据购进货物的增值税专用发票所注明的进项金额和出口货物所对应的退税率进行计算，主要的方法有加权平均法及单票对应法。

2）兼营出口与内销货物时应退增值税的计算（出口货物不能单独设账）

先计算内销货物销项税额并扣除当期进项税额，再按以下公式计算出口货物应退税额。

出口货物 FOB 价格 × 人民币外汇牌价 × 退税率 ≥ 未抵扣完的进项税额，则应退税额等于未抵扣完的进项税额。

出口货物 FOB 价格 × 人民币外汇牌价 × 退税率<未抵扣完的进项税额，则应退税额=出口货物 FOB 价格 × 人民币外汇牌价 × 退税率。

3）进料加工复出口货物应退增值税的计算

进料加工是出口企业利用外汇从国外购进原材料，经过生产加工后复出口的一种贸易方式。

（1）作价加工复出口货物应退增值税的计算。

出口货物退税额=出口货物的应退税额−销售进口料件的应纳税额

销售进口料件应纳税额=销售进口料件金额 × 复出口货物退税率−海关对已进口料件的实征增值税税额（复出口货物退税率=min{进口料件的征税税率，复出口货物退税率}）

（2）进料委托加工复出口货物应退增值税的计算。

应退税额=购进原辅材料增值税专用发票注明的金额 × 原辅材料适用退税率 + 增值税专用发票注明的加工费金额 × 复出口货物退税率 + 海关对进口料件实征增值税额

4）外贸企业收购小规模纳税人货物出口应退增值税的计算

（1）外贸企业从小规模纳税人购进并持普通发票的货物出口，免税但不退税（税法列举明确的 12 类出口货物特准退税除外）。

（2）取得税务机关代开的增值税专用发票的货物出口应退税的计算。

5）外贸企业出口应税消费品应退消费税的计算

外贸企业出口应税消费品应退消费税的计算包括从价定率、从量定额、复合计税、委托加工。

2. 生产企业出口货物免抵退增值税的计算

1）当期应纳税额的计算

当期应纳税额=当期销项税额−当期进项税额−当期不得免征和抵扣税额

当期不得免征和抵扣税额=当期出口货物离岸价 × 外汇人民币折合率 ×（出口货物适用税率−出口货物退税率）−当期不得免征和抵扣税额抵减额

当期不得免征和抵扣税额抵减额=当期免税购进原材料价格 ×（出口货物适用税率−出口货物退税率）

2）当期免抵退税额的计算

当期免抵退税额=当期出口货物离岸价 × 外汇人民币折合率 × 出口货物退税率−当期免抵退税额抵减额

当期免抵退税额抵减额=当期免税购进原材料价格 × 出口货物退税率

3）当期应退税额和免抵税额的计算

（1）当期期末留抵税额 ≤ 当期免抵退税额。

当期应退税额 = 当期期末留抵税额

当期免抵税额 = 当期免抵退税额−当期应退税额

（2）当期期末留抵税额 > 当期免抵退税额。

当期应退税额 = 当期免抵退税额

当期免抵税额 = 0

当期免税购进原材料价格包括当期国内购进的无进项税额且不计提进项税额的免税原材料的价格和当期进料加工保税进口料件的价格，其中当期进料加工保税进口料件的价格为组成计税价格。

当期进料加工保税进口料件的组成计税价格=当期进口料件到岸价格 + 海关实征关税 + 海关实征消费税

第一，实耗法。

当期进料加工保税进口料件的组成计税价格 = 当期进料加工出口货物离岸价 × 外汇人民币折合率 × 计划分配率

第二，购进法。

当期进料加工保税进口料件的组成计税价格为当期实际购进的进料加工进口料件的组成计税价格。

如果当期实际不得免征和抵扣税额抵减额>当期出口货物离岸价 × 外汇人民币折合率 ×（出口货物适用税率−出口货物退税率），则当期不得免征和抵扣税额抵减额等于后者。

【例题 5-1】某工厂是一家有进出口经营权的生产企业，兼营国际贸易和国内贸易，从事塑料制品的生产，适用增值税率 16%。10 月发生以下业务。

（1）当月国内购入的原材料，取得增值税专用发票上注明的价款为 86 万元，增值税款为 13.76 万元，本月已通过税务机关的认证。

（2）为购进货物支付运保费用，取得的运输发票上注明的运费为 4.454 6 万元，保险费为 0.6 万元，运输发票已经税务机关比对。

（3）9 月有尚未抵扣完的进项税额 5.4 万元。

（4）本月内销塑料制品取得不含税收入 32 万元，报关出口货物离岸价 21.3 万美元，折算汇率为 1 : 6，假定出口退税率为 13%，已经收汇核销。

当期进项税额=13.76 + 4.454 6 × 10% ≈ 14.21（万元）

当期免抵退税不得免征和抵扣税额=21.3 × 6 ×（16%−13%）≈ 3.83（万元）

当期应纳税额=32 × 16%−（14.21−3.83）−5.4 ≈ −10.66（万元）

当期免抵退税额=21.3 × 6 × 13% ≈ 16.61（万元）

由于，当期期末留抵税额 10.66 万元 < 当期免抵退税额 16.61 万元

所以，当期应退税额=当期期末留抵税额=10.66（万元）

当期免抵税额=当期免抵退税额−当期应退税额

=16.61−10.66

=5.95（万元）

当月没有留抵下月的进项税额。

【例题 5-2】继例 5-1，该企业 11 月发生以下经济业务。

（1）购入原材料已认证的增值税专用发票上注明的价款为 247 万元，增值税款为

39.52万元。

（2）为销售货物支付运保费用12万元，取得的运输发票上注明的运费为6.681 9万元，保险费为0.7万元，运输发票已经税务机关比对认证。

（3）本月内销塑料制品取得不含税收入61万元。

（4）报关出口货物离岸价19.5万美元，折算汇率为1∶6，适用出口退税率为13%，已经收汇核销。

当期进项税额=39.52 + 6.681 9 × 10%≈40.19（万元）

当期免抵退税不得免征和抵扣税额=19.5 × 6 ×（16%−13%）=3.51（万元）

当期应纳税额=61 × 16%−（40.19−3.51）=−26.92（万元）

当期免抵退税额=19.5 × 6 × 13%=15.21（万元）

当期期末留抵税额=61 × 16%−（40.19−3.51）=−26.92（万元）

由于，当期期末留抵税额26.92万元 > 当期免抵退税额15.21万元

所以，当期应退税额=当期免抵退税额=15.21（万元）

当期免抵税额=0

当月结转下期抵扣的进项税额=26.92−15.21=11.71（万元）

【例题5-3】继例5-2，该企业12月发生以下经济业务。

（1）国内购入的原材料，已认证的增值税专用发票上注明的价款为68万元，增值税款为10.88万元。

（2）为销售货物支付运保费用3.118 2万元（含保险费0.3万元），运输发票尚未交税务机关比对认证。

（3）本月内销塑料制品取得不含税收入200万元。

（4）报关出口货物离岸价12.2万美元，折算汇率为1∶6，适用出口退税率为13%，已经收汇核销。

当期进项税额=10.88（万元）

当期免抵退税不得免征和抵扣税额=12.2 × 6 ×（16%−13%）≈2.20（万元）

当期应纳税额=200 × 16%−（10.88−2.20）−11.71 =11.61（万元）

4）出口退税方法的选择

生产企业出口货物劳务可以在“免抵退”税方法与免（征）税方法之间选择。企业应根据其具体情况，如外销产品价格与内销产品价格的高低、外销产品与内销产品的比重、预计未来几年的变化趋势等，事先分析测算，选定某一比较有利的出口退税方法。

【例题5-4】DT公司是一家经营玻璃纤维及制品生产、销售的生产型出口企业，为增值税一般纳税人。当月购进材料37 000元，内销产品销售额46 000元，外销产品销售额31 250元，实行“免抵退”出口退税方式，退税率5%。当月增值税申报纳税及退免税计算分析如下。

采用“免抵退”税方法：

（1）销项税额=46 000 × 16% = 7 360（万元）。

（2）进项税额=37 000 × 16%−31 250 ×（16%−5%）=5 920−3 437.5 = 2 482.5（万元）。

（3）应交增值税=7 360−2 482.5 = 4 877.5（万元）。

（4）“免抵退”税额=31 250 × 5%=1 562.5（万元）。

因此，退税额为 0，1 562.5 万元为免抵税额。

采用免（征）税办法：

（1）销项税额=46 000 × 16% = 7 360（万元）。

（2）进项税额。出口免税部分的进项税额不能抵扣，内销应分摊予以抵扣的进项税额，准予抵扣应分摊进项税额=5 920 × 46 000 ÷（46 000+31 250）≈3 525.18（万元）。

（3）应交增值税=7 360−3 525.18 = 3 834.82（万元）。

根据上述计算，可知采用免（征）税申报方法比采用“免抵退”税申报方法少交税为 1 042.68 万元（=4 877.5−3 834.82）。

在预计企业以后几年内销比例将会逐步增加，且外销价格不会高于内销价格时，企业选择免（征）税申报方式比较有利。

3. 生产企业进料加工复出口免抵退增值税的计算

1）退税额的计算方法

（1）购进法——手工审核方式下的简化方法。

（2）实耗法——计算机处理方式下的计算方法。

2）生产企业进料加工免抵退税的计算

生产企业进料加工与一般贸易免抵退税的计算不同，主要是海关保税进口料件的组成计税价格不得参与免抵退税计算，并通过两项指标做出调整：一是当期不得免征和抵扣税额的抵减额；二是当期免抵退税额的抵减额。因此，“抵减额”的计算也分购进法和实耗法两种。

【例题 5-5】某具有进出口经营权的生产企业 10 月发生以下经济业务。

（1）进口一批料件的组成计税价格折合人民币 1 560 万元。

（2）当月进料加工出口货物销售额折合人民币为 2 550 万元，其中 1 950 万元单证收齐并且信息齐全，600 万元单证未收齐。

（3）从国内购入乙材料进项税额为 96 万元，取得增值税专用发票并认证。

（4）内销收入销项税额为 72 万元，假设本月无上期留抵税额。

已知进料加工出口货物征税率为 16%，退税率为 13%，进口料件手册的计划进口总值为 1 365 万元，计划出口总值为 1 950 万元，采用实耗法计算。

（1）计算当期保税进口料件组成计税价格。

当期保税进口料件组成计税价格=当期进料加工出口货物 FOB 价（单证收齐且信息齐全）× 外汇人民币折合率 × 计划分配率=1 950 × 70%=1 365（万元）

（2）计算当期应纳税额。

当期不得免征和抵扣税额抵减额=当期保税进口料件组成计税价格 × 出口货物适用税率−出口货物（退税率）=1 365 ×（16%−13%）=40.95（万元）

当期不得免征和抵扣税额=当期出口货物 FOB 价 × 外汇人民币折合率 ×（出口货物适用税率−出口货物退税率）−当期不得免征和抵扣税额抵减额=2 550 ×

（16%−13%）− 40.95=35.55（万元）

当期应纳税额=当期销项税额−（当期进项税额−当期不得免征和抵扣税额）=72−（96−35.55）=11.55（万元）

（3）计算当期免抵退税额。

当期免抵退税额抵减额=当期保税进口料件组成计税价格 × 出口货物退税率=1 365 × 13%=177.45（万元）

当期免抵退税额=当期出口货物 FOB 价（单证收齐且信息齐全）× 外汇人民币折合率 × 出口货物退税率−当期免抵退税额抵减额=1 950 × 13%−177.45=76.05（万元）

由于，当期应纳税额大于零，所以，当期应退税额为 0，当期免抵税额=当期免抵退税额=76.05 万元。

5.2.3　出口退税的会计处理

1. 外贸企业出口货物退免增值税的会计处理

外贸企业一般贸易出口委托加工、修理修配货物的会计处理如下。

【例题 5-6】A 外贸企业从 B 企业购进一批服装面料，以作价销售的形式将面料卖给 C 企业委托加工服装，收回后报关出口。已知服装出口退（免）税率为 16%，服装面料征税率为 16%，不考虑国内运费及所得税等其他税费因素，其 1~4 月发生的相关业务及其会计处理如下。

（1）1 月初，A 企业购入 B 企业服装面料，收到增值税专用发票计税金额为 100 000 元，进项税额 16 000 元，当月购货款已通过银行转账支付。

借：库存商品——服装面料　　100 000
　　应交税费——应交增值税（进项税额）　　16 000
　　贷：银行存款　　116 000

（2）国内作价销售服装面料 110 000 元，此外 1 月无其他业务。

作价销售时：

借：银行存款　　127 600
　　贷：主营业务收入——内销收入　　110 000
　　　　应交税费——应交增值税（销项税额）　　17 600

结转销售成本：

借：主营业务成本——内销商品　　100 000
　　贷：库存商品——服装面料　　100 000

月末结转未缴增值税：

借：应交税费——应交增值税（销项税额）　　17 600
　　贷：应交税费——应交增值税（进项税额）　　16 000
　　　　　　　　——应交增值税（未交增值税）　　1 600

（3）2 月，申报上月应交增值税税额。同时，A 企业收回 C 企业加工完成的服装，取得增值税专用发票的计税价格为 150 000 元（含加工费），进项税额为 24 000 元，并在当月全部报关出口，其离岸价折合人民币的价格为 180 000 元。

申报缴纳增值税：

借：应交税费——应交增值税（已交税金）　　1 600

　　贷：银行存款　　1 600

结转已缴税金：

借：应交税费——应交增值税（未交增值税）　　1 600

　　贷：应交税费——应交增值税（已交税金）　　1 600

购进服装时：

借：库存商品——出口商品（服装）　　150 000

　　应交税费——应交增值税（进项税额）　　24 000

　　贷：银行存款　　174 000

确认外销收入：

借：应收账款——应收外汇账款（客户）　　180 000

　　贷：主营业务收入——外销收入（服装）　　180 000

【注】在下月初时，应将出口销售额填入增值税纳税申报表中的“免税货物销售额”栏进行纳税申报。

根据取得的增值税专用发票上列明的计税金额计算退税额，并提取出口退税和结转成本。

应退税额=150 000×16%=24 000（元）

结转成本额=150 000+150 000×（16%−16%）=150 000（元）

借：应交税费——应交增值税（出口退税）　　24 000

　　主营业务成本——出口商品（服装）　　150 000

　　贷：应交税费——应交增值税（进项税额转出）　　24 000

　　　　库存商品——出口商品（服装）　　150 000

结转应缴增值税（出口退税）：

借：其他应收款——应收出口退税（增值税）　　24 000

　　贷：应交税费——应交增值税（出口退税）　　24 000

2 月末结转科目余额：

借：应交税费——应交增值税（进项税额转出）　　24 000

　　贷：应交税费——应交增值税（进项税额）　　24 000

（4）3 月，A 企业收齐出口货物报关单和其他单证，并向主管税务机关申报出口退（免）税。

（5）4 月，收到出口退税款时：

借：银行存款　　24 000

　　贷：其他应收款——应收出口退税（增值税）　　24 000

【注】直接外购货物出口会计处理参照上述第（3）~（5）步进行。

【例题 5-7】某外贸出口企业以进料加工方式免税进口化工原料一批，该批进口原料报关进口的到岸价格折合人民币 420 000 元，货款及税金均已通过银行存款支付。进口后企业采用作价加工方式将原料销售给某工厂加工成成品，转售加工时履行了“计算税金但不入库”手续，所售原料价款为 50 万元，当月工厂加工完毕后，外贸企业以不含税价 85 万元全部收购。收回后外贸企业将该批货物全部出口，取得货款折合人民币 90 万元。该种货物的退税率为 10%。企业申请退税的单证齐全。

（1）料件报关进口并入库时：

借：在途物资——进料加工　　420 000

　　贷：银行存款　　420 000

借：库存商品——进料加工　　420 000

　　贷：在途物资——进料加工　　420 000

（2）料件作价加工销售，依进料加工贸易免税证明，开具增值税专用发票时：

借：银行存款　　580 000

　　贷：主营业务收入——进料加工　　500 000

　　　　应交税费——应交增值税（销项税额）　　80 000

（3）收回成品时：

借：库存商品——进料加工　　850 000

　　应交税费——应交增值税（进项税额）　　136 000

　　贷：银行存款　　986 000

（4）报关出口并结转商品成本时：

借：应收外汇账款　　900 000

　　贷：主营业务收入——进料加工　　900 000

借：主营业务成本——进料加工　　850 000

　　贷：库存商品——进料加工　　850 000

（5）申报退税时：

出口退税额=应退税额−进料加工应抵退税额=回购出口货物增值税专用发票所列金额×退税率−销售进口料件金额×退税率−海关实征增值税额=850 000×10%−500 000×10%=35 000（元）

当期不予退税的税额=回购出口货物增值税专用发票所列金额−销售进口（料件金额）×（征税率−退税率）=（850 000−500 000）×（16%−10%）=21 000（元）

借：主营业务成本　　进料加工　　21 000

　　贷：应交税费——应交增值税（进项税额转出）　　21 000

借：应收出口退税——应退增值税　　35 000

　　贷：应交税费——应交增值税（出口退税）　　35 000

（6）收到出口退税时：

借：银行存款　　35 000

　　贷：应收出口退税——应退增值税　　35 000

我国税务活动中对回购进项税额的相关规定如表 5-1 所示。

表 5-1 回购进项税额的相关规定

回购进项税额	处理
回购进项税额：80×16%	作价销售销项税额：50×16%
	出口退税额：（80−50）×10%
	不得退税额：（80−50）×（16%−10%）

2. 生产企业出口货物免抵退增值税的会计处理

情形一：期末留抵税额为 0

当期应退税额=0

当期免抵税额=当期免抵退税额

【例题 5-8】某企业生产 A 产品，1 月共销售 7 吨，其中 4 吨出口给 N 客户，出口额为 CIF 价 117 000 美元，货款未收到，预计出口运费 1 000 美元，保险费 500 美元，汇率为 USD100=CNY600；内销量为 3 吨，内销金额 600 000 元，销项税额 96 000 元。当月取得增值税进项税额合计 80 000 元，上月期末留抵税额为 0 元。增值税征税率为 16%，退税率为 15%。

出口货物 FOB 价格=CIF 价格−运费−保险费=117 000−1 000−500=115 500（美元）

免税出口销售额=115 500×6=693 000（元）

当期免抵退税不得免缴和抵扣税额=693 000×（16%−15%）=6 930（元）

当期应纳税额=96 000−（80 000−6 930）−0=22 930（元）

期末留抵税额=0

当期应退税额=0

当期免抵税额=当期免抵退税额=693 000×15%=103 950（元）

（1）货物出口时：

借：应收账款——N 客户　　702 000

　　贷：主营业务收入——出口（A 产品）　　693 000

　　　　预提费用——出口从属费用　　9 000

借：主营业务成本——出口退税差额（A 产品）　　6 930

　　贷：应交税费——应交增值税（进项税额转出）　　6930

（2）内销时：

借：应收账款或银行存款　　696 000

　　贷：主营业务收入——内销（A 产品）　　600 000

　　　　应交税费——应交增值税（销项税额）　　96 000

（3）计算应纳增值税时：

借：应交税费——应交增值税（转出未交增值税）　　22 930

　　贷：应交税费——未交增值税　　22 930

（4）申报出口免抵退税时：

借：应交税费——应交增值税（出口退税抵减应纳税额）　　103 950

　　贷：应交税费——应交增值税（出口退税）　　103 950

情形二：当期免抵退税额≥当期期末留抵税额>0

当期应退税额 = 当期期末留抵税额

当期应免抵税额 = 当期免抵退税额–当期应退税额

【例题 5-9】沿用例 5-8 的资料，假设内销量为 1 吨，内销金额 200 000 元，销项税额 32 000 元，其他条件不变。

当期免抵退税不得免缴和抵扣税额=115 500 × 6 ×（16%–15%）=6 930（元）

当期应纳税额=0

当期期末留抵税额=（80 000–6 930）–32 000=41 070（元）

当期免抵退税额=115 500 × 6 × 15%=103 950（元）

由于，当期期末留抵税额 < 当期免抵退税额

所以：当期应退税额=当期期末留抵税额=41 070（元）

当期免抵税额=103 950–41 070=62 880（元）

（1）货物出口时：

借：应收账款——N 客户	702 000	
贷：主营业务收入——出口（A 产品）		693 000
预提费用——出口从属费用		9 000
借：主营业务成本——出口退税差额（A 产品）	6 930	
贷：应交税费——应交增值税（进项税额转出）		6 930

（2）内销时：

借：应收账款或银行存款	232 000	
贷：主营业务收入——内销（A 产品）		200 000
应交税费——应交增值税（销项税额）		32 000

（3）申报出口免抵退税时：

借：应收出口退税	41 070	
应交税费——应交增值税（出口退税抵减应纳税额）	62 880	
贷：应交税费——应交增值税（出口退税）		103 950

情形三：当期期末留抵税额 > 当期免抵退税额

当期应退税额=当期免抵退税额

当期应免抵税额–0

【例题 5-10】沿用例 5-9 的资料，假设当期取得进项税额合计 180 000 元，其他条件不变。

当期免抵退税不得免缴和抵扣税额=115 500 × 6 ×（16%–15%）=6 930（元）

当期期末留抵税额=（180 000–6 930）–32 000=141 070（元）

当期应纳税额=0

当期免抵退税额=115 500 × 6 × 15%=103 950（元）

（1）货物出口时：

借：应收账款——N 客户	702 000	
贷：主营业务收入——出口（A 产品）		693 000

预提费用——出口从属费用 9 000

借：主营业务成本——出口退税差额（A产品） 6 930

贷：应交税费——应交增值税（进项税额转出） 6 930

（2）内销时：

借：应收账款或银行存款 232 000

贷：主营业务收入——内销（A产品） 200 000

应交税费——应交增值税（销项税额） 32 000

（3）申报出口免抵退税时：

借：应收出口退税 103 950

贷：应交税费——应交增值税（出口退税） 103 950

结转下期继续留抵的税额=141 070−103 950=37 120（元）

3. 出口货物应退消费税的会计处理

1）生产企业自营出口：免税

2）外贸企业自营出口

（1）申请退税时：

借：应收出口退税

贷：主营业务成本

（2）收到退税款时：

借：银行存款

贷：应收出口退税

5.3 出口退税的税收筹划

5.3.1 选择经营方式

现行的出口退税政策对不同的经营方式规定了不同的出口退税政策，纳税人可以利用政策之间的税收差异，选择合理的经营方式，减低自己的税负。

目前生产企业出口货物主要有两种方式，即自营出口（含进料加工）和来料加工，分别按“免、抵、退”办法和“不征不退”的免税方法处理。

1. 退税率小于征收率时的税收筹划

【例题 5-11】某出口型生产企业采用进料加工方式为国外NE公司加工汽车配件一批，进口保税料价值为100万元，加工完成后返销给NE公司售价180万元，为加工该产品耗用其他辅料等的进项税额为2万元，该产品征税率为16%，退税率为13%。

（1）出口不得免征和抵扣的税额=180×（16%−13%）−100×（16%−13%）=2.4（万元）

（2）免抵退税额=180×13%−100×13%=10.4（万元）

（3）应纳税额=0−（2−2.4）=0.4（万元）

企业应纳税额为 0.4＞0，应缴纳增值税 0.4 万元。如果该企业改为来料加工，因为来料加工实行免税政策（不征不退），则比进料加工少交 0.4 万元，应选择来料加工。

根据上述案例我们可得出如下结论。

（1）若将售价改为 120 万元，其他条件不变。根据计算过程可得出该企业可获得出口退税 0.4 万元。比来料加工优惠，应选择进料加工。

（2）若退税率为 15%，其他条件不变。根据计算过程可得出该企业可获得出口退税 1.6 万元。比来料加工优惠，应选择进料加工。

（3）若进项税为 4 万元，其他条件不变。根据计算过程可得出该企业可获得出口退税 1.6 万元。比来料加工优惠，应选择进料加工。

结论：

通过以上案例我们可以看出，对于利润率较低、出口退税率较高及耗用的国产辅助材料较多（进项税额较大）的货物出口宜采用来料加工方式，对于利润率较高的货物出口宜采用进料加工方式。

目前在大幅度提高出口退税率的情况下，使用“免、抵、退”的方法还是“免税”方法的基本思路就是如果出口产品不得抵扣的进行税额小于为生产该出口产品而取得的全部进项税额，则应采用“免、抵、退”办法，否则应采用“不征不退”的“免税”办法。

2. 退税率等于征税率时的税收筹划

对于退税率等于征税率的产品，无论其利润率高低，采用“免、抵、退”的自营出口方式均比采用材料加工等“不征不退”免税方式更优惠，因为两种方式出口都不征税，但采用“免、抵、退”方式可以退还全部的进项税额，而免税方式则要把进项税额计入成本。

5.3.2　选择出口方式

对于有出口经营权的企业来说，出口方式有两种：一种自营出口；一种是通过外贸代理出口自产货物。以上两种方式出口货物都可以获得免税并退税。

【例题 5-12】某中外合资企业以采购国内原材料生产产品全部用于出口，201×年自营出口产品的价格为 200 万元，可抵扣进项税额为 20 万元。增值税率为 16%。上期无留抵税额。

1）该企业的出口退税率为 16%时

（1）企业自营出口。

免抵退税额=200×16%=32（万元）

当期应纳税额=0-（20-0）=-20（万元）

则该企业应收出口退税为 20 万元。

（2）若该合资企业以同样价格 200 万元（含税）出售给外贸企业，外贸企业再以同样价格出口。

合资企业应纳增值税=200÷（1+16%）×16%-20=7.59（万元）

外贸企业应收出口退税额=200÷（1+16%）×16%=27.59（万元）

则两企业合计退税20万元（=27.59−7.59）

2）该企业的出口退税率为15%时

（1）企业自营出口。

免抵退税额=200×15%−0=30（万元）

出口不得免征和抵扣的税额=200×（16%−15%）−0=2（万元）

当期应纳税额=0−（20−2）=−18（万元）

则该企业应收出口退税为18万元。

（2）若该合资企业以同样价格200万元（含税）出售给外贸企业，外贸企业再以同样价格出口。

合资企业应纳增值税=200÷（1+16%）×16%−20=7.59（万元）

外贸企业应收出口退税额=200÷（1+16%）×15%=25.86（万元）

则有两企业合计退税18.27万元（=25.86−7.59）

由此得出，在退税与征税率不等的情况下，企业选择自营出口还是委托外贸企业代理出口，两者税负不同，即选择自营出口的退税额小于委托外贸企业代理出口的退税额，则选择委托外贸企业代理出口。

5.3.3 选择生产经营地

2000年6月，国务院正式下发《中华人民共和国海关对于出口加工区监管的暂行办法》，决定在北京、深圳、天津等地设立15个出口加工区的试点。凡是进入出口加工区内的加工企业在购买国内生产设备和原材料时，其所购买的设备和原材料均可以视同出口，享受有关出口退税政策。

因此，对于出口企业，在出口加工区建立有关联企业，或将出口加工业务从企业分离出去，或将出口加工业务迁到出口加工区去。企业用来生产出口加工业务的机器、设备、办公用品都能视同出口，享受退税的好处。

另外，充分利用出口加工区和保税区的税收优惠政策，获得递延纳税或提前退税的好处。在出口加工区或保税区建立有关联企业，如进口料件时先由保税区企业进口，获得免税优惠，等“区外”企业实际使用时，即由“区内”转“区外”是纳税。根据有关规定，保税区所有进口料件免税，保税区内所有进口设备、原材料和办公用品也可免税，因此可获得递延纳税的好处。另外，“区外”企业可先将“产品”销售给“区内”企业，再由“区内”企业进口，根据有关税法规定，进入出口加工区即视同出口，因此可以得到提前退税的好处。

5.4 进出口关税纳税申报表和关税专用缴款书的填制

进口货物自运输工具申报进境之日起14天内，出口货物在货物运抵海关监管区后装货的24小时以前，应由进口货物的纳税人填写《关税专用缴款书》和《中华人民共和国海关进出口货物报关单》，向货物进出口海关申报（表 5-2 和表 5-3）。

表 5-2　关税专用缴款书

收入系统：海关系统　　　　填发日期：　年　月　日

<table>
<tr><td rowspan="3">收款单位</td><td colspan="2">收入机关</td><td colspan="2">中央金库</td><td rowspan="3">缴款单位（人）</td><td>名称</td><td></td></tr>
<tr><td>科目</td><td></td><td>预算级次</td><td></td><td>账号</td><td></td></tr>
<tr><td colspan="2">收款国库</td><td colspan="2"></td><td>开户银行</td><td></td></tr>
<tr><td>税号</td><td colspan="2">货物名称</td><td>数量</td><td>单位</td><td>完税价格（¥）</td><td>税率/%</td><td>税款金额（¥）</td></tr>
<tr><td></td><td colspan="2"></td><td></td><td></td><td></td><td></td><td></td></tr>
<tr><td></td><td colspan="2"></td><td></td><td></td><td></td><td></td><td></td></tr>
<tr><td></td><td colspan="2"></td><td></td><td></td><td></td><td></td><td></td></tr>
<tr><td colspan="6">金额人民币（大写）　万 仟 佰 拾 元 角 分</td><td>合计（¥）</td><td></td></tr>
<tr><td>申请单位编号</td><td colspan="2"></td><td colspan="2">报关单编号</td><td></td><td rowspan="4">填制单位
制单人
复核人
单证专用章</td><td rowspan="4">收款国库（银行）
业务公章</td></tr>
<tr><td>合同（批文）号</td><td colspan="2"></td><td colspan="2">运输工具（号）</td><td></td></tr>
<tr><td>缴款期限</td><td colspan="2"></td><td colspan="2">提/装货号</td><td></td></tr>
<tr><td>注</td><td colspan="5">一般征税
国际代码</td></tr>
</table>

注：从填发缴款书之日起限 15 日内缴纳（期末遇法定节假日顺延），逾期按日征收税款总额千分之一的滞纳金

表 5-3　中华人民共和国海关进（出）口货物报关单

预录入编号：　　　　海关编号：

出口口岸	备案号			出口日期	申报日期
经营单位	运输方式			运输工具名称	提运单号
发货单位	贸易方式			征免性质	结汇方式
许可证号	运抵国（地区）			指运港	境内货源地
批准文号	成交方式	运费		保费	杂费
合同协议号	件数	包装种类		毛重（公斤）	净重（公斤）
集装箱号	随附单据				生产厂家
标记唛码及备注					

续表

项号	商品编号	商品名称、规格型号	数量及单位	最终目的国（地区）	单价	总价	币制	征免

税费征收情况					
录入员	录入	兹声明以上申报无讹并承担法律责任		海关审单批注及放行日期（签章）	
单位					
				审单	审价
报关员					
				征税	统计
			申报单位（签章）		
				查验	放行
单位地址：					
邮编：		电话：	填制日期：		

◆本章小结

本章对出口退税的相关知识进行了讨论，我们得到以下结论。

（1）出口退税在国家税收中的重要性，体现在首先可以平衡国内产品的税收负担，使本国产品以不含税成本进入国际市场；其次与国外产品在同等条件下进行竞争，从而增强竞争能力；最后扩大出口的创汇。

（2）国家对出口退税的相关范围做出明确的规定，并规定了两种出口货物应退增值税的核算办法：一是生产企业自营或委托企业代理出口自产货物实行“免、抵、退”办法；二是主要用于收购货物出口的外贸企业的“先征后退”办法。

（3）对出口退税的计算方法、会计处理和纳税收筹划做了系统全面的解释。

◆复习思考题

1. 什么是出口退税？其作用何在？
2. 国家对出口退税做了哪些方面的规定？
3. 出口退税款是补贴性质的款项吗？
4. 请简述“免、抵、退”的基本程序。

◆练习题

一、单项选择题

1. 出口退（免）税的税种是（　　）。

A. 流转税，即增值税、消费税及营业税

B. 增值税和消费税

C. 增值税、消费税、营业税及其产生的城建税及教育费附加

D. 增值税，消费税和营业税暂不办理退税

2.《中华人民共和国增值税暂行条例》第二条第四款规定：纳税人出口货物，税率为（　　）。

A. 17%　　　　B. 13%

C. 3%　　　　D. 0

3. 我国现行出口货物增值税退税率实行（　　），具体退税率根据出口货物报关单上列明的商品代码，对应国家税务总局下发的退税率文库确定。

A. 定额税率　　　　B. 比例税率

C. 累进税率　　　　D. 平均税率

4. 外贸企业的退税方法是（　　），生产企业的退税方法是（　　），小规模纳税人出口企业的退税方法是（　　）

A. 免、抵、退税　　　　B. 免税

C. 先征后退　　　　D. 免退税

5. 从 2005 年 1 月 1 日（以审批退税日期为准）起，各地区出口货物退增值税（含出口货物“免、抵”增值税税额）中属于基数部分的退税额，继续由中央财政负担；超基数部分的退税额，由中央和地方改按（　　）的比例分担。

A. 75：25　　　　B. 50：50

C. 92.5：7.5　　　　D. 25：75

6. 下列出口业务中不能享受退税的是（　　）。

A. 生产企业委托出口自产货物

B. 小规模纳税人委托代理出口的自产货物

C. 外贸企业出口从小规模纳税人处购进的工艺品

D. 利用外国政府贷款，由中国招标组织在国际上进行招标，企业中标的机电产品

7. 外贸企业出口退税的计税依据是（　　）。

A. 出口货物离岸价

B. 购进出口货物的增值税专用发票上列明的计税金额

C. 出口货物到岸价

D. 购进出口货物的增值税专用发票上列明的价税合计金额

8. 关于代理出口货物，下面说法正确的是（　　）。

A. 委托代理出口货物在委托方办理出口退免税

B. 委托代理出口货物在受托方办理出口退免税

C. 委托代理出口货物在委托方或受托方都可办理退税

D. 委托代理出口货物不能办理出口退免税

9. 免抵退税生产企业，是指独立核算，经主管国税机关认定为（　　），并且具有实际生产能力的企业和企业集团。

A. 高新技术企业　　　　B. 出口企业

C. 一般纳税人　　　　　　　　　　　　D. 小规模纳税人

10. 在“免、抵、退”税申报时计算其“应退税额”和“免抵税额”根据主管征税部门当期审核确认的《增值税纳税申报表》的（　　）进行计算。

A. 上期留抵税额　　　　　　　　　　　B. 出口货物销售额

C. 进项税额　　　　　　　　　　　　　D. 期末留抵税额

二、计算题

1. 某外贸企业从某厂（小规模纳税人）购进钛板一批出口，税务机关代开增值税专用发票，注明金额6万元，征收率6%，税额为0.36万元，钛板退税率5%；从某贸易公司（小规模纳税人）购进服装一批出口，税务机关代开增值税专用发票，注明金额20万元，征收率4%，税额0.8万元，服装退税率16%；从某公司（一般纳税人）购进涤纶坯布一批，取得增值税专用发票，注明金额20万元，税额3.2万元，涤纶坯布退税率16%，试计算应退税额。

2. 某企业201×年2月发生内销950万元（不含税），本期出口货物的离岸价折合人民币为1 350万元，当期购进货物的进项税额310万元，产品增值税税率为16%，退税率为13%（假定该企业期初没有留抵税额），计算该企业应退税额和免抵税额。

3. 甲生产企业为有自营出口经营权的增值税一般纳税人，销售货物税率为16%，退税率为13%。201×年2月相关经营业务如下：本月购进原材料一批，取得的增值税专用发票注明的价款200万元，准予抵扣的进项税额32万元，上月末留抵税额为3万元。本月内销货物不含税销售额120万元，本月出口货物的销售额折合人民币200万元。请计算该企业免抵退税额并对以上业务进行会计处理。

4. 某进出口公司201×年6月出口美国平纹布3 000米，进货增值税专用发票列明单件为10元/米^2，计税金额30 000元，退税率13%，请计算其应退税额。

三、案例讨论题

改变经营方式以利出口退税方式如下。

1. 改变货物收购方式

一般地，对退税率小于征税率的货物，出口企业从小规模纳税人（工业企业）进货比从一般纳税人进货所实现的出口盈利高，这是因为从小规模纳税人进货，征税率为6%，退税率也是6%，不会因征退税率不同而产生增值税差额，从而增大出口成本；而从一般纳税人进货，货物退税率低于征税率，其产生的增值税差额要计入出口成本中：两者相比，前者进货方式下出口成本较低，盈利高。

2. 改变贸易方式

出口企业发生国外料件加工复出口货物业务，可采取三种贸易方式：一是国外料件正常报关进口，缴纳进口环节的增值税或消费税；二是进料加工方式，加工货物复出口后，可申请办理加工及生产环节已交增值税的出口退税；三是来料加工方式，免交加工费的增值税，对其耗用的国产辅料也不办理出口退税。

3. 改变货物出口方式

现行出口货物退（免）税政策规定，没有出口经营权的生产企业委托（只能委托）

出口自产货物，并未规定实行何种退税管理办法；但属消费税征税范围内的货物，实行先征后退管理办法。有出口经营权的生产企业自营出口或委托出口的自产货物，除另有规定者外，一律实行“免、抵、退”税管理办法；属消费税征税范围内的货物，免交消费税。有出口经营权的生产企业和外贸企业，既可自营出口货物，又可委托出口货物，而且在这两种方式下都可办理出口货物的增值税退税（不能退税的货物除外）；同时，出口企业也可采取货物买断方式或将货物再调拨销售给其他外贸企业出口的方式出口货物，货物出口后不影响出口退税。

试分析：

（1）外贸出口企业，在加工复出口货物耗用的国产料件少且货物的退税率小于征税率的情况下，应选择什么加工方式?

（2）作为外贸出口企业，对退税率小于征税率的货物，在进料加工贸易方式下，又可因料件进口后是委托加工还是作价加工两种方式的不同，出现不同的结果。一般而言，在进料加工贸易方式下，选择委托加工比作价加工好，为什么?

（3）作为外贸企业，采购的货物是自己出口，还是委托他人出口，或是再调拨销售给他人由他人出口?

（4）作为生产企业，是这样出口还是委托出口自产货物，或将自产货物销售给外外贸企业由外贸企业出口?（以上问题，并未考虑成本、费用等问题）

第6章

企业所得税会计

【学习目标】

1. 掌握企业所得税的基本内容。
2. 重点掌握企业所得税的计算方法及资产负债表债务法的处理程序与会计核算。
3. 了解纳税申报。

【内容提要】

本章主要介绍企业所得税的基本内容，企业所得税应纳税额的确认和计量，以及企业所得税的会计核算。

【思维导图】

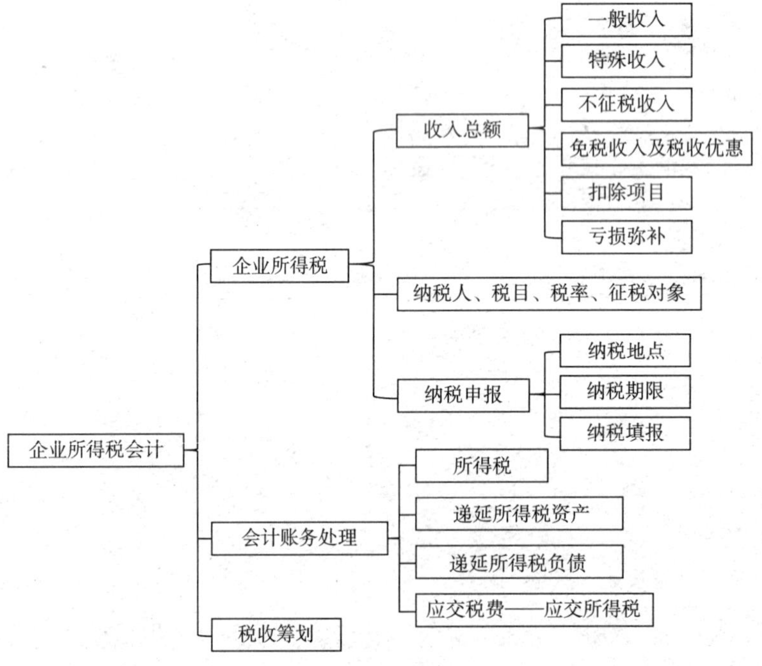

【引言】

所得税会计是纳税会计的重要内容之一，主要解决对企业所得税涉税事项的确认、计量、记录和报告等问题，保证税收征纳双方的合法权益。由于会计与税法的目标、原则不同，同一会计期间会计利润与应税所得之间存在差异，因此，需要在会计利润的基础上，按照税法规定调整计算应纳税所得额和应纳税额，并在会计上做出适当的反映。企业所得税会计所涉及的内容比较广泛，包括所得税的应税收入与成本的确认、所得的计算，以及所得税的计算和申报等内容。

6.1　企业所得税的基本内容

企业所得税是对我国境内的企业和其他取得收入的组织的生产经营所得以及其他所得征收的所得税。

6.1.1　纳税义务人

企业所得税的纳税义务人是指除个人独资企业和合伙企业以外的企业以及其他取得收入的组织。

企业所得税的纳税人分为居民企业和非居民企业，这是基于不同企业承担的纳税义务不同，也是为了更好地保障我国的税收管辖权的有效行使和避免双重课税。税收管辖权是一国政府在征税方面的主权，是国家主权的重要组成部分。根据国际上的通行做法，我国选择了地域管辖权和居民管辖权的双重管辖权标准，最大限度地维护了我国的税收利益。

1. 居民企业

居民企业是指依法在我国境内成立，或者依照外国（地区）法律成立但实际管理机构在我国境内的企业，包括国有企业、集体企业、私营企业、联营企业、股份制企业，外商投资企业，外国企业以及有生产、经营所得和其他所得的其他组织。其中，有生产、经营所得和其他所得的其他组织，是指经国家有关部门批准，依法注册、登记的事业单位、社会团体等组织。由于我国的一些社会团体组织、事业单位在完成国家事业计划的过程中，开展多种经营和有偿服务活动，取得除财政部门各项拨款、财政部和国家物价部门批准的各项规费收入以外的经营收入，具有了经营的特点，因此应纳入征税范围。其中，实际管理机构是指对企业的生产经营、人员、账务、财产等实施实质性全面管理和控制的机构。

注意：个人独资企业、合伙企业执行的是《中华人民共和国个人所得税法》。

2. 非居民企业

非居民企业是指依照外国（地区）法律成立且实际管理机构不在中国境内，但在中国境内设立机构、场所，或者在中国境内未设立机构、场所，但有来源于中国境内所得的企业。

上述所称机构、场所，指在中国境内从事生产经营活动的机构、场所，包括：①管理机构、营业机构、办事机构；②工厂、农场、开采自然资源的场所；③提供劳务的场所；④从事建筑、安装、装配、修理、勘探等工程作业的场所；⑤其他从事生产经营活动的机构、场所。

非居民企业委托营业代理人在中国境内从事生产经营活动的，包括委托单位或者个人经常代其签订合同，或者储存、交付货物等，营业代理人被视为非居民企业在中国境内设立的机构、场所。

6.1.2 征税对象

企业所得税的征税对象是指企业取得的生产经营所得、其他所得和清算所得。

1. 居民企业的征税对象

居民企业应就来源于中国境内、境外的所得作为征税对象。所得，包括销售货物所得、提供劳务所得、转让财产所得、股息红利等权益性投资所得、利息所得、租金所得、特许权使用费所得、接受捐赠所得和其他所得。

2. 非居民企业的征税对象

非居民企业在中国境内设立机构、场所的，应当就其所设机构、场所取得的来源于中国境内的所得，以及发生在中国境外但与其所设机构、场所有实际联系的所得，缴纳企业所得税。非居民企业在中国境内未设机构、场所，或者虽设立机构、场所，但取得的所得与其所设机构、场所没有实际联系的，应当就其来源于中国境内的所得缴纳企业所得税。

上述所称实际联系，是指非居民企业在中国境内设立的机构、场所拥有的据以取得所得的股权、债权，以及拥有、管理、控制据以取得所得的财产。

3. 所得来源地的确定

依据《中华人民共和国企业所得税法》及其实施条例的规定，所得来源地的确定有如下方法。

（1）销售货物所得，按照交易活动发生地确定。

（2）提供劳务所得，按照劳务发生地确定。

（3）转让财产所得，包括：①不动产转让所得按照不动产所在地确定；②动产转让所得按照转让动产的企业或者机构、场所所在地确定；③权益性投资资产转让所得按照被投资企业所在地确定。

（4）股息、红利等权益性投资所得，按照分配所得的企业所在地确定。

（5）利息所得、租金所得、特许权使用费所得，按照负担、支付所得的企业或者机构、场所所在地确定，或者按照负担、支付所得的个人的住所地确定。

（6）其他所得，由国务院财政、税务主管部门确定。

6.1.3　税率

我国企业所得税实行比例税率。比例税率简便易行，透明度高，不会因征税而改变企业间收入分配比例，有利于促进效率的提高。现行规定是：①基本税率为 25%。适用于居民企业和在中国境内设有机构、场所且所得与机构、场所有关联的非居民企业（认定为境内常设机构）。②低税率为 20%。适用于在中国境内未设立机构、场所，或者虽设立机构、场所但取得的所得与其所设机构、场所没有实际联系的非居民企业。但对这类企业实际征税时适用 10%的税率。

6.1.4　收入总额

收入总额是指企业在生产经营活动中以及其他行为取得的各项收入的总和，包括以货币形式和非货币形式取得的来源于中国境内、境外的生产经营收入和其他收入。

1. 一般收入的确认

（1）销售货物收入，是指企业销售商品、产品、原材料、包装物、低值易耗品及其他存货取得的收入。除另有规定外，企业移送资产应按照被移送资产的公允价值确定销售收入。

企业将资产移送他人的下列情形，因资产所有权属已发生改变而不属于内部处置资产，应按规定视同销售确定收入：①用于市场推广或销售；②用于交际应酬；③用于职工奖励或福利；④用于股息分配；⑤用于对外捐赠；⑥其他改变资产所有权属的用途。

用于交际应酬的部分，属于企业自制的资产，应按企业同类资产同期对外销售价格确定销售收入；属于外购的资产，可按购入时的价格确定销售收入。

用于职工奖励或福利部分，企业处置外购资产按购入时的价格确定销售收入，是指企业处置该项资产不是以销售为目的，而是具有替代职工福利等费用支出性质，且购买后一般在一个纳税年度内处置。

（2）提供劳务收入，是指企业从事建筑安装、修理修配、交通运输、仓储租赁、金融保险、邮电通信、咨询经纪、文化体育、科学研究、技术服务、教育培训、餐饮住宿、中介代理、卫生保健、社区服务、旅游、娱乐、加工及其他劳务服务活动取得的收入。

（3）转让财产收入，是指企业转让固定资产、生物资产、无形资产、股权、债权等财产取得的收入。企业转让股权收入，应于转让协议生效且完成股权变更手续时，确认收入的实现。股权转让所得为转让股权收入扣除为取得该股权所发生的成本，但不得扣除被投资企业未分配利润等股东留存收益中按该项股权所可能分配的金额。

（4）股息、红利等权益性投资收益，是指企业因权益性投资从被投资方取得的收入，应于被投资企业股东大会做出利润分配或转股决定的日期，确认收入的实现。

（5）利息收入，是指企业将资金提供他人使用但不构成权益性投资，或者因他人占用本企业资金取得的收入，包括存款利息、贷款利息、债券利息、欠款利息等收入，应按照合同约定的债务人应付利息的日期确认收入的实现。

（6）租金收入，是指企业提供固定资产、包装物或者其他有形资产的使用权取得的收入，应按照合同约定的承租人应付租金的日期确认收入的实现。

如果交易合同或协议中规定租赁期限跨年度，且租金提前一次性支付的，根据收入与费用配比原则，出租人可对上述已确认的收入，在租赁期内，分期均匀计入相关年度收入。

（7）特许权使用费收入，是指企业提供专利权、非专利技术、商标权、著作权以及其他特许权的使用权取得的收入，应按照合同约定的特许权使用人应付特许权使用费的日期确认收入的实现。

（8）接受捐赠收入，是指企业接受的来自其他企业、组织或者个人无偿给予的货币性资产、非货币性资产。接受捐赠收入，应按照实际收到捐赠资产的日期确认收入的实现。自2016年1月1日后企业向公益性社会团体实施的股权捐赠，应按规定视同转让股权，股权转让收入额以企业所捐赠股权取得时的历史成本确定，不包括企业向中华人民共和国境外的社会组织或团体实施的股权捐赠行为。

（9）其他收入，是指企业取得的除上述收入外的其他收入，包括企业资产溢余收入、逾期未退包装物押金收入、确实无法偿付的应付款项、已作坏账损失处理后又收回的应收款项、债务重组收入、补贴收入、违约金收入、汇兑收益等。

2. 特殊收入的确认

（1）销售商品采用托收承付方式的，在办妥托收手续时确认收入。

（2）销售商品采取预收款方式的，在发出商品时确认收入。

（3）销售商品需要安装和检验的，在购买方接受商品以及安装和检验完毕时确认收入。如果安装程序比较简单，可在发出商品时确认收入。

（4）销售商品采用支付手续费方式委托代销的，在收到代销清单时确认收入。

（5）以分期收款方式销售货物的，按照合同约定的收款日期确认收入的实现。

（6）销售产品采取分成方式取得收入的，按照企业分得产品的日期确认收入的实现，其收入额按照产品的公允价值确定。

（7）企业受托加工制造大型机械设备、船舶、飞机，以及从事建筑、安装、装配工程业务或者提供其他劳务等，持续时间超过12个月的，按照纳税年度内完工进度或者完成的工作量确认收入的实现。

（8）企业发生非货币性资产交换，以及将货物、财产、劳务用于捐赠、偿债、赞助、集资、广告、样品、职工福利或者利润分配等用途的，应当视同销售货物、转让财产或者提供劳务。

（9）采用售后回购方式销售商品的，销售的商品按售价确认收入，回购的商品作为购进商品处理。有证据表明不符合销售收入确认条件的，如以销售商品方式进行融资，收到的款项应确认为负债，回购价格大于原售价的，差额应在回购期间确认为利息费用。

（10）销售商品以旧换新的，销售商品应当按照销售商品收入确认条件确认收入，回收的商品作为购进商品处理。

（11）企业为促进商品销售而在商品价格上给予的价格扣除属于商业折扣，商品销售涉及商业折扣的，应当按照扣除商业折扣后的金额确定销售商品收入金额。

债权人为鼓励债务人在规定的期限内付款而向债务人提供的债务扣除属于现金折扣，销售商品涉及现金折扣的，应当按扣除现金折扣前的金额确定销售商品收入金额，现金折扣在实际发生时作为财务费用扣除。

企业因售出商品的质量不合格等原因而在售价上给予的减让属于销售折让，企业因售出商品质量、品种不符合要求等原因而发生的退货属于销售退回。企业已经确认销售收入的售出商品发生销售折让和销售退回，应当在发生当期冲减当期销售商品收入。

（12）企业以“买一赠一”等方式组合销售本企业商品的，不属于捐赠，应将总的销售金额按各项商品的公允价值的比例来分摊确认销售收入。

6.1.5　不征税收入

（1）财政拨款，是指各级人民政府对纳入预算管理的事业单位、社会团体等组织拨付的财政资金，但国务院和国务院财政、税务主管部门另有规定的除外。

（2）依法收取并纳入财政管理的行政事业性收费、政府性基金。对企业依照法律、法规及国务院有关规定收取并上缴财政的政府性基金和行政事业性收费，准予作为不征税收入，于上缴财政的当年在计算应纳税所得额时从收入总额中减除；未上缴财政的部分，不得从收入总额中减除。

（3）国务院规定的其他不征税收入，是指企业取得的，由国务院财政、税务主管部门规定专项用途并经国务院批准的财政性资金。

（4）企业取得的不征税收入，应按照《关于专项用途财政性资金企业所得税处理问题的通知》（财税〔2011〕70 号）的规定进行处理。凡未按照文件规定进行管理的，应作为企业应税收入计入应纳税所得额，依法缴纳企业所得税。

6.1.6　免税收入

（1）国债利息收入。为鼓励企业积极购买国债，支援国家建设，税法规定，企业因购买国债所得的利息收入，免征企业所得税。

（2）符合条件的居民企业之间的股息、红利等权益性收益，是指居民企业直接投资于其他居民企业取得的投资收益。

（3）非营利组织的下列收入为免税收入：①接受其他单位或者个人捐赠的收入；②除《中华人民共和国企业所得税法》第七条规定的财政拨款以外的其他政府补助收入，不包括因政府购买服务而取得的收入；③按照省级以上民政、财政部门规定收取的会费；④不征税收入和免税收入滋生的银行存款利息收入；⑤财政部、国家税务总局规定的其他收入。

（4）对企业取得的 2009 年及以后年度发行的地方政府债券利息所得，免征企业所得税。地方政府债券是指经国务院批准，以省、自治区、直辖市和计划单列市政府为发行和偿还主体的债券。

（5）在中国境内设立机构、场所的非居民企业从居民企业取得与该机构、场所有实际联系的股息、红利等权益性投资收益。

6.1.7 扣除项目

1. 扣除项目的范围

企业实际发生的与取得收入有关的、合理的支出，包括成本、费用、税金、损失和其他支出，准予在计算应纳税所得额时扣除。但还应注意三方面的内容：①企业发生的支出应当区分收益性支出和资本性支出。收益性支出在发生当期直接扣除；资本性支出应当分期扣除或者计入有关资产成本，不得在发生当期直接扣除。②企业的不征税收入用于支出所形成的费用或者财产，不得扣除或者计算对应的折旧、摊销扣除。③除《中华人民共和国企业所得税法》及其实施条例另有规定外，企业实际发生的成本、费用、税金、损失和其他支出，不得重复扣除。

2. 扣除项目及其标准

1）工资、薪金支出

企业发生的合理的工资、薪金支出准予据实扣除。工资、薪金支出是企业每一纳税年度支付给在本企业任职或与其有雇佣关系的员工的所有现金或非现金形式的劳动报酬，包括基本工资、奖金、津贴、补贴、年终加薪、加班工资及与任职或者是受雇有关的其他支出。

2）职工福利费、工会经费、职工教育经费

（1）企业发生的职工福利费支出，不超过工资、薪金总额14%的部分准予扣除，超出标准的部分不得扣除，也不得在以后年度结转扣除。

（2）企业拨缴的工会经费，不超过工资、薪金总额2%的部分准予扣除，超出标准的部分不得扣除，也不得在以后年度结转扣除。

（3）企业发生的职工教育经费支出，不超过工资、薪金总额 2.5%的部分准予扣除，超过部分准予结转以后纳税年度扣除。

【例题 6-1】某企业为居民企业，201×年实际发生的工资、薪金总额为 100 万元，会计核算计提三项经费 20.5 万元，其中职工福利费本期发生 11 万元，拨缴的工会经费为 2 万元，已经取得工会拨缴收据，实际发生职工教育经费 5 万元。该企业 201×年计算应纳税所得额时，应调增应纳税所得额多少万元？

职工福利费扣除限额=100×14%=14（万元），实际发生11万元，准予扣除11万元；

工会经费扣除限额=100×2%=2（万元），实际发生2万元，可以据实扣除；

职工教育经费扣除限额=100×2.5%=2.5（万元），实际发生 5 万元，可以扣除 2.5 万元。

因此，应调增应纳税所得额=20.5−（11+2+2.5）=5（万元）

3）社会保险费

（1）企业依照国务院有关主管部门或者省级人民政府规定的范围和标准为职工缴纳的“五险一金”，即基本养老保险费、基本医疗保险费、失业保险费、工伤保险费、生育保险费等基本社会保险费和住房公积金，准予扣除。企业职工因公出差乘坐交通工具发生的人身意外保险费支出，准予企业在计算应纳税所得额时扣除。

（2）企业为在本企业任职或受雇的全体员工支付的补充养老保险费、补充医疗保险费，分别在不超过职工工资总额 5%标准内的部分，准予扣除。超过部分，不得扣除。

（3）企业为投资者或者职工支付的商业保险费，不得扣除。但企业依照国家有关规定为特殊工种职工支付的人身安全保险费和符合国务院财政、税务主管部门规定可以扣除的商业保险费准予扣除。

（4）企业参加财产保险，按照规定缴纳的保险费，准予扣除。

4）利息费用

企业在生产经营活动中发生的利息费用，应按照下列规定扣除。

（1）非金融企业向金融企业借款的利息支出、金融企业的各项存款利息支出和同业拆借利息支出、企业经批准发行债券的利息支出可据实扣除。

（2）非金融企业向非金融企业借款的利息支出，不超过按照金融企业同期同类贷款利率计算数额的部分可据实扣除，超过部分不得扣除。

其中，金融机构指各类银行、保险公司及经中国人民银行批准从事金融业务的非银行金融机构，不仅包括国家专业银行、区域性银行、股份制银行、外资银行、中外合资银行及其他综合性银行，还包括全国性保险企业、区域性保险企业、股份制保险企业、中外合资保险企业及其他专业性保险企业，城市信用社、农村信用社、各类财务公司及其他从事信托投资、租赁等业务的专业和综合性非银行金融机构。非金融机构是指除上述金融机构以外的所有企业、事业单位以及社会团体等企业或组织。同期同类贷款利率是指在贷款期限、贷款金额、贷款担保及企业信誉等条件基本相同时，金融企业提供贷款的利率。

但还应注意，企业在生产经营活动中发生的合理的利息费用，符合资本化条件的，应计入相关资产成本；不符合资本化条件的，应作为财务费用，准予在企业所得税前据实扣除。

【例题 6-2】某鞋业公司 201×年度实际会计利润总额 30 万元。经税务师审核，“财务费用”账户中列支两笔利息费用：向银行借入生产用资金 400 万元，借款期限 3 个月，支付借款利息 5 万元；经过批准向其他企业借入生产用资金 120 万元，借款期限 5 个月，支付借款利息 5.5 万元。假定该公司无其他纳税调整事项，则该公司 201×年度的企业所得税应纳税所得额为多少万元？

向银行借款年利率=（5÷400）×（12÷3）×100%=5%，向金融企业借款的利息支出 5 万元，可据实扣除；

向其他企业借款准予扣除利息=120×5%×5÷12=2.5（万元），实际支付 5.5 万元，税前可以扣除 2.5 万元；

应纳税所得额=30+5.5−2.5=33（万元）。

5）业务招待费

企业发生的与生产经营活动有关的业务招待费支出，按照发生额的 60%扣除，最高不得超过当年销售（营业）收入的 5‰。当年销售（营业）收入包括《中华人民共和国企业所得税法实施条例》第二十五条规定的视同销售（营业）收入额。

【例题 6-3】某居民企业，201×年度实际会计利润总额为 15 万元，其中全年产品销售收入 8 005 万元，业务招待费 45 万元。假设不存在其他纳税调整事项，计算该公司 201×年度的应纳税所得额。

业务招待费扣除限额=8 005×5‰=40.03（万元）；

业务招待费发生额的 60%=45×60%=27（万元）<40.03（万元），因此当年企业所得税税前准予扣除的业务招待费 27 万元。

应纳税所得额=15+45−27=33（万元）。

6）广告费和业务宣传费

企业发生的广告费和业务宣传费支出，不超过当年销售（营业）收入 15%的部分，准予扣除；超过部分，准予结转以后纳税年度扣除。当年销售（营业）收入包括《中华人民共和国企业所得税法实施条例》第二十五条规定的视同销售（营业）收入额。

7）公益性捐赠支出

公益性捐赠是指企业通过公益性社会团体或者县级以上人民政府及其部门，用于《中华人民共和国公益事业捐赠法》规定的公益事业的捐赠。

企业发生的公益性捐赠支出，不超过年度利润总额 12%的部分，准予扣除。超过年度利润总额，准予结转以后三年内在计算应纳税所得额时扣除。

其中，向公益事业的捐赠支出，具体范围包括：①救助灾害、救济贫困、扶助残疾人等困难社会群体和个人的活动；②教育、科学、文化、卫生、体育事业；③环境保护、社会公共设施建设；④促进社会发展和进步的其他社会公共和福利事业。

公益性社会团体包括中国青少年发展基金会、希望工程基金会、宋庆龄基金会、国家减灾委员会、中国红十字会、中国残疾人联合会、全国老年基金会及经民政部门批准成立的非营利的公益性的组织等。

【例题 6-4】某生产性居民企业 201×年度实现会计利润总额 100 万元，当年“营业外支出”账户中列支了通过当地民政部门向东北灾区捐赠 15 万元；企业直接向海啸灾区捐赠 5 万元；通过四川当地某关联企业向灾区捐赠 5 万元。假设除此之外没有其他纳税调整事项。计算该公司 201×年度的应纳税所得额。

公益性捐赠的扣除限额=100×12%=12（万元）<15（万元），因此税前准予扣除的公益性捐赠为 12 万元。

直接捐赠和通过其他企业的捐赠不能税前扣除。

应纳税所得额=100+15−12+5+5=113（万元）

8）汇兑损失

企业在货币交易中以及纳税年度终了时将人民币以外的货币性资产、负债按照期末即期人民币汇率中间价折算为人民币时产生的汇兑损失，除已经计入有关资产成本以及与向所有者进行利润分配相关的部分外，准予扣除。

9）资产损失

企业当期发生的固定资产和流动资产盘亏、毁损净损失，由其提供清查盘存资料经向主管税务机关备案后，准予扣除；企业因存货盘亏、毁损、报废等原因不得从销项税金中抵扣的进项税金，视同企业财产损失，准予同存货损失一起在所得税前按规定扣除。

房地产开发企业按规定对开发项目进行土地增值税清算后，当年企业所得税汇算清缴出现亏损且有其他后续开发项目的，该亏损应按照税法规定向以后年度结转，用以后年度所得弥补。后续开发项目，是指正在开发以及中标的项目；企业按规定对开发项目进行土地增值税清算后，当年企业所得税汇算清缴出现亏损，且没有后续开发项目的，可就该项目由于土地增值税原因导致的项目开发各年度多缴企业所得税税款申请退税。

10）租赁费

企业根据生产经营活动的需要租入固定资产支付的租赁费，按照以下方法扣除。

（1）以经营租赁方式租入固定资产发生的租赁费支出，按照租赁期限均匀扣除，其中经营性租赁是指所有权不转移的租赁。

（2）以融资租赁方式租入固定资产发生的租赁费支出，按照规定构成融资租入固定资产价值的部分应当提取折旧费用，分期扣除，其中融资租赁是指在实质上转移与一项资产所有权有关的全部风险和报酬的一种租赁。

11）劳动保护费

（1）企业发生的合理的劳动保护支出，准予扣除。

（2）企业根据其工作性质和特点，由企业统一制作并要求员工工作时统一着装所发生的工作服饰费用，可以作为企业合理的支出给予税前扣除。

12）固定资产的折旧

固定资产是指企业为生产产品、提供劳务、出租或者经营管理而持有的、使用时间超过12个月的非货币性资产，包括房屋、建筑物、机器、机械、运输工具及其他与生产经营活动有关的设备、器具、工具等。

（1）固定资产的计税基础：①外购的固定资产，以购买价款和支付的相关税费以及直接归属于使该资产达到预定用途发生的其他支出为计税基础；②自行建造的固定资产，以竣工结算前发生的支出为计税基础；③盘盈的固定资产，以同类固定资产的重置完全价值为计税基础；④通过捐赠、投资、非货币性资产交换、债务重组等方式取得的固定资产，以该资产的公允价值和支付的相关税费为计税基础；⑤改建的固定资产，除已足额提取折旧的固定资产和租入的固定资产以外的其他固定资产，以改建过程中发生的改建支出增加计税基础。

（2）固定资产的折旧范围中下列固定资产不得计算折旧扣除：①房屋、建筑物以外未投入使用的固定资产；②已足额提取折旧仍继续使用的固定资产；③与经营活动无关的固定资产；④单独估价作为固定资产入账的土地；⑤以经营租赁方式租入的固定资产；⑥以融资租赁方式租出的固定资产；⑦其他不得计算折旧扣除的固定资产。

（3）固定资产折旧的计提年限中固定资产计算折旧的最低年限如下：①房屋、建筑物，20 年；②飞机、车、轮船、机器、机械和其他生产设备，为 10 年；③与生产经营活动有关的器具、工具、家具等，为 5 年；④飞机、火车、船以外的运输工具，为 4 年；⑤电子设备，为 3 年。

但应当注意的是：如果固定资产的折旧年限长于税法规定的最低折旧年限，其折旧应按会计折旧年限计算扣除。

（4）固定资产折旧的计提方法：①企业应当自固定资产投入使用月份的次月起计算折旧；停止使用的固定资产，应当自停止使用月份的次月起停止计算折旧。②企业应当根据固定资产的性质和使用情况，合理确定固定资产的预计净残值。固定资产的预计净残值一经确定，不得变更。③固定资产按照直线法计算的折旧，准予扣除。但企业按税法规定实行加速折旧的，其按加速折旧办法计算的折旧额在税前全额扣除。④企业按会计规定提取的固定资产减值准备，不得税前扣除，其折旧仍按税法确定的固定资产计税基础计算扣除。

13）无形资产的摊销

无形资产是指企业长期使用但没有实物形态的资产，包括专利权、商标权、著作权、土地使用权、非专利技术、商誉等。

（1）无形资产的计税基础中的无形资产按照以下方法确定计税基础：①外购的无形资产，以购买价款和支付的相关税费以及直接归属于使该资产达到预定用途发生的其他支出为计税基础；②自行开发的无形资产，以开发过程中该资产符合资本化条件后至达到预定用途前发生的支出为计税基础；③通过捐赠、投资、非货币性资产交换、债务重组等方式取得的无形资产，以该资产的公允价值和支付的相关税费为计税基础。

（2）无形资产摊销的范围中下列无形资产不得计算摊销费用扣除：①自行开发的支出已在计算应纳税所得额时扣除的无形资产；②自创商誉；③与经营活动无关的无形资产；④其他不得计算摊销费用扣除的无形资产。

（3）无形资产的摊销年限。无形资产的摊销年限不得低于 10 年。作为投资或者受让的无形资产，相关法律规定或者合同约定了使用年限的，可以按照规定或者约定的使用年限分期摊销。

（4）无形资产的摊销方法：①无形资产的摊销，采取直线法计算；②外购商誉的支出，在企业整体转让或者清算时，准予扣除。

14）长期待摊费用的摊销

长期待摊费用是指企业发生的应在一个年度以上或几个年度进行摊销的费用。

（1）长期待摊费用摊销的范围。在计算应纳税所得额时，企业发生的下列支出作为长期待摊费用，按照规定摊销的，准予扣除；①已足额提取折旧的固定资产的改建支出；②租入固定资产的改建支出；③固定资产的大修理支出；④其他应当作为长期待摊费用的支出。

其中大修理支出，是指同时符合下列条件的支出：修理支出达到取得固定资产时的计税基础 50%以上；修理后固定资产的使用年限延长 2 年以上。

（2）长期待摊费用的摊销方法：①企业的固定资产修理支出可在发生当期直接扣除。②固定资产的改建支出，是指改变房屋或者建筑物结构、延长使用年限等发生的支出。已足额提取折旧的固定资产的改建支出，按照固定资产预计尚可使用年限分期摊销；租入固定资产的改建支出，按照合同约定的剩余租赁期限分期摊销；改建的固定资产延长使用年限的，除已足额提取折旧的固定资产、租入固定资产的改建支出外，其他的固定资产发生改建支出，应当适当延长折旧年限。③其他应当作为长期待摊费用的支出，自支出发生月份的次月起，分期摊销，摊销年限不得低于 3 年。

15）研发费用扣除

（1）折旧费用。加速折旧费用的归集主要是指企业用于研发活动的仪器、设备，符合税法规定且选择加速折旧优惠政策的，在享受研发费用税前加计扣除时，就已经进行会计处理计算的折旧、费用的部分加计扣除，但不得超过按税法规定计算的金额。

（2）多用途对象费用的归集。企业从事研发活动的人员和用于研发活动的仪器、设备、无形资产，同时从事或用于非研发活动的，应对其人员活动及仪器设备、无形资产使用情况做必要记录，并将其实际发生的相关费用按实际工时占比等合理方法在研发费用和生产经营费用间分配，未分配的不得加计扣除。

（3）其他相关费用。与研发活动直接相关的其他费用包括：技术图书资料费，资料翻译费，专家咨询费，高新科技研发保险费，研发成果的检索、分析、评议、论证、鉴定、评审、评估、验收费用，知识产权的申请费、注册费、代理费，差旅费、会议费等。此项费用总额不得超过可加计扣除研发费用总额的 10%。

（4）委托研发的税务处理。企业委托境内机构或个人开展研发活动发生的费用，可按规定税前扣除；加计扣除时按照研发活动发生费用的 80%作为加计扣除基数，受托方不得再进行加计扣除。

（5）企业共同合作开发的项目，由合作各方就自身实际承担的研发费用分别计算加计扣除。

（6）集团集中研发的税务处理。企业集团根据生产经营和科技开发的实际情况，对技术要求高、投资数额大，需要集中研发的项目，其实际发生的研发费用，可以按照权利和义务相一致、费用支出和收益分享相配比的原则，合理确定研发费用的分摊方法，在受益成员企业间进行分摊，由相关成员企业分别计算加计扣除。

3. 不得扣除的项目

（1）向投资者支付的股息、红利等权益性投资收益款项。

（2）企业所得税税款。

（3）税收滞纳金。税收滞纳金是指纳税人违反税收法规，被税务机关处以的滞纳金。

（4）罚金、罚款和被没收财物的损失。罚金、罚款和被没收财物的损失是指纳税人违反国家有关法律、法规规定，被有关部门处以的罚款，以及被司法机关处以罚金和被没收财物。

（5）超过规定标准的捐赠支出。

（6）赞助支出。赞助支出是指企业发生的与生产经营活动无关的各种非广告性质支出。

（7）未经核定的准备金支出。未经核定的准备金支出是指除财政部和国家税务总局核准计提的准备金外，其他行业、企业计提的各项资产减值准备、风险准备等准备金支出。

（8）与取得收入无关的其他支出。

6.1.8 亏损弥补

（1）企业某一纳税年度发生的亏损可以用下一年度的所得弥补，下一年度的所得不足以弥补的，可以逐年延续弥补，最长不得超过5年。

（2）亏损是指企业依照《中华人民共和国企业所得税法》及其实施条例的规定，每一纳税年度的收入总额减除不征税收入、免税收入和各项扣除后小于零的数额。

（3）“亏损逐年连续弥补，最长不得超过5年”是指某一年度当年实际发生亏损（不包括结转上年度的亏损），自下一年度算起，连续5年作为该年度实际亏损的弥补期。在5年亏损弥补期内，不论哪个年度发生盈利或者亏损，都作为一个弥补年度。在连续5年内仍不足弥补的亏损，自第6年起不能再予弥补。

【例题6-5】假设某企业一直执行5年亏损弥补期（表6-1），请分步说明如何弥补亏损。

表6-1 2010~2016年某企业应纳税所得额（单位：万元）

年份	2010	2011	2012	2013	2014	2015	2016
应纳税所得额	−165	−56	30	30	40	60	60

（1）2010年亏损165万元，其弥补期为2011年、2012年、2013年、2014年、2015年（5年）。

−165+30+30+40+60=−5；至2015年仍有5万元未弥补完，不能再予弥补。

（2）2011年亏损56万元，其弥补期为2012年、2013年、2014年、2015年、2016年（5年）。

−56+60=4万元；至2016年弥补了亏损后余4万元，需缴纳企业所得税。

6.1.9 税收优惠

1. 对于从事农、林、牧、渔等服务业的税收优惠

（1）企业从事下列项目的所得，免征企业所得税：①蔬菜、谷物类、油料、豆类、棉花、麻类、糖料、水果、坚果的种植；②农作物新品种的选育；③中药材的种植；④林木的培育和种植；⑤牲畜、家禽的饲养；⑥林产品的采集；⑦灌溉、产品初加工、医技推广、农机作业和维修等农、林、牧、渔等服务业项目；⑧远洋捕捞。

（2）企业从事下列项目的所得，减半征收企业所得税：①花卉、茶及其他饮料作物和香料作物的种植；②海水养殖、内陆养殖。

2. 对于从事国家重点扶持的公共基础设施项目的税收优惠

国家重点扶持的公共基础设施项目是指港口码头、机场、铁路、公路、电力、水利等项目。

企业从事国家重点扶持的公共基础设施项目投资经营的所得，自项目取得第一笔生产经营收入所属纳税年度起，第1年至第3年免征企业所得税，第4年至第6年减半征

收企业所得税。

3. 对于从事符合条件的环境保护、节能节水、综合利用资源项目的税收优惠

（1）对于从事符合条件的环境保护、节能节水、综合利用资源项目的所得，自项目取得第一笔生产经营收入所属纳税年度起，第 1 年至第 3 年免征企业所得税，第 4 年至第 6 年减半征收企业所得税。

所称符合条件的环境保护、节能节水项目，包括公共污水处理、公共垃圾处理、沼气综合开发利用、节能减排技术改造、海水淡化等。项目的具体条件和范围由国务院财政、税务主管部门商国务院有关部门制订，报国务院批准后公布施行。

（2）企业综合利用资源，生产符合国家产业政策规定的产品所取得的收入，减按 90%计入收入总额。

综合利用资源是指企业以《资源综合利用企业所得税优惠目录》规定的资源作为主要原材料，生产国家非限制和禁止并符合国家和行业相关标准的产品。

4. 对于促进技术创新、科技进步的税收优惠

（1）从事符合条件的技术转让所得免征、减征企业所得税，具体是指一个纳税年度内，居民企业转让技术所有权所得不超过 500 万元的部分，免征企业所得税；超过 500 万元的部分，减半征收企业所得税。

（2）对于国家需要重点扶持的高新技术企业减按 15%的税率征收企业所得税，表 6-2 是高新技术企业申报材料核验单。

表 6-2　高新技术企业申报材料核验单

序号	所需材料	说明	完成
1	项目立项报告	必要	
2	项目经费预算报告	包含在立项报告里	
3	项目经费附件（需要专利，检测报告，鉴定证书，销售合同、发票，等等）	必要	
4	研究开发说明材料（需要有专利，获奖证书、外部检测报告，销售合同等证明此研究开发说明材料的研发效果，公司内部需要立项报告、经费预算报告、项目验收或完结报告）	必要	
5	企业创新能力	必要	
6	高新技术产品（服务）所属技术领域情况及主要产品（服务）对应知识产权情况说明	必要	
7	企业年度研究开发费用结构明细表	以审计提供为主	
8	知识产权专利扫描件（Ⅱ类专利只能用一次）	必要（包含著作权等）	
9	知识产权摘要（国家知识产权局查询）	必要	
10	专利最近一年的缴费证明	必要	
11	参与制定的标准	有就提供	
12	成果鉴定	可选	
13	查新报告	可选	
14	检测报告	尽量与项目对应及 PS 产品对应。若不能足够提供，可补充 16 行、17 行材料（尽量有）	

续表

序号	所需材料	说明	完成
15	用户意见	必要（用以证明项目完成）	
16	销售合同	必要（用以证明项目完成）	
17	发票	必要（用以证明项目完成）	
18	项目验收报告	必要（包含项目完成鉴定、经费决算、绩效考核）	
19	企业营业执照副本	三证合一	
20	企业职工数、学历结构及研发人员占企业职工比例的说明		
21	全体员工名单		
22	研发人员名单		
23	社保处缴费证明	社保处盖章（待确认）	
24	三年研发费用专项审计或鉴证报告	审计公司提供	
25	近一年高新技术产品专项审计或鉴证报告		
26	2013 年财务报表（审计报告）		
27	2014 年财务报表（审计报告）		
28	2015 年财务报表（审计报告）		
29	2013 年企业所得税年度纳税报表（主表及附表）	企业提供（税务系统打印）	
30	2014 年企业所得税年度纳税报表（主表及附表）		
31	2015 年企业所得税年度纳税报表（主表及附表）		
32	设立研发机构的证明	公司技术中心成立文件	
33	研发设备、设施清单		
34	产学研的证明	产学研协议	
35	研发组织管理制度	研发项目管理文件	
36	建立研发投人核算体系	研发投人核算文件（预算）	
37	具有研发人员绩效考核体系		
38	科技成果转化管理及激励奖励制度		
39	科技人员培训、人才引进、绩效考核制度		
40	成立省市级研发中心的上级文件		
41	上级对项目立项及拨款的批准文件		
42	科技获奖证书		
43	原高新技术企业证书		
44	公司获得的荣誉		
45	信用等级		
46	ISO9001 证书		
47	企业名牌、专利明星企业等		
48	其他荣誉等		

注：第 8 项至第 18 项为研发项目及项目经费附件的支撑材料

（3）企业为开发新技术、新产品、新工艺发生的研究开发费用，未形成无形资产计入当期损益的，在按照规定据实扣除的基础上，按照研究开发费用的 75%加计扣除；形成无形资产的，按照无形资产成本的 150%摊销。

（4）创业投资企业从事国家需要重点扶持和鼓励的创业投资，采取股权投资方式投资于未上市的中小高新技术企业 2 年以上的，以按照其投资额的 70%在股权持有满 2 年的当年抵扣该创业投资企业的应纳税所得额；当年不足抵扣的，在以后纳税年度结转抵扣。

在京津冀、上海、广东、安徽、四川、武汉、西安、沈阳 8 个全面创新改革试验地区和苏州工业园区开展试点。从 2017 年 1 月 1 日起，对创投企业投资种子期、初创期科技型企业，可享受按投资额 70%抵扣应纳税所得额的优惠政策；自 2017 年 7 月 1 日起，将享受这一优惠政策的投资主体由公司制和合伙制创投企业的法人合伙人扩大到个人投资者。政策生效前 2 年内发生的投资也可享受前述优惠。

（5）企业的固定资产由于技术进步等原因，确需加速折旧的，可以缩短折旧年限或者采取加速折旧的方法。可采用缩短折旧年限或者采取加速折旧方法的固定资产是指：①由于技术进步，产品更新换代较快的固定资产；②常年处于强震动、高腐蚀状态的固定资产。

采取缩短折旧年限方法的，低折旧年限不得低于规定折旧年限的 60%；采取加速折旧方法的，可以采取双倍余额递减法或者年数总和法。

5. 对于企业安置残疾人员的税收优惠

企业安置残疾人员的，在按照支付给残疾职工工资据实扣除的基础上，按照支付给残疾职工工资的 100%加计扣除。残疾人员的范围适用《中华人民共和国残疾人保障法》的有关规定。

6. 对于小型微利企业的税收优惠

小型微利企业减按 20%的税率征收企业所得税，其征收条件如下所述。

（1）工业企业，年度应纳税所得额不超过 50 万元，从业人数不超过 100 人，资产总额不超过 3 000 万元。

（2）其他企业，年度应纳税所得额不超 30 万元，从业人数不超过 80 人，资产总额不超过 1 000 万元。

（3）科技型中小企业研发费用加计扣除比例为 75%。

上述“从业人数”按企业全年平均从业人数计算，“资产总额”按企业年初和年末的资产总额平均计算。自 2017 年 1 月 1 日至 2019 年 12 月 31 日，对年应纳税所得额低于 50 万元（含 50 万元）的小型微利企业，所得减按 50%计入应纳税所得额，并按 20%的税率缴纳企业所得税。

7. 企业或个人以技术成果投资税收优惠政策

企业或个人以技术成果投资入股到境内居民企业，被投资企业支付的对价全部为股票（权）的，企业或个人可选择继续按现行有关税收政策执行，也可选择适用递延纳税优惠政策。

选择技术成果投资入股递延纳税政策的，经向主管税务机关备案，投资入股当期可暂不纳税，允许递延至转让股权时，按股权转让收入减去技术成果原值和合理税费后的差额计算缴纳所得税。

6.1.10 纳税地点

（1）除税收法律、法规另有规定外，居民企业以企业登记注册地为纳税地点；但登记注册地在境外的，以实际管理机构所在地为纳税地点。企业登记注册地是指企业依照国家有关规定登记注册的住所地。

（2）居民企业在中国境内设立不具有法人资格的营业机构的，应当汇总计算并缴纳企业所得税。企业汇总计算并缴纳企业所得税时，应当统一核算应纳税所得额，具体办法由国务院财政、税务主管部门另行制定。

（3）非居民企业在中国境内设立机构、场所的，应当就其所设机构、场所取得的来源于中国境内的所得，以及发生在中国境外但与其所设机构、场所有实际联系的所得，以机构、场所所在地为纳税地点。非居民企业在中国境内设立两个或者两个以上机构、场所的，经税务机关审核批准，可以选择由其主要机构、场所汇总缴纳企业所得税。非居民企业经批准汇总缴纳企业所得税后，需要增设、合并、迁移、关闭机构、场所或者停止机构、场所业务的，应当事先由负责汇总申报缴纳企业所得税的主要机构、场所向其所在地税务机关报告；需要变更汇总缴纳企业所得税的主要机构、场所的，依照前款规定办理。

（4）非居民企业在中国境内未设立机构、场所，或者虽设立机构、场所但取得的所得与其所设机构、场所没有实际联系的，以扣缴义务人所在地为纳税地点。

（5）除国务院另有规定外，企业之间不得合并缴纳企业所得税。

6.1.11 纳税期限

企业所得税按年计征，分月或者分季预缴，年终汇算清缴，多退少补。

企业所得税的纳税年度，自公历 1 月 1 日起至 12 月 31 日止。企业在一个纳税年度的中间开业，或者由于合并、关闭等原因终止经营活动，该纳税年度的实际经营期不足 12 个月的，当以其实际经营期为一个纳税年度。企业清算时，应当以清算期间作为一个纳税年度。

正常情况下，应当自月份或者季度终了之日起 15 日内，向税务机关报送预缴企业所得税纳税申报表，预缴税款。自年度终了之日起 5 个月内，向税务机关报送年度企业所得税纳税申报表，并汇算清缴，结清应缴应退税款。企业在年度中间终止经营活动的，当自实际经营终止之日起60日内，向税务机关办理当期企业所得税汇算清缴。企业清算时，应当自清算结束之日起15日内，向主管税务机关报送企业所得税纳税申报表，并结清税款。

6.2　企业所得税的计算及会计处理

6.2.1　居民企业应纳税所得额的计算

在实际过程中，应纳税所得额的计算一般有两种方法。

1. 直接计算法

计算公式为

应纳税所得额=收入总额−不征税收入−免税收入−各项扣除−以前年度亏损

2. 间接计算法

间接计算法下，在会计利润总额的基础上加或减按照税法规定调整的项目金额后，即为应纳税所得额。现行企业所得税年度纳税申报表采取该方法。

计算公式为

应纳税所得额=会计利润总额 ± 纳税调整项目金额

纳税调整项目金额包括两方面的内容：一是企业财务会计制度规定的项目范围与税收法规规定的项目范围不一致应予以调整的金额；二是企业财务会计制度规定的扣除标准与税法规定的扣除标准不一致应予以调整的金额。

【例题 6-6】假定某居民企业 201×年的经营业务如下所述。

（1）取得主营业务收入 8 000 万元。

（2）主营业务成本 4 800 万元。

（3）销售费用 1 800 万元（其中广告费为 1 500 万元）；管理费用 800 万元（其中业务招待费为 90 万元，新产品研发费用为 120 万元）；财务费用为 350 万元（其中向自然人借款的利息超过税法扣除标准 10 万元）。

（4）销售税金 200 万元，含增值税 150 万元。

（5）已计入成本、费用中的全年实发工资总额为 400 万元（属于合理限度的范围），实际发生工会经费 6 万元、职工福利费 60 万元、职工教育经费 15 万元。

（6）营业外收入 160 万元，营业外支出 150 万元（包括通过当地民政局向贫困山区捐款 130 万元，违反工商管理规定被工商部门罚款 6 万元）。

（7）购置并投入使用安全生产专用设备 400 万元。

要求：计算该企业 201×年度实际应纳的企业所得税。

（1）会计利润总额=8 700+160−4 800−1 800−800−350−（200−150）−150=910（万元）。

（2）广告费调增所得额=1 500−8 700 × 15%=195（万元）。

（3）由于 8 700 × 5‰=43.5（万元）<90 × 60%=54（万元），所以业务招待费调增所得税额=90−43.5=46.5（万元）。

（4）研究开发费用可以加计扣除 90 万元（=120 × 75%），可以调减所得税额 90 万元。

（5）捐赠支出调增所得税额=130−910 × 12%=20.8（万元）。

（6）利息支出应调增应纳税所得额 10 万元。

（7）三项经费的处理：

工会经费的扣除限额=400×2%=8（万元）>实际发生额 6 万元，据实扣除；

职工福利费的扣除限额=400×14%=56（万元）<实际发生额 60 万元，所以应调增应纳税所得额 4 万元；

职工教育经费扣除限额=400×2.5%=10（万元）<实际发生额 15 万元，所以应调增应纳税所得额 5 万元。

（8）应纳税所得额=910+195+46.5−90+20.8+10+4+5=1 101.3（万元）。

（9）该企业 201×年应纳企业所得税=1 101.3×25%−400×10%=275.33−40=235.33（万元）。

6.2.2 居民企业应纳税额的计算

企业的应纳税所得额乘以适用税率，减除按税收优惠规定的减免税额和抵免税额后的余额为应纳所得税，其计算公式为

应纳税额=应纳税所得额×适用税率−减免税额−抵免税额

公式中的减免税额和抵免税额是指根据企业所得税法和国务院的税收优惠规定减征、免征和抵免的应纳税额。

6.2.3 境外所得抵扣税额的计算

企业取得的下列所得已在境外缴纳的所得税税额，可以从其当期应纳税额中抵免，抵免限额为该项所得依照我国税法规定计算的应纳税额；超过抵免限额的部分，可以在以后连续 5 个年度内，用每年度抵免限额抵免当年应抵免税额后的余额进行抵补。

（1）居民企业来源于中国境外的应税所得。

（2）非居民企业在中国境内设立机构、场所，取得发生在中国境外但与该机构、场所有实际联系的应税所得。

抵免限额采用分国不分项的计算原则，其计算公式为

某国（地区）所得税抵免限额=中国境内、境外所得依照《中华人民共和国企业所得税法》及其实施条例的规定计算的应纳税总额×来源于某国（地区）的应纳税所得额÷中国境内、境外应纳税所得总额

即某国（地区）所得税抵免限额=来源于某国（地区）的应纳税所得额×25%

【例题 6-7】某企业 201×年度境内应纳税所得额为 100 万元，适用 25%的企业所得税税率。另外，该企业分别在 A、B 两国设有分支机构（我国与 A、B 两个已经缔结避免双重征税协定），在 A 国分支机构的应纳税所得额为 50 万元，A 国的企业所得税税率为 20%；在 B 国的分支机构的应纳税所得额为 30 万元，B 国的企业所得税税率为 30%。假设该企业在 A、B 两国所得按我国税法计算的应纳税所得额和按 A、B 两国税法计算的应纳税所得额一致，两个分支机构在 A、B 两国分别缴纳了 10 万元和 9 万元的企业所得税。该企业境外所得抵免额计算表如表 6-3 所示。

表 6-3　某企业境外所得抵免额计算表

来自 A 国所得的所得税抵免：“分国（地区）不分项”	抵免限额 A=50×25%=12.5（万元）	在境外 A 国已纳税=50×20%=10（万元）
来自 B 国所得的所得税抵免：“分国（地区）不分项”	抵免限额 B=30×25%=7.5（万元）	在境外 B 国已纳税=30×30%=9（万元）

企业当年实际在我国应缴纳的企业所得税税额=100×25%+（12.5−10）=27.5（万元）

B 国所得在境外已纳所得税额超过抵免限额的 1.5 万元当年不得抵免，结转到以后连续 5 个年度抵补（境外所得涉及的税款，少交必补，多交当年不退，以后五年抵免）。

根据财税〔2017〕84 号规定，从 2017 年 1 月 1 日起，企业可以选择按国（地区）别分别计算（即“分国（地区）不分项”），或者不按国（地区）别汇总计算（即“不分国（地区）不分项”）其来源于境外的应纳税所得额，并按照财税〔2009〕125 号文件第八条规定的税率，分别计算其可抵免境外所得税税额和抵免限额。上述方式一经选择，5 年内不得改变。

企业采用不同于以前年度的方式计算可抵免境外所得税税额和抵免限额时，对该企业以前年度按照财税〔2009〕125 号文件规定没有抵免完的余额，可在税法规定结转的剩余年限内，按新方式计算的抵免限额中继续结转抵免。

企业在境外取得的股息所得，在按规定计算该企业境外股息所得的可抵免所得税额和抵免限额时，由该企业直接或者间接持有 20%以上股份的外国企业，限于按照财税〔2009〕125 号文件第六条规定的持股方式确定的五层外国企业，即第一层：企业直接持有 20%以上股份的外国企业；第二层至第五层：单一上一层外国企业直接持有20%以上股份，且由该企业直接持有或通过一个或多个符合财税〔2009〕125 号文件第六条规定持股方式的外国企业间接持有总和达到 20%以上股份的外国企业。

6.2.4　非居民企业应纳税额的计算

对于在中国境内未设立机构、场所，或者虽设立机构、场所但取得的所得与其所设机构、场所没有实际联系的非居民企业的所得，按照下列方法计算应纳税所得额。

（1）股息、红利等权益性投资收益和利息、租金、特许权使用费所得，以收入全额为应纳税所得额。

（2）转让财产所得，以收入全额减除财产净值后的余额为应纳税所得额。财产净值是指财产的计税基础减除已经按照规定扣除的折旧、折耗、摊销、准备金等后的余额。

（3）其他所得，按照前两项规定的方法计算应纳税所得额。

扣缴义务人在每次向非居民企业支付或者到期应支付所得时，应从支付或者到期应支付的款项中扣缴企业所得税。

扣缴企业所得税应纳税额=应纳税所得额×实际征收率

6.2.5　会计处理

1. 所得税会计处理方法

我国企业所得税会计采用资产负债表债务法，要求企业从资产负债表出发，通过比较资产负债表上列示的资产、负债，按照会计准则规定确定的账面价值与按照税法规定确定的计税基础，对于两者之间的差异分为应纳税暂时性差异与可抵扣暂时性差异，确认相关的递延所得税负债与递延所得税资产，并在此基础上确定每一会计期间利润表中的所得税费用。

2. 所得税会计的一般程序

在采用资产负债表债务法核算所得税的情况下，企业一般应于每一资产负债表日进行所得税的核算。企业进行所得税核算一般应遵循以下程序。

（1）确定资产和负债项目的账面价值。它是指按照我国具体会计准则规定确定的资产负债表中除递延所得税资产和递延所得税负债以外的其他资产和负债项目的账面价值，即在资产负债表上直接列示的项目金额，包括计提过减值准备后的资产净额。例如，企业持有的应收账款账面余额为1 000万元，企业对该应收账款计提了50万元的坏账准备，其账面价值为950万元。

（2）确定资产、负债项目的计税基础。它是指在我国具体会计准则中确定的资产和负债的基础上，以现行税法为准绳，计算确定资产负债表中有关资产、负债项目的计税基础。这是资产负债表法的计算关键。

（3）计算账面价值与计税基础之间的差额。分析资产、负债的账面价值与其计税基础之间的差异是应纳税暂时性差异还是可抵扣暂时性差异，从而确定资产负债表日递延所得税负债和递延所得税资产的应有余额，并与期初递延所得税资产和递延所得税负债的余额相比，确定当期应予进一步确认的递延所得税资产和递延所得税负债金额或应予转销的金额。

（4）计算应纳税所得额、应交所得税。就企业当期发生的交易或事项，按照适用的税法规定计算确定当期应纳税所得额，将应纳税所得额与适用的所得税税率计算的结果确认为当期应交所得税，作为当期所得税，即

应交所得税=应纳税所得额×适用所得税税率

（5）计算利润表上的所得税费用。利润表中的所得税费用包括当期所得税（当期应交所得税）和递延所得税两个组成部分，企业在计算确定了当期所得税和递延所得税后，两者之和（或之差），是利润表中的所得税费用，即

所得税费用=当期所得税±递延所得税

3. 所得税会计的基本概念

1）资产的计税基础

资产的计税基础是指企业收回资产账面价值过程中，计算应纳税所得额时按照税法规定可以自应税经济利益中抵扣的金额，即某一资产在未来期间计税时按照税法规定可以税前扣除的金额。

（1）在初始确认时，资产的计税基础一般为取得成本，即企业为取得某项资产支付的成本在未来期间准予税前扣除。

（2）在资产持续持有的过程中，其计税基础是资产的取得成本减去以前期间按照税法规定已经税前扣除的金额后的余额。例如，固定资产、无形资产等长期资产在某一

资产负债表日的计税基础是指其成本扣除按照税法规定已在以前期间税前扣除的累计折旧额或累计摊销额后的金额。

【例题 6-8】某企业于 201×年 1 月 1 日购入一项固定资产，取得时按照会计规定及税法规定确定的成本均为 1 200 万元，企业预计该项固定资产的使用年限为 12 年，税法规定该类固定资产的折旧年限为 10 年，净残值为 0。会计及税法均按照直线法计提折旧。

则该项固定资产 201×年末的计税基础为

1 200−1 200 ÷ 10=1 080（万元）

2）负债的计税基础

负债的计税基础是指负债的账面价值减去未来期间计算应纳税所得额时按照税法规定可予抵扣的金额。

用公式表示为

负债的计税基础=账面价值−未来期间按照税法规定可予税前扣除的金额

负债的确认与偿还一般不会影响企业的损益，也不会影响其应纳税所得额，未来期间计算应纳税所得额时按照税法的规定可予抵扣的金额为零，计税基础即为账面价值。但是，某些情况下，负债的确认可能会影响企业的损益，进而影响不同期间的应纳税所得额，使其计税基础与账面价值之间产生差额，如按照会计规定确认的某些预计负债。

【例题 6-9】企业销售商品后承诺提供 2 年的免费保修，按照会计准则规定，企业在销售商品的期间，在确认销售收入的同时，应估计该项保修义务的金额，并作为预计负债确认。按照税法规定，有关的保修费用只有在实际发生时才能够从税前扣除。

因此，企业当期如果按照会计规定确认了 5 万元的预计负债，而该保修义务预计在以后 2 年发生，则该负债的计税基础=5−5=0。

3）暂时性差异

暂时性差异是指资产、负债的账面价值与其计税基础不同产生的差额。因资产、负债的账面价值与其计税基础不同，产生了在未来收回资产或清偿负债的期间内，应纳税所得额增加或减少并导致未来期间应交所得税增加或减少的情况，形成企业的资产或负债，在有关暂时性差异发生当期，符合确认条件的情况下，应当确认相关的递延所得税负债或递延所得税资产。

根据暂时性差异对未来期间应纳税所得额的影响，分为应纳税暂时性差异和可抵扣暂时性差异。

除因资产、负债的账面价值与其计税基础不同产生的暂时性差异以外，按照税法规定可以结转以后年度的未弥补亏损和税额抵减，也视同可抵扣暂时性差异处理。

（1）应纳税暂时性差异。应纳税暂时性差异是指在确定未来收回资产或清偿负债期间的应纳税所得额时，将产生应税金额的暂时性差异，即在未来期间不考虑该事项影响的应纳税所得额的基础上，由于该暂时性差异的转回，会进一步增加转回期间的应纳税所得额和应交所得税，在其产生当期应当确认相关的递延所得税负债。

应纳税暂时性差异通常产生于下列情况。

第一，资产的账面价值大于其计税基础。资产的账面价值代表的是企业在持续使用或最终出售该项资产时将取得的经济利益的总额，而计税基础代表的是资产在未来期间可予税前扣除的总金额。资产的账面价值大于其计税基础，该项资产未来期间产生的经济利益不能全部税前抵扣，两者之间的差额需要交税，产生应纳税暂时性差异。

第二，负债的账面价值小于计税基础。负债的账面价值是企业预计在未来期间清偿该项负债的经济利益的流出，而其计税基础代表的是账面价值在扣除税法规定未来期间允许税前扣除的金额之后的差额。负债的账面价值与其计税基础不同产生暂时性差异，其实质是税法规定就该项负债在未来期间可以税前扣除的金额。负债的账面价值小于计税基础，意味着就该项负债在未来期间可以税前抵扣的金额为负数，即应在未来期间应纳税所得额的基础上调增，增加未来期间的应纳税所得额和应交所得税，产生应纳税暂时性差异，应确认相关的递延所得税负债。

（2）可抵扣暂时性差异。可抵扣暂时性差异是指在确定未来收回资产或清偿负债期间的应纳税所得额时，将导致产生可抵扣金额的暂时性差异。该差异在未来期间转回时会减少转回期间的应纳税所得额，减少未来期间的应交所得税。在可抵扣暂时性差异产生的当期，符合确认条件时，应当确认相关的递延所得税资产。

可抵扣暂时性差异一般产生于以下情况。

第一，资产的账面价值小于计税基础。其意味着资产在未来期间产生的经济利益少，按照税法规定允许扣除的金额多，两者之间的差额可以减少企业在未来期间的应纳税所得额并减少应交所得税，符合有关条件时，应当确认相关的递延所得税资产。

第二，负债的账面价值大于其计税基础。负债的账面价值与其计税基础不同产生的暂时性差异，其实质是税法规定就该项负债在未来期间可以税前扣除的金额。

负债的账面价值大于其计税基础，就意味着未来期间按照税法规定与负债相关的全部或部分支出可以自未来应税经济利益中扣除，减少未来期间的应纳税所得额和应交所得税，符合有关确认条件时，应确认相关的递延所得税资产。

（3）特殊项目产生的暂时性差异。

第一，未作为资产、负债确认的项目产生的暂时性差异。某些交易或事项发生以后，因为不符合资产、负债的确认条件而体现为资产负债表中的资产或负债，但税法规定能够确定其计税基础的，其账面价值零与计税基础之间的差异也构成暂时性差异。

第二，可抵扣亏损及税款抵减产生的暂时性差异。按照税法规定可以结转以后年度的为弥补亏损及税额抵减，虽不是因资产、负债的账面价值与计税基础不同产生的，但与可抵扣暂时性差异具有同样的作用，均能减少未来期间的应纳税所得额，进而减少未来期间的应交所得税，因此应视同可抵扣暂时性差异，确认与其相关的递延所得税资产。

4. 税率

在采用资产负债表债务法时，时间性差额对未来所得税的影响金额，在会计报表中作为将来应付税款的债务，或者作为代表预付未来税款的资产。因此，当税率变动或开征新税时，递延所得税负债或递延所得税资产的账面余额，要按照税率的变动或新征税款进行调整。

（1）在计算时间性差额对未来所得税的影响金额时，应按企业本期实际执行的税率计算确定。

（2）如果在未来转销时间性差额的期间内，采用已公布，但在时间性差额产生时尚未执行的税率，应按已公布尚未执行的税率计算确定。

（3）如果在时间性差额发生不存在将要执行的税率，应按实际执行税率计算确定，待税率变更时，再对递延所得税负债或递延所得税资产的余额进行调整。

（4）如果以前各期已经确认的时间性差额对所得税的影响金额未考虑开征新税的因素，应对已经确认的递延所得税负债或递延所得税资产的账面余额进行调整。

5. 所得税费用的确认

在按照资产负债表债务法核算所得税的情况下，利润表中的所得税费用包括当期所得税和递延所得税两个部分。

1）当期所得税

当期所得税是指企业按照税法规定计算确定的针对当期发生的交易和事项，应交纳给税务部门的所得税金额，即当期应交所得税。

企业在确定当期应交所得税时，对于当期发生的交易或事项，会计处理与税法处理不同的，应在会计利润的基础上，按照适用税法法规的规定进行调整，计算出当期应纳税所得额，按照应纳税所得额与适用所得税税率计算确定当期的应交所得税。一般情况下，按照以下公式计算确定。

应纳税所得额=会计利润+按照会计准则规定计入利润表但计税时不允许扣除的费用±计入利润表的费用与按照税法规定可予税前抵扣的金额之间的差额±计入利润表的收入与按照税法规定应计入应纳税所得额的收入之间的差额−税法规定的不征税收入±其他需要调整的因素

2）递延所得税

递延所得税是指按照所得税准则规定当期应予确认的递延所得税资产和递延所得税负债金额，即递延所得税资产及递延所得税负债当期发生额的综合结果，用公式表示为

递延所得税=（递延所得税负债的期末余额−递延所得税负债的期初余额）−（递延所得税资产的期末余额−递延所得税资产的期初余额）

应予说明的是，企业因确认递延所得税资产和递延所得税负债产生的递延所得税，一般计入所得税费用，但以下两种情况例外。

（1）某项交易或事项按照会计准则规定应计入所有者权益的，由该交易或事项产生的递延所得税资产或递延所得税负债及其变化亦应计入所有者权益，不构成利润表中的递延所得税费用（或收益）。

（2）企业合并中取得的资产、负债，其账面价值与计税基础不同，应确认相关递延所得税的，该递延所得税的确认影响合并中产生的商誉或是计入当期损益的金额，不影响所得税费用。

3）所得税费用

计算确定了当期所得税及递延所得税以后，利润表中应予确认的所得税费用为两者之和，即

所得税费用=当期所得税+递延所得税

6. 会计账户的设置

在资产负债表债务法下，设置“所得税”“递延所得税资产”“递延所得税负债”“应交税费——应交所得税”账户进行核算。

1）“所得税”账户

“所得税”账户用来核算企业根据所得税准则确认的应从当期利润总额中扣除的所得税费用，按照“当期所得税费用”“递延所得税费用”进行明细核算。其借方登记计算出的所得税费用，其贷方登记期末转入“本年利润”的所得税费用，期末结转后该账户无余额。

2）“递延所得税资产”账户

“递延所得税资产”账户用来核算企业根据所得税准则确认的可抵扣暂时性差异产生的所得税资产。根据税法规定可用以后年度税前利润弥补的亏损产生的所得税资产，也在本账户核算，按照可抵扣暂时性差异等项目进行明细核算。本账户期末借方余额，反映企业已确认的递延所得税资产的余额。

（1）资产负债表日，企业根据所得税会计准则应予确认的递延所得税资产大于本账户余额的。

借：递延所得税资产

　　贷：所得税费用——递延所得税费用

　　　　其他综合收益

（2）资产负债表日，预计未来期间很可能无法获得足够的应纳税所得额用以抵扣可抵扣暂时性差异的。

借：所得税费用——当期所得税费用减记的金额

　　其他综合收益

　　贷：递延所得税资产

3）“递延所得税负债”账户

“递延所得税负债”账户用来核算企业根据所得税会计准则确认的应纳税暂时性差异产生的所得税负债。该账户应当按照应纳税暂时性差异项目进行明细核算。本账户期末贷方余额，反映企业已确认的递延所得税负债的余额。

资产负债表日，企业根据所得税会计准则应予确认的递延所得税负债大于本账户余额的。

借：所得税费用——递延所得税费用

　　其他综合收益

　　贷：递延所得税负债

应予确认的递延所得税负债小于本账户余额的，作相反的会计分录。

4）“应交税费——应交所得税”账户

“应交税费——应交所得税”账户用来核算企业应交未交的所得税税款，其借方登记预缴数或补交数，其贷方登记应交数。该账户贷方余额表示欠交数，借方余额表示多交数。

7. 会计核算

在资产负债表债务法下，资产负债表项目直接确认，利润表项目间接确认，即首先计算出期末递延所得税，然后倒挤出本期所得税费用。

借：所得税费用

　　递延所得税资产

　　贷：应交税费——应交所得税

　　　　递延所得税负债

【例题 6-10】假设甲公司 2018 年度利润表中利润总额为 3 000 万元，该公司使用的所得税税率为 25%。递延所得税资产及递延所得税负债不存在期初余额。2018 年发生的有关交易和事项中，会计处理与税收处理存在的差别如下所述（表 6-4）。

（1）2018 年，甲公司应收账款年初余额为 300 万元，坏账准备年初余额为零；应收账款年末余额为 700 万元，坏账准备年末余额为 200 万元。税法规定，企业计提的各项资产减值损失在未发生实质性损失前不允许扣除。

（2）2017 年 12 月 31 日购买了一项固定资产，成本为 1 200 万元，使用年限 10 年，净残值为 0，会计处理按双倍余额递减法计提折旧，税收处理按直线法计提折旧。假定税法规定的使用年限与会计规定相同。

（3）甲公司于 2016 年 1 月购入的对乙公司股权投资的初始投资成本为 2 800 万元，采用成本法核算。2018 年 10 月 3 日，甲公司从乙公司分得现金股利 200 万元，计入投资收益。至 12 月 31 日，该项投资未发生减值。甲公司、乙公司均为设在我国境内的居民企业。税法规定，我国境内居民企业之间取得的股息、红利免税。

（4）当期取得作为交易性金融资产核算的股票投资成本为 700 万元，12 月 31 日公允价值为 1 100 万元。税法规定，以公允价值计量的金融资产持有期间的市价变动不计入应纳税所得额。

（5）违反环保法的规定应支付罚款 300 万元。

（6）向关联企业捐赠现金 180 万元，税法规定，企业向关联方的捐赠不允许税前扣除。

【解析】：

（1）题目中的（3）、（5）、（6）为永久性差异，（1）、（2）、（4）为暂时性差异。

表 6-4　甲公司暂时性差异计算表

项目	账面价值	计税基础	暂时性差异	
			应纳税暂时性差异	可抵扣暂时性差异
应收账款	500	700		200
固定资产	960	1 080		120
交易性金融资产	1 100	700	400	

（2）2018年度当期应交所得税：

应纳税所得额=3 000+200+120−200−400+300+180=3 200（万元）

应交所得税=3 200×25%=800（万元）

（3）2018年度应交递延所得税：

递延所得税资产=320×25%=80（万元）

递延所得税负债=400×25%=100（万元）

应交递延所得税=100−80=20（万元）

（4）利润表中的所得税费用：

所得税费用=800+20=820（万元）

确认所得税费用的账务处理如下：

借：所得税费用　　820

　　递延所得税资产　　80

　　贷：应交税费——应交所得税　　800

　　　　递延所得税负债　　100

6.3 纳税调整与申报

6.3.1 纳税调整

企业所得税的纳税调整是针对会计与税法差异的调整，只在纳税申报表内调整，通过调整使之符合税法的规定。这种差异可分为永久性差异和暂时性差异。

1. 永久性差异

永久性差异是指某一会计期间，由于会计准则、制度和税法在计算收益、费用或损失时的口径不同、标准不同，所产生的税前会计利润与应税所得额之间的差异。这种差异不影响其他会计报告期，也不会在其他期间得到弥补。差异在本期发生，随本期净收益确定而结转，并不会在以后各经营期间结转，若不及时调整，这种差异将永久存在，因此，称其为永久性差异。其会计处理原则为：该差异一经发生，即应在本期调整。

该差异产生的原因有：①范围不同；②标准不同。其在税法上表现为调增金额和调减金额两种形式。

1）调增金额

（1）会计上不确认收入，但税法规定要作为应税收入的项目。这种收入主要有企业收到的价外费用、视同销售等收入，会计上可能不作为收入，但税法上要求作为应税收入。

（2）会计上规定可以列为成本、费用或损失，但税法上不允许扣除的项目。范围不同的，如税收滞纳金、罚金、罚款等会计上作“营业外支出”核算，但税法规定不得扣除。

标准不同的，如公益性捐赠，会计上企业的捐赠支出全部计入“营业外支出”予以扣除，但税法上规定不超过年度会计利润总额的 12%的部分准予扣除，超出部分不得扣除。

2）调减金额

（1）会计上作收入处理，但税法上允许其扣除。例如，企业购买国库券的利息收入，会计上作“投资收益”核算，但税法对其免税。在计算应税所得额时，将其从会计利润中减去。

（2）会计上未确认为成本、费用或损失，但税法上规定应作为成本、费用或损失的扣除项目。例如，企业为开发新技术、产品、新工艺发生的研究开发费用，未形成无形资产计入当期损益的，在按照规定据实扣除的基础上，按照研究开发费用的 50%加计扣除；形成无形资产的，按照无形资产成本的 150%摊销。

2. 暂时性差异

暂时性差异是指某一会计期间，由于某些收入、费用项目虽然在计算税前会计利润和纳税所得的口径一致，但由于两者确认的时间不同，所产生的税前会计利润与应税所得额之间的差异。这种差异不仅影响本期和前期的税前会计利润和应税收益，而且还影响相关未来时期所报告的税前会计利润和应税收益。随着时间的推移和影响事项的完结，这种差异会在以后期间结转，使税前会计利润和应税收益达到总量相等。

这种差异主要体现在以下几个项目上。

（1）计提折旧额的差异，即以税法允许的折旧方法，按企业固定资产原值计算的可计提折旧额与企业本期按自己规定的折旧方法实际提取的折旧额之间的差异。

（2）摊销费用的差异，即以税法规定的摊销方法，根据企业无形资产、长期待摊费用等的余额计算的可摊销额与本期企业实际发生摊销额之间的差异。

（3）收入确认上的差异，即以税法规定的时间确认收入与企业按照会计准则确认收入之间的差异。这样的业务发生后，只对企业本期收益造成影响。

我国税务活动中常见的纳税调整项目明细表如表 6-5 所示。

表 6-5　纳税调整项目明细表

填报时间：　年　月　日　　　　　　　　　　　　金额单位：元（列至角分）

行次	项目	账载金额	税收金额	调增金额	调减金额
		1	2	3	4
1	一、收入类调整项目（2+3+4+5+6+7+8+10+11）	*	*		
2	（一）视同销售收入（填写 A105010）	*			*
3	（二）未按权责发生制原则确认的收入（填写 A105020）				
4	（三）投资收益（填写 A105030）				
5	（四）按权益法核算长期股权投资对初始投资成本调整确认收益	*	*	*	
6	（五）交易性金融资产初始投资调整	*	*		*
7	（六）公允价值变动净损益		*		
8	（七）不征税收入	*	*		

续表

行次	项目	账载金额	税收金额	调增金额	调减金额
		1	2	3	4
9	其中：专项用途财政性资金（填写 A105040）	*	*		
10	（八）销售折扣、折让和退回				
11	（九）其他				
12	二、扣除类调整项目（13+14+15+16+17+18+19+20+21+22+23+24+26+27+28+29）	*	*		
13	（一）视同销售成本（填写 A105010）	*		*	
14	（二）职工薪酬（填写 A105050）				
15	（三）业务招待费支出				*
16	（四）广告费和业务宣传费支出（填写 A105060）	*	*		
17	（五）捐赠支出（填写 A105070）				*
18	（六）利息支出				
19	（七）罚金、罚款和被没收财物的损失		*		*
20	（八）税收滞纳金、加收利息		*		*
21	（九）赞助支出		*		*
22	（十）与未实现融资收益相关在当期确认的财务费用				
23	（十一）佣金和手续费支出				*
24	（十二）不征税收入用于支出所形成的费用	*	*		*
25	其中：专项用途财政性资金用于支出所形成的费用（填写 A105010）	*	*		*
26	（十三）跨期扣除项目				
27	（十四）与取得收入无关的支出		*		*
28	（十五）境外所得分配的共同支出	*	*		*
29	（十六）其他				
30	三、资产类调整项目（31+32+33+34）	*	*		
31	（一）资产折旧、摊销（填写 A105080）				
32	（二）资产减值准备金		*		
33	（三）资产损失（填写 A105090）				
34	（四）其他				
35	四、特殊事项调整项目（36+37+38+39+40）	*	*		
36	（一）企业重组（填写 A105100）				
37	（二）政策性搬迁（填写 A105110）	*	*		
38	（三）特殊行业准备金（填写 A105120）				
39	（四）房地产开发企业特定业务计算的纳税调整额（填写 A105010）	*			
40	（五）其他	*	*		
41	五、特别纳税调整应纳税所得	*	*		
42	六、其他	*	*		
43	合计（1+12+30+35+41+42）	*	*		

* 表示本栏无须填写

6.3.2 纳税申报

纳税人应当在月份或者季度终了后15日内，向其所在地主管税务机关报送会计报表和预缴所得税申报表；自年度终了之日起 5 个月内，向税务机关报送年度企业所得税纳税申报表，并汇算清缴，结清应缴应退税款。

1. 企业所得税预缴纳税申报表的填制

我国税务活动中常见的企业所得税预缴纳税申报表如表 6-6 所示。

表 6-6　中华人民共和国企业所得税月（季）度预缴纳税申报表（A 类）

税款所属期间：　年　月　日　至　年　月　日

纳税人识别号：

纳税人名称：　　　　　　　　　　　　　　金额单位：元（列至角分）

行次	项目		本期金额	累计金额
1	一、按照实际利润额预缴			
2	营业收入			
3	营业成本			
4	利润总额			
5	加：特定业务计算的应纳税所得额			
6	减：不征税收入			
7	免税收入			
8	弥补以前年度亏损			
9	实际利润额（4 行+5 行−6 行−7 行−8 行）			
10	税率（25%）			
11	应纳所得税额			
12	减：减免所得税额			
13	减：实际已预缴所得税额			
14	减：特定业务预缴（征）所得税额			
15	应补（退）所得税额（11 行−12 行−13 行−14 行）			
16	减：以前年度多缴在本期抵缴所得税额			
17	本期实际应补（退）所得税额			
18	二、按照上一纳税年度应纳所得税额平均额预缴			
19	上一纳税年度应纳所得税额			
20	本月（季）应纳所得税额（19 行 × 1/4 或 1/12）			
21	税率（25%）			
22	本月（季）应纳所得税额（20 行 × 21 行）			
23	三、按照税务机关确定的其他方法预缴			
24	本月（季）确定预缴的所得税额			
25	总分机构纳税人			
26	总机构	总机构应分摊所得税额（15 行或 22 行或 24 行 × 总机构应分摊预缴比例）		
27		财政集中分配所得税额		

续表

行次	项目		本期金额	累计金额
28	总机构	分支机构应分摊所得税额（15行或22行或24行×分支机构应分摊比例）		
29		其中：总机构独立生产经营部门应分摊所得税额		
30		总机构已撤销分支机构应分摊所得税额		
31	分支机构	分摊比例		
32		分配所得税额		

谨声明：此纳税申报表是根据《中华人民共和国企业所得税法》《中华人民共和国企业所得税法实施条例》和国家有关税收规定填报的，是真实的、可靠的、完整的。

法定代表人（签字）： 年 月 日

纳税人公章： 会计主管： 填报日期：年 月 日	代理申报中介机构公章： 经办人： 经办人执业证件号码： 代理申报日期：年 月 日	主管税务机关受理专用章： 受理人： 受理日期：年 月 日

国家税务总局监制

我国税务活动中常见的企业所得税月（季）度和年度缴纳申报表如表6-7所示。

表6-7 中华人民共和国企业所得税月（季）度和年度纳税申报表（B类）

税款所属期间： 年 月 日至 年 月 日

纳税人识别号：

纳税人名称： 金额单位：元（列至角分）

项目			行次	累计金额
一、以下由按应税所得率计算应纳税所得额的企业填报				
应纳税所得额的计算	按收入总额核定应纳税所得额	收入总额	1	
		减：不征税收入	2	
		免税收入	3	
		应税收入额（1−2−3）	4	
		税务机关核定的应税所得率（%）	5	
		应纳税所得额（4×5）	6	
	按成本费用核定应纳税所得额	成本费用总额	7	
		税务机关核定的应税所得率（%）	8	
		应纳税所得额[7行÷（1−8行）×8行]	9	
应纳税所得额的计算		税率（25%）	10	
		应纳税所得额（6×10或9×10）	11	
应补（退）所得税额的计算		已预缴所得税额	12	
		应补（退）所得税额（11−12）	13	
二、以下由税务机关核定应纳所得税额的企业填报				
税务机关核定应纳所得税额			14	

谨声明：此纳税申报表是根据《中华人民共和国企业所得税法》《中华人民共和国企业所得税法实施条例》和国家有关税收规定填报的，是真实的、可靠的、完整的。

法定代表人（签字）： 年 月 日

纳税人公章： 会计主管： 填报日期：年 月 日	代理申报中介机构公章： 经办人： 经办人执业证件号码： 代理申报日期：年 月 日	主管税务机关受理专用章： 受理人： 受理日期：年 月 日

国家税务总局监制

我国税务活动中常见的企业所得税汇总纳税分支机构所得税分配表如表 6-8 所示。

表 6-8　中华人民共和国企业所得税汇总纳税分支机构所得税分配表

税款所属期间：　年　月　日　至　年　月　日

总机构名称：　　　　　　　　　　　　　　　　　　金额单位：元（列至角分）

<table>
<tr><td colspan="2">纳税人识别号</td><td>应纳所得税额</td><td>总机构分摊所得税额</td><td colspan="2">总机构财政集中分配所得税额</td><td colspan="2">分支机构分摊所得税额</td></tr>
<tr><td colspan="2"></td><td></td><td></td><td colspan="2"></td><td colspan="2"></td></tr>
<tr><td rowspan="6">分支机构情况</td><td rowspan="2">纳税人识别号</td><td rowspan="2">分支机构名称</td><td colspan="3">三项因素</td><td rowspan="2">分配比例</td><td rowspan="2">分配税额</td></tr>
<tr><td>收入额</td><td>工资额</td><td>资产额</td></tr>
<tr><td></td><td></td><td></td><td></td><td></td><td></td><td></td></tr>
<tr><td></td><td></td><td></td><td></td><td></td><td></td><td></td></tr>
<tr><td></td><td></td><td></td><td></td><td></td><td></td><td></td></tr>
<tr><td>合计</td><td></td><td></td><td></td><td></td><td></td><td></td></tr>
<tr><td colspan="4">纳税人公章：
会计主管：
填报日期：年　月　日</td><td colspan="4">主管税务机关受理专用章：
受理人：
受理日期：年　月　日</td></tr>
</table>

国家税务总局监制

2. 纳税申报表的构成

企业所得税纳税申报表包括 1 个主表和 11 个附表，有的附表本身又包括多个附表。本书仅将纳税申报表、收入明细表和支出明细表进行列示。其余附表省略。

1）纳税申报表

我国税务活动中常见的纳税申报表如表 6-9 所示。

表 6-9　中华人民共和国企业所得税年度纳税申报表（A 类）

行次	类别	项目	金额
1	利润总额计算	一、营业收入（填写 A101010\101020\103000）	
2		减：营业成本（填写 A102010\102020\103000）	
3		营业税金及附加	
4		销售费用（填写 A104000）	
5		管理费用（填写 A104000）	
6		财务费用（填写 A104000）	
7		资产减值损失	
8		加：公允价值变动收益	
9		投资收益	
10		二、营业利润（1-2-3-4-5-6-7+8+9）	
11		加：营业外收入（填写 A101010\101020\103000）	
12		减：营业外支出（填写 A102010\102020\103000）	
13		三、利润总额（10+11-12）	
14	应纳税所得额计算	减：境外所得（填写 A108010）	
15		加：纳税调整增加额（填写 A105000）	
16		减：纳税调整减少额（填写 A105000）	
17		减：免税、减计收入及加计扣除（填写 A107010）	
18		加：境外应税所得抵减境内亏损（填写 A108000）	
19		四、纳税调整后所得（13-14+15-16-17+18）	

续表

行次	类别	项目	金额
20	应纳税所得额计算	减：所得税减免（填写 A107020）	
21		减：抵扣应纳税所得额（填写 A107030）	
22		减：弥补以前年度亏损（填写 A106000）	
23		五、应纳税所得额（19-20-21-22）	
24	应纳税额计算	税率（25%）	
25		六、应纳所得税额（23×24）	
26		减：减免所得税额（填写 A107040）	
27		减：抵免所得税额（填写 A107050）	
28		七、应纳税额（25-26-27）	
29		加：境外所得应纳所得税额（填写 A108000）	
30		减：境外所得抵免所得税额（填写 A108000）	
31		八、实际应纳所得税额（28+29-30）	
32		减：本年累计实际已预缴的所得税额	
33		九、本年应补（退）所得税额（31-32）	
34		其中：总机构分摊本年应补（退）所得税额（填写 A109000）	
35		财政集中分配本年应补（退）所得税额（填写 A109000）	
36		总机构主体生产经营部门分摊本年应补（退）所得税额（填写 A109000）	
37	附列资料	以前年度多缴的所得税额在本年抵减额	
38		以前年度应缴未缴在本年入库所得税额	

表 6-9 填报说明如下所述。

表 6-9 为年度纳税申报表主表，企业应该根据《中华人民共和国企业所得税法》及其实施条例、相关税收政策，以及国家统一会计制度（企业会计准则、小企业会计准则、企业会计制度、事业单位会计准则和民间非营利组织会计制度等）的规定，计算填报纳税人利润总额、应纳税所得额、应纳税额和附列资料等有关项目。

企业在计算应纳税所得额及应纳所得税时，企业财务、会计处理办法与税法规定不一致的，应当按照《中华人民共和国企业所得税法》规定计算。《中华人民共和国企业所得税法》规定不明确的，在没有明确规定之前，暂按企业财务、会计规定计算。

（1）有关项目填报说明。

第一，表体项目。

表 6-9 是在纳税人会计利润总额的基础上，加减纳税调整等金额后计算出“纳税调整后所得”（应纳税所得额）。会计与税法的差异（包括收入类、扣除类、资产类等差异）通过《纳税调整项目明细表》（A105000）集中填报。

表 6-9 包括利润总额计算、应纳税所得额计算、应纳税额计算、附列资料四个部分。

“利润总额计算”中的项目，按照国家统一会计制度口径计算填报。实行企业会计准则、小企业会计准则、企业会计制度、分行业会计制度纳税人，其数据直接取自利润表；实行事业单位会计准则的纳税人，其数据取自收入支出表；实行民间非营利组织会计制度纳税人，其数据取自业务活动表；实行其他国家统一会计制度的纳税人，根据该表项目进行分析填报。

“应纳税所得额计算”和“应纳税额计算”中的项目，除根据主表逻辑关系计算的外，通过附表相应栏次填报。

第二，行次说明。

第 1~13 行参照企业会计准则利润表的说明编写。

第 1 行“营业收入”：填报纳税人主要经营业务和其他经营业务取得的收入总额。本行根据“主营业务收入”和“其他业务收入”的数额填报。一般企业纳税人通过《一般企业收入明细表》（A101010）填报；金融企业纳税人通过《金融企业收入明细表》（A101020）填报；事业单位、社会团体、民办非企业单位、非营利组织等纳税人通过《事业单位、民间非营利组织收入、支出明细表》（A103000）填报。

第 2 行“营业成本”：填报纳税人主要经营业务和其他经营业务发生的成本总额。本行根据“主营业务成本”和“其他业务成本”的数额填报。一般企业纳税人通过《一般企业成本支出明细表》（A102010）填报；金融企业纳税人通过《金融企业支出明细表》（A102020）填报；事业单位、社会团体、民办非企业单位、非营利组织等纳税人通过《事业单位、民间非营利组织收入、支出明细表》（A103000）填报。

第 3 行“营业税金及附加”：填报纳税人经营活动发生的营业税、消费税、城市维护建设税、资源税、土地增值税和教育费附加等相关税费。本行根据纳税人相关会计科目填报，纳税人在其他会计科目核算的本行不得重复填报。

第 4 行“销售费用”：填报纳税人在销售商品和材料、提供劳务的过程中发生的各种费用。本行通过《期间费用明细表》（A104000）中对应的“销售费用”填报。

第 5 行“管理费用”：填报纳税人为组织和管理企业生产经营发生的管理费用。本行通过《期间费用明细表》（A104000）中对应的“管理费用”填报。

第 6 行“财务费用”：填报纳税人为筹集生产经营所需资金等发生的筹资费用。本行通过《期间费用明细表》（A104000）中对应的“财务费用”填报。

第 7 行“资产减值损失”：填报纳税人计提各项资产准备发生的减值损失。本行根据企业“资产减值损失”科目上的数额填报，实行其他会计准则等的比照填报。

第 8 行“公允价值变动收益”：填报纳税人在初始确认时划分为以公允价值计量且其变动计入当期损益的金融资产或金融负债（包括交易性金融资产或负债，直接指定为以公允价值计量且其变动计入当期损益的金融资产或金融负债），以及采用公允价值模式计量的投资性房地产、衍生工具和套期业务中公允价值变动形成的应计入当期损益的利得或损失。本行根据企业“公允价值变动损益”科目的数额填报（损失以“—”号填列）。

第 9 行“投资收益”：填报纳税人以各种方式对外投资确认所取得的收益或发生的损失。根据企业“投资收益”科目的数额计算填报；实行事业单位会计准则的纳税人根据“其他收入”科目中的投资收益金额分析填报（损失以“—”号填列），实行其他会计准则等的比照填报。

第 10 行“营业利润”：填报纳税人当期的营业利润，根据上述项目计算填列。

第 11 行“营业外收入”：填报纳税人取得的与其经营活动无直接关系的各项收入的金额。一般企业纳税人通过《一般企业收入明细表》（A101010）填报；金融企业纳税人通过《金融企业收入明细表》（A101020）填报；实行事业单位会计准则或民间非营利组织会计制度的纳税人通过《事业单位、民间非营利组织收入、支出明细表》（A103000）填报。

第 12 行“营业外支出”：填报纳税人发生的与其经营活动无直接关系的各项支出的金额。一般企业纳税人通过《一般企业成本支出明细表》（A102010）填报；金融企业纳税人通过《金融企业支出明细表》（A102020）填报；实行事业单位会计准则或民间非营利组织会计制度的纳税人通过《事业单位、民间非营利组织收入、支出明细表》（A103000）填报。

第 13 行“利润总额”：填报纳税人当期的利润总额。根据上述项目计算填列。

第 14 行“境外所得”：填报纳税人发生的分国（地区）别取得的境外税后所得计入利润总额的金额，填报《境外所得纳税调整后所得明细表》（A108010）第 14 列减去第 11 列的差额。

第 15 行“纳税调整增加额”：填报纳税人会计处理与税收规定不一致，进行纳税调整增加的金额。本行通过《纳税调整项目明细表》（A105000）“调增金额”列填报。

第 16 行“纳税调整减少额”：填报纳税人会计处理与税收规定不一致，进行纳税调整减少的金额。本行通过《纳税调整项目明细表》（A105000）“调减金额”列填报。

第 17 行“免税、减计收入及加计扣除”：填报属于税法规定免税收入、减计收入、加计扣除金额。本行通过《免税、减计收入及加计扣除优惠明细表》（A107010）填报。

第 18 行“境外应税所得抵减境内亏损”：填报纳税人根据税法规定，选择用境外所得抵减境内亏损的数额。本行通过《境外所得税收抵免明细表》（A108000）填报。

第 19 行“纳税调整后所得”：填报纳税人经过纳税调整、税收优惠、境外所得计算后的所得额。

第 20 行“所得税减免”：填报属于税法规定所得减免金额。本行通过《所得减免优惠明细表》（A107020）填报，本行<0 时，填写负数。

第 21 行“抵扣应纳税所得额”：填报根据税法规定应抵扣的应纳税所得额。本行通过《抵扣应纳税所得额明细表》（A107030）填报。

第 22 行“弥补以前年度亏损”：填报纳税人按照税法规定可在税前弥补的以前年度亏损的数额。本行根据《企业所得税弥补亏损明细表》（A106000）填报。

第 23 行“应纳税所得额”：金额等于本表第 19−20−21−22 行计算结果。本行不得为负数。本表第 19 行或者按照上述行次顺序计算结果本行为负数，本行金额填零。

第 24 行“税率”：填报税法规定的税率 25%。

第 25 行“应纳所得税额”：金额等于本表第 23×24 行。

第 26 行“减免所得税额”：填报纳税人按税法规定实际减免的企业所得税额。本行通过《减免所得税优惠明细表》（A107040）填报。

第 27 行“抵免所得税额”：填报企业当年的应纳所得税额中抵免的金额。本行通过《境外所得税收抵免明细表》（A107050）填报。

第 28 行“应纳税额”：金额等于本表第 25−26−27 行。

第 29 行“境外所得应纳所得税额”：填报纳税人来源于中国境外的所得，按照我国税法规定计算的应纳所得税额。本行通过《境外所得税收抵免明细表》（A108000）填报。

第 30 行“境外所得抵免所得税额”：填报纳税人来源于中国境外所得依照中国境外税收法律以及相关规定应缴纳并实际缴纳（包括视同已实际缴纳）的企业所得税性质的税款（准予抵免税款）。本行通过《境外所得税收抵免明细表》（A108000）填报。

第 31 行“实际应纳所得税额”：填报纳税人当期的实际应纳所得税额。金额等于本表第 28+29−30 行。

第 32 行“本年累计实际已预缴的所得税额”：填报纳税人按照税法规定本纳税年度已在月（季）度累计预缴的所得税额，包括按照税法规定的特定业务已预缴（征）的所得税额，建筑企业总机构直接管理的跨地区设立的项目部按规定向项目所在地主管税务机关预缴的所得税额。

第 33 行“本年应补（退）所得税额”：填报纳税人当期应补（退）的所得税额。金额等于本表第 31−32 行。

第 34 行“总机构分摊本年应补（退）所得税额”：填报汇总纳税的总机构按照税收规定在总机构所在地分摊本年应补（退）所得税款。本行根据《跨地区经营汇总纳税企业年度分摊企业所得税明细表》（A109000）填报。

第 35 行“财政集中分配本年应补（退）所得税额”：填报汇总纳税的总机构按照税收规定财政集中分配本年应补（退）所得税款。本行根据《跨地区经营汇总纳税企业年度分摊企业所得税明细表》（A109000）填报。

第 36 行“总机构主体生产经营部门分摊本年应补（退）所得税额”：填报汇总纳税的总机构所属的具有主体生产经营职能的部门按照税收规定应分摊的本年应补（退）所得税额。本行根据《跨地区经营汇总纳税企业年度分摊企业所得税明细表》（A109000）填报。

第 37 行“以前年度多缴的所得税额在本年抵减额”：填报纳税人以前纳税年度汇算清缴多缴的税款尚未办理退税，并在本纳税年度抵缴的所得税额。

第 38 行“以前年度应缴未缴在本年入库所得税额”：填报纳税人以前纳税年度应缴未缴在本纳税年度入库所得税额。

（2）表内、表间关系。

第一，表内关系。

第 10 行=第 1−2−3−4−5−6−7+8+9 行。

第 13 行=第 10+11−12 行。

第 19 行=第 13−14+15−16−17+18 行。

第 23 行=第 19−20−21−22 行。

第 25 行=第 23×24 行。

第 28 行=第 25−26−27 行。

第 31 行=第 28+29−30 行。

第 33 行=第 31−32 行。

第二，表间关系。

第 1 行=表 A101010 第 1 行或表 A101020 第 1 行或表 A103000 第 2+3+4+5+6 行或表 A103000 第 11+12+13+14+15 行。

第 2 行=表 A102010 第 1 行或表 A102020 第 1 行或表 A103000 第 19+20+21+22 行或表 A103000 第 25+26+27 行。

第 4 行=表 A104000 第 25 行第 1 列。

第 5 行=表 A104000 第 25 行第 3 列。

第 6 行=表 A104000 第 25 行第 5 列。

第 11 行=表 A101010 第 16 行或表 A101020 第 35 行或表 A103000 第 9 行或第 17 行。

第 12 行=表 A102010 第 16 行或表 A102020 第 33 行或表 A103000 第 23 行或第 28 行。

第 14 行=表 A108010 第 10 行第 14 列−第 11 列。

第 15 行=表 A105000 第 43 行第 3 列。

第 16 行=表 A105000 第 43 行第 4 列。

第 17 行=表 A107010 第 27 行。

第 18 行=表 A108000 第 10 行第 6 列（当本表第 13−14+15−16−17 行≥0 时，行=0）。

第 20 行=表 A107020 第 40 行第 7 列。

第 21 行=表 A107030 第 7 行。

第 22 行=表 A106000 第 6 行第 10 列。

第 26 行=表 A107040 第 29 行。

第 27 行=表 A107050 第 7 行第 11 列。

第 29 行=表 A108000 第 10 行第 9 列。

第 30 行=表 A108000 第 10 行第 19 列。

第 34 行=表 A109000 第 12+16 行。

第 35 行=表 A109000 第 13 行。

第 36 行=表 A109000 第 15 行。

2）收入明细表

我国税务活动中常见的一般企业收入明细表如表 6-10 所示。

表 6-10　一般企业收入明细表

行次	项目	金额
1	一、营业收入（2+9）	
2	（一）主营业务收入（3+5+6+7+8）	
3	1. 销售商品收入	
4	其中：非货币性资产交换收入	
5	2. 提供劳务收入	

续表

行次	项目	金额
6	3. 建造合同收入	
7	4. 让渡资产使用权收入	
8	5. 其他	
9	（二）其他业务收入（10+12+13+14+15）	
10	1. 销售材料收入	
11	其中：非货币性资产交换收入	
12	2. 出租固定资产收入	
13	3. 出租无形资产收入	
14	4. 出租包装物和商品收入	
15	5. 其他	
16	二、营业外收入（17+18+19+20+21+22+23+24+25+26）	
17	（一）非流动资产处置利得	
18	（二）非货币性资产交换利得	
19	（三）债务重组利得	
20	（四）政府补助利得	
21	（五）盘盈利得	
22	（六）捐赠利得	
23	（七）罚没利得	
24	（八）确实无法偿付的应付款项	
25	（九）汇兑收益	
26	（十）其他	

表 6-10 的填报说明如下所述。

表6-10 适用于执行除事业单位会计准则、非营利企业会计制度以外的其他国家统一会计制度的非金融居民纳税人填报。纳税人应根据国家统一会计制度的规定，填报“主营业务收入”、“其他业务收入”和“营业外收入”。

（1）有关项目填报说明。

第 1 行“营业收入”：根据主营业务收入、其他业务收入的数额计算填报。

第 2 行“主营业务收入”：根据不同行业的业务性质分别填报纳税人核算的主营业务收入。

第 3 行“销售商品收入”：填报从事工业制造、商品流通、农业生产及其他商品销售的纳税人取得的主营业务收入。房地产开发企业销售开发产品（销售未完工开发产品除外）取得的收入也在此行填报。

第 4 行“非货币性资产交换收入”：填报纳税人发生的非货币性资产交换按照国家统一会计制度应确认的主营业务收入。

第 5 行“提供劳务收入”：填报纳税人从事建筑安装、修理修配、交通运输、仓储租赁、邮电通信、咨询经纪、文化体育、科学研究、技术服务、教育培训、餐饮住宿、中介代理、卫生保健、社区服务、旅游、娱乐、加工及其他劳务活动取得的主营业务收入。

第 6 行“建造合同收入”：填报纳税人建造房屋、道路、桥梁、水坝等建筑物，以及生产船舶、飞机、大型机械设备等取得的主营业务收入。

第 7 行“让渡资产使用权收入”：填报纳税人在主营业务收入核算的，让渡无形资产使用权而取得的使用费收入以及出租固定资产、无形资产、投资性房地产取得的租金收入。

第 8 行“其他”：填报纳税人按照国家统一会计制度核算、上述未列举的其他主营业务收入。

第 9 行“其他业务收入”：根据不同行业的业务性质分别填报纳税人核算的其他业务收入。

第 10 行“销售材料收入”：填报纳税人销售材料、下脚料、废料、废旧物资等取得的收入。

第 11 行“非货币性资产交换收入”：填报纳税人发生的非货币性资产交换按照国家统一会计制度应确认的其他业务收入。

第 12 行“出租固定资产收入”：填报纳税人将固定资产使用权让与承租人获取的其他业务收入。

第 13 行“出租无形资产收入”：填报纳税人让渡无形资产使用权取得的其他业务收入。

第 14 行“出租包装物和商品收入”：填报纳税人出租、出借包装物和商品取得的其他业务收入。

第 15 行“其他”：填报纳税人按照国家统一会计制度核算、上述未列举的其他业务收入。

第 16 行“营业外收入”：填报纳税人计入本科目核算的与生产经营无直接关系的各项收入。

第 17 行“非流动资产处置利得”：填报纳税人处置固定资产、无形资产等取得的净收益。

第 18 行“非货币性资产交换利得”：填报纳税人发生非货币性资产交换应确认的净收益。

第 19 行“债务重组利得”：填报纳税人发生的债务重组业务确认的净收益。

第 20 行“政府补助利得”：填报纳税人从政府无偿取得货币性资产或非货币性资产应确认的净收益。

第 21 行“盘盈利得”：填报纳税人在清查财产过程中查明的各种财产盘盈应确认的净收益。

第 22 行“捐赠利得”：填报纳税人接受的来自企业、组织或个人无偿给予的货币性资产、非货币性资产捐赠应确认的净收益。

第 23 行“罚没利得”：填报纳税人在日常经营管理活动中取得的罚款、没收收入应确认的净收益。

第 24 行“确实无法偿付的应付款项”：填报纳税人因确实无法偿付的应付款项而确认的收入。

第 25 行“汇兑收益”：填报纳税人取得企业外币货币性项目因汇率变动形成的收益应确认的收入（该项目为执行小企业准则企业填报）。

第 26 行“其他”：填报纳税人取得的上述项目未列举的其他营业外收入，包括执行企业会计准则纳税人按权益法核算长期股权投资对初始投资成本调整确认的收益，执行小企业会计准则纳税人取得的出租包装物和商品的租金收入、逾期未退包装物押金收益等。

（2）表内、表间关系。

第一，表内关系。

（1）第 1 行=第 2+9 行。

（2）第 2 行=第 3+5+6+7+8 行。

（3）第 9 行=第 10+12+13+14+15 行。

（4）第 16 行=第 17+18+19+20+21+22+23+24+25+26 行。

第二，表间关系。

（1）第 1 行=表 A100000 第 1 行。

（2）第 16 行=表 A100000 第 11 行。

3）支出明细表

我国税务活动中常见的一般企业成本支出明细表如表 6-11 所示。

表 6-11　一般企业成本支出明细表

行次	项目	金额
1	一、营业成本（2+9）	
2	（一）主营业务成本（3+5+6+7+8）	
3	1. 销售商品成本	
4	其中：非货币性资产交换成本	
5	2. 提供劳务成本	
6	3. 建造合同成本	
7	4. 让渡资产使用权成本	
8	5. 其他	
9	（二）其他业务成本（10+12+13+14+15）	
10	1. 销售材料成本	
11	其中：非货币性资产交换成本	
12	2. 出租固定资产成本	
13	3. 出租无形资产成本	
14	4. 包装物出租成本	
15	5. 其他	
16	二、营业外支出（17+18+19+20+21+22+23+24+25+26）	
17	（一）非流动资产处置损失	

续表

行次	项目	金额
18	（二）非货币性资产交换损失	
19	（三）债务重组损失	
20	（四）非常损失	
21	（五）捐赠支出	
22	（六）赞助支出	
23	（七）罚没支出	
24	（八）坏账损失	
25	（九）无法收回的债券股权投资损失	
26	（十）其他	

表 6-11 的填报说明如下所述。

表6-11适用于执行除事业单位会计准则、非营利企业会计制度以外的其他国家统一会计制度的查账征收企业所得税非金融居民纳税人填报。纳税人应根据国家统一会计制度的规定，填报“主营业务成本”、“其他业务成本”和“营业外支出”。

（1）有关项目填报说明。

第 1 行“营业成本”：填报纳税人主要经营业务和其他经营业务发生的成本总额。本行根据“主营业务成本”和“其他业务成本”的数额计算填报。

第 2 行“主营业务成本”：根据不同行业的业务性质分别填报纳税人核算的主营业务成本。

第 3 行“销售商品成本”：填报从事工业制造、商品流通、农业生产及其他商品销售企业发生的主营业务成本。房地产开发企业销售开发产品（销售未完工开发产品除外）发生的成本也在此行填报。

第 4 行“非货币性资产交换成本”：填报纳税人发生的非货币性资产交换按照国家统一会计制度应确认的主营业务成本。

第 5 行“提供劳务成本”：填报纳税人从事建筑安装、修理修配、交通运输、仓储租赁、邮电通信、咨询经纪、文化体育、科学研究、技术服务、教育培训、餐饮住宿、中介代理、卫生保健、社区服务、旅游、娱乐、加工及其他劳务活动发生的主营业务成本。

第 6 行“建造合同成本”：填报纳税人建造房屋、道路、桥梁、水坝等建筑物，以及生产船舶、飞机、大型机械设备等发生的主营业务成本。

第 7 行“让渡资产使用权成本”：填报纳税人在主营业务成本核算的，让渡无形资产使用权而发生的使用费成本以及出租固定资产、无形资产、投资性房地产发生的租金成本。

第 8 行“其他”：填报纳税人按照国家统一会计制度核算、上述未列举的其他主营业务成本。

第 9 行“其他业务成本”：根据不同行业的业务性质分别填报纳税人按照国家统一会计制度核算的其他业务成本。

第 10 行“销售材料成本”：填报纳税人销售材料、下脚料、废料、废旧物资等发生的成本。

第 11 行“非货币性资产交换成本”：填报纳税人发生的非货币性资产交换按照国家统一会计制度应确认的其他业务成本。

第 12 行“出租固定资产成本”：填报纳税人将固定资产使用权让与承租人形成的出租固定资产成本。

第 13 行“出租无形资产成本”：填报纳税人让渡无形资产使用权形成的出租无形资产成本。

第 14 行“包装物出租成本”：填报纳税人出租、出借包装物形成的包装物出租成本。

第 15 行“其他”：填报纳税人按照国家统一会计制度核算、上述未列举的其他业务成本。

第 16 行“营业外支出”：填报纳税人计入本科目核算的与生产经营无直接关系的各项支出。

第 17 行“非流动资产处置损失”：填报纳税人处置非流动资产形成的净损失。

第 18 行“非货币性资产交换损失”：填报纳税人发生非货币性资产交换应确认的净损失。

第 19 行“债务重组损失”：填报纳税人进行债务重组应确认的净损失。

第 20 行“非常损失”：填报纳税人在营业外支出中核算的各项非正常的财产损失。

第 21 行“捐赠支出”：填报纳税人无偿给予其他企业、组织或个人的货币性资产、非货币性资产的捐赠支出。

第 22 行“赞助支出”：填报纳税人发生的货币性资产、非货币性资产赞助支出。

第 23 行“罚没支出”：填报纳税人在日常经营管理活动中对外支付的各项罚没支出。

第 24 行“坏账损失”：填报纳税人发生的各项坏账损失（该项目为使用小企业准则企业填报）。

第 25 行“无法收回的债券股权投资损失”：填报纳税人各项无法收回的债券股权投资损失（该项目为使用小企业准则企业填报）。

第 26 行“其他”：填报纳税人本期实际发生的在营业外支出核算的其他损失及支出。

（2）表内、表间关系。

第一，表内关系。

（1）第 1 行=第 2+9 行。

（2）第 2 行=第 3+5+6+7+8 行。

（3）第 9 行=第 10+12+13+14+15 行。

（4）第 16 行=第 17+18+19+20+21+22+23+24+25+26 行。

第二，表间关系。

（1）第 1 行=表 A100000 第 2 行。

（2）第 16 行=表 A100000 第 12 行。

◆本章小结

本章是本书的重点，比较完整地阐述了我国新的企业所得税法的基本内容，阐述了所得税会计的原理和处理方法，具体介绍内容如下所述。

（1）企业所得税的基本内容：①纳税义务人，包括居民企业和非居民企业；②征税对象，包括居民企业的征税对象、非居民企业的征税对象和所得来源地的确定；③税率；④收入总额，包括一般收入的确认和特殊收入的确认；⑤不征税收入；⑥免税收入；⑦扣除项目，包括扣除项目的范围、扣除项目及其标准和不得扣除的项目；⑧亏损弥补；⑨税收优惠；⑩纳税地点；⑪纳税期限。

（2）企业所得税的计算及会计处理包括：①居民企业应纳税所得额的计算；②居民企业应纳税额的计算；③境外所得抵扣税额的计算；④非居民企业应纳税额的计算；⑤会计处理。

（3）纳税调整与申报，包括纳税调整和纳税申报。

◆复习思考题

1. 什么是企业所得税？
2. 什么是居民企业和非居民企业？
3. 什么是应纳税暂时性差异和可抵扣暂时性差异？
4. 资产和负债的计税基础如何计算？
5. 所得税会计的一般程序是什么？

◆练习题

一、单项选择题

1. 下列企业属于企业所得税法所称居民企业的是（　　）。

A. 依照英国法律成立且实际管理机构在英国的企业

B. 依照挪威法律成立且实际管理机构不在中国境内，但在中国境内设立机构、场所的企业

C. 依照韩国法律成立但实际管理机构在中国境内的企业

D. 依照美国法律成立且实际管理机构不在中国境内，并且在中国境内未设立机构、场所，但有来源于中国境内所得的企业

2. 依据企业所得税法的规定，下列各项中，按照支付所得的企业所在地确定所得来源地的是（　　）。

A. 转让动产所得　　　　B. 转让房屋所得

C. 销售货物所得　　　　D. 利息所得

3. 根据企业所得税法的有关规定，企业发生的下列业务，应当视同销售确认的收入是（　　）。

A. 将自产货物用于企业设备更新

B. 将开发产品转为固定资产

C. 将资产货物用于股息分配

D. 将自产货物在境内总、分支机构之间调拨

4. 企业的下列收入中，属于企业所得税应税收入的是（　　）。

A. 转让国债收入

B. 国债利息收入

C. 财政拨款

D. 居民企业直接投资于其他居民企业取得的符合条件的股息、红利收入

5. 在计算企业所得税应纳税所得额时，下列项目在发生当期准予从收入总额中扣除的是（　　）。

A. 建造固定资产期间发生的专门借款费用

B. 税收滞纳金支出

C. 非广告性质的赞助支出

D. 研究开发费用中未形成资产的部分

6. 根据企业所得税法律制度的规定，企业从事下列项目取得的所得中，免征企业所得税的是（　　）。

A. 海水养殖　　B. 花卉种植

C. 香料种植　　D. 农机作业

7. 甲公司 2016 年 12 月 31 日取得某项机器设备，原价为 2 000 万元（不含增值税），预计使用年限为 10 年，预计净残值为 0，会计处理时按照年限平均法计提折旧；税法处理时允许采用加速折旧法计提折旧，甲公司在计税时对该资产采用双倍余额递减法计提折旧，税法和会计估计的预计使用年限、净残值相等。假设计提两年的折旧后，2018 年 12 月 31 日，甲公司对该固定资产计提了 160 万元的固定资产减值准备。2018 年 12 月 31 日，该固定资产的计税基础为（　　）万元。

A. 1 280　　B. 1 440　　C. 160　　D. 0

8. 假设甲公司于 2017 年 12 月 31 日“预计负债—— 产品质量保证费用”科目贷方余额为 100 万元，2018 年实际发生产品质量保证费用 90 万元，2018 年 12 月 31 日预提产品质量保证费用 110 万元，则 2018 年 12 月 31 日该项负债的计税基础是（　　）万元。

A. 0　　B. 120　　C. 90　　D. 110

9. 下列各项交易或事项形成的负债中，其计税基础为零的是（　　）。

A. 赊购商品

B. 从银行取得的短期借款

C. 因确认保修费用形成的预计负债

D. 因各项税收滞纳金和罚款确认的其他应付款

10. 甲公司 201×年发生了 2 000 万元广告费支出，发生时已作为销售费用计入当期损益，并已支付。税法规定，该类支出不超过当年销售收入 15%的部分允许当期税前扣除，超过部分允许向以后纳税年度结转扣除。甲公司 201×年实现销售收入 10 000 万元。甲公司 201×年 12 月 31 日广告费支出形成的可抵扣暂时性差异为

（　　）万元。

A. 0　　B. 2 000　　C. 1 500　　D. 500

二、多项选择题

1. 下列关于企业所得税收入确认时间的表述正确的是（　　）。

A. 利息收入，按照合同约定的债务人应付利息的日期确认收入的实现

B. 租金收入，按照合同约定的承租人应付租金的日期确认收入的实现

C. 接受捐赠收入，按照合同约定的接受捐赠资产的日期确认收入的实现

D. 股息、红利等权益性投资收益，按照被投资方实际分配利润的日期确认收入的实现

2. 根据企业所得税法律制度的规定，下列关于不同方式下销售商品收入金额确定的表述中，正确的是（　　）。

A. 采用商业折扣方式销售商品的，按照商业折扣前的金额确定销售商品收入金额

B. 采用现金折扣方式销售商品的，按照现金折扣前的金额确定销售商品收入金额

C. 采用售后回购方式销售商品的，符合销售收入确认条件的，销售的商品按售价确认收入，回购的商品作为购进商品处理

D. 采用以旧换新方式销售商品的，按照扣除回收商品公允价值后的余额确定销售商品收入金额

3. 以下保险费可在企业所得税前扣除的有（　　）。

A. 企业缴纳的货物运输保险费

B. 企业为其职工支付的家庭财产保险费

C. 企业为其股东支付的分红型商业养老保险费

D. 企业按照规定为其职工支付的失业保险费

4. 企业的固定资产由于技术进步等原因，确实需要加速折旧的，根据企业所得税法律制度的规定，可以采用的加速折旧方法有（　　）。

A. 年数总和法

B. 当年一次折旧法

C. 双倍余额递减法

D. 缩短折旧年限，但最低折旧年限不得低于规定折旧年限的 50%

5. 下列关于资产或负债计税基础的表述中，正确的有（　　）。

A. 资产的计税基础是指企业收回资产账面价值过程中，计算应纳税所得额时按照税法规定可以自应税经济利益中抵扣的金额

B. 负债的计税基础是指在未来期间计税时按照税法规定可以税前扣除的金额

C. 负债的计税基础是指负债的账面价值减去未来期间计算应纳税所得额时按照税法规定可以抵扣的金额

D. 资产的账面价值与计税基础之间的差异主要产生于后续计量

三、计算题

某企业为增值税的一般纳税人，适用 16%的增值税税率。201×年，该企业自行核算

主营业务收入为 2 700 万元，其他业务收入 200 万元，投资收益 45 万元，扣除项目合计 2 865 万元，实现利润总额 80 万元。经审核，发现下列情况。

（1）“管理费用”账户列支 100 万元，其中与生产经营有关的业务招待费 30 万元；新产品技术开发费用 40 万元。

（2）“财务费用”账户列支 40 万元，其中 201×年 6 月 1 日向非金融企业借入资金 200 万元用于生产经营，当年支付利息 12 万元并在财务费用账户中列支，同期同类银行贷款年利率为 6%。

（3）“营业外支出”账户中列支 40 万元，其中对外捐赠 30 万元（通过省级政府向贫困地区捐赠 20 万元，直接向某学校捐赠 10 万元）；被环保部门处以罚款 10 万元。

（4）“投资收益”账户贷方发生额 45 万元，其中从直接投资的境内 A 公司（小型微利企业）分回股息 10 万元；国债利息收入 5 万元。

（5）实际支付工资总额 300 万元，发生职工福利费支出 45 万元，实际拨交工会经费 6 万元，发生职工教育经费 7 万元，为职工支付商业保险费 20 万元，均已计入相关的成本、费用。

（6）201×年 2 月购进并实际使用规定的安全生产设备，取得增值税专用发票上注明的金额 20 万元，当月投入使用，该设备按照直线法计提折旧，折旧年限 10 年，残值率 10%。企业将设备购置支出一次性在成本中列支。另知该设备生产的产品全部在当年销售，成本已结转；会计上对设备折旧的计算与税法规定相同。

（7）接收某公司捐赠的原材料一批，取得普通发票，价税合计为 11.6 万元，该项业务未发应在账务中。

要求：计算该企业 201×年度企业所得税的应纳税所得额、应缴纳的企业所得税并进行会计核算。

◆案例分析

201×年 9 月，税务机关对某企业进行税务检查时发现其上年度累计计提固定资产折旧 895 499 元，其账面的固定资产原值为 2 155 633 元，企业按照直线法计提折旧，其折旧额明显过大。经过深入了解，该企业是由某钢铁厂投资兴建的，原隶属于钢铁厂。后来由于钢铁厂转制，该企业与钢铁厂脱钩，成为独立企业。但由于一些原因，该企业固定资产的权属问题一直未得到解决，账面也未反映。经审查，该企业实际使用的固定资产为：不动产 16 322 574.88 元，配套设施 2 155 468.25 元。该企业是以上述固定资产的原值计提折旧。

案例分析要求：该企业上年计提的固定资产折旧额是否正确？是否需要进行纳税调整？企业应按其账面固定资产原值计提折旧，还是按其实际使用的固定资产原值计提折旧？请陈述理由。

第7章

个人所得税会计

【学习目标】

1. 了解个人所得税的纳税义务人、征税范围和个人所得税税率。
2. 掌握个人所得税应纳税所得额的确定和应纳税额的计算方法。
3. 掌握企业缴纳个人所得税的会计处理。
4. 了解个人所得税纳税申报表的填制。

【内容提要】

个人所得税是调节个人收入分配的重要税种。本章由三节组成，7.1 节是个人所得税概述，讲解个人所得税的概念、纳税义务人、征税范围和税率；7.2 节介绍个人所得税的计算及核算，重点阐述各项个人所得的应纳税计算方法和个人所得税的会计处理方法；7.3 节介绍个人所得税自行申报和代扣代缴两种纳税办法。

【思维导图】

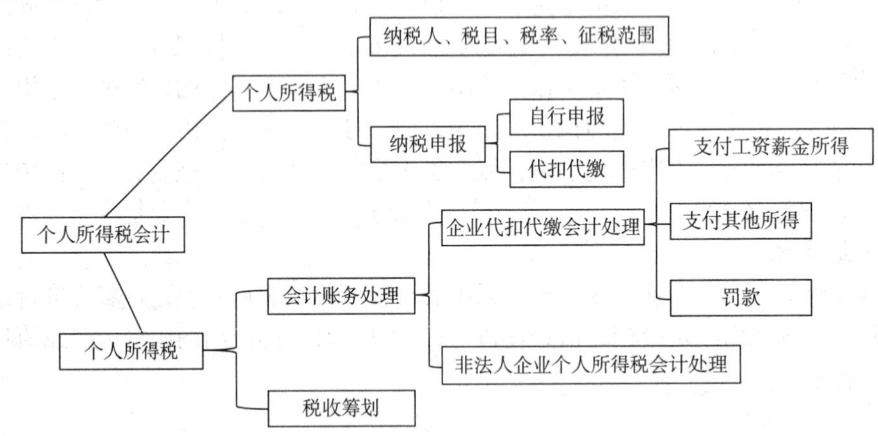

【引言】

个人收入和相关税收征缴与我们的生活关系紧密，明星等公众人物逃税以及被罚款的新闻时有，那么我国的个人所得税究竟采用的是什么样的税制，如何对各项所得依法纳税，以及如何避免偷税漏税呢？希望大家在学习完本章的内容后，都能对此有自己独到的见解。

7.1　个人所得税概述

7.1.1　个人所得税的概念

个人所得税是以个人（自然人）取得的各项应税所得为征税对象而征收的一种所得税，是政府利用税收对个人收入进行调节的一种手段。

个人所得税在组织财政收入、提高公民纳税意识，尤其是在调节个人收入分配差距方面具有重要作用。

7.1.2　纳税义务人

根据《中华人民共和国个人所得税法》的规定，在中国境内有住所，或者无住所而在中国境内居住满一年的个人，以及无住所又不居住或者居住不满一年但从中国境内取得所得的个人都是个人所得税的纳税义务人。

上述纳税义务人依据住所和居住时间两个标准，区分为居民和非居民，分别承担不同的纳税义务。

1. 居民纳税义务人

根据《中华人民共和国个人所得税法》的规定，居民纳税义务人是指在中国境内有住所，或者无住所而在中国境内居住满一年的个人。居民纳税义务人负有无限纳税义务，其所取得的应纳税所得，无论是来源于中国境内还是中国境外任何地方，都要在中国缴纳个人所得税。

所谓在中国境内有住所的个人，是指因户籍、家庭、经济利益关系而在中国境内习惯性居住的个人。这里所说的习惯性居住，是判定纳税义务人属于居民还是非居民的一个重要依据。它是指个人因学习、工作、探亲等原因消除之后，没有理由在该地继续居留时，所要回到的地方，而不是指实际居住或在某一个特定时期内的居住地。

所谓在境内居住满一年，是指在一个纳税年度（即公历 1 月 1 日起至 12 月 31 日止，下同）在中国境内居住满 365 日。在计算居住天数时，对临时离境应视同在境内居住，不扣减其在境内居住的天数。这里所说的临时离境，是指在一个纳税年度内，一次不超过 30 日或者多次累计不超过 90 日的离境。

2. 非居民纳税义务人

非居民纳税义务人，是指不符合居民纳税义务人判定标准的纳税义务人。非居民纳税义务人承担有限纳税义务，即仅就其来源于中国境内的所得，向中国缴纳个人所得税。

《中华人民共和国个人所得税法》规定，非居民纳税义务人是“在中国境内无住所又不居住或者无住所而在境内居住不满 1 年的个人”。也就是说，非居民纳税义务人，是指习惯性居住地不在中国境内，而且不在中国居住，或者在一个纳税年度内，在中国境内居住不满一年的个人。居民纳税义务人和非居民纳税义务人的判定标准和征税对象范围见表 7-1。

表 7-1 居民纳税义务人与非居民纳税义务人的判定标准和征税对象范围

纳税义务人	判定标准	征税对象范围
1.居民纳税义务人 （负无限纳税义务）	（1）在中国境内有住所的个人 （2）在中国境内无住所而在中国境内居住满一年的个人	境内所得 境外所得
2.非居民纳税义务人 （负有限纳税义务）	（1）在中国境内无住所且不居住的个人 （2）在中国境内无住所且居住不满一年的个人	境内所得

7.1.3 征税范围

从世界范围看，个人所得税的征收模式有分类征收制、综合征收制与混合征收制三种。分类征收制，是按纳税人不同来源、性质的所得项目，分别规定不同的税率征税；综合征收制，是对纳税人全年的各项所得加以汇总，就其总额进行征税；混合征收制，是对纳税人不同来源、性质的所得先分别按照不同的税率征税，然后将全年的各项所得进行汇总征税。三种不同的征收模式各有其优缺点。目前，我国个人所得税的征收采用的是第一种模式，即分类征收制。下列 11 项个人所得，应缴纳个人所得税。

（1）工资、薪金所得。

工资、薪金所得，是指个人因任职或者受雇而取得的工资、薪金、奖金、年终加薪、劳动分红、津贴、补贴及与任职或者受雇有关的其他所得。

（2）个体工商户的生产、经营所得。

（3）对企事业单位的承包经营、承租经营所得。

对企事业单位的承包经营、承租经营所得，是指个人承包经营或承租经营以及转包、转租取得的所得。

（4）劳务报酬所得。

劳务报酬所得，是指个人独立从事各种非雇佣的劳务所取得的所得。

（5）稿酬所得。

稿酬所得，是指个人因其作品以图书、报刊形式出版、发表而取得的所得。

（6）特许权使用费所得。

特许权使用费所得，是指个人提供专利权、商标权、著作权、非专利技术及其他特许权的使用权取得的所得。提供著作权的使用权取得的所得，不包括稿酬所得。

（7）利息、股息、红利所得。

利息、股息、红利所得，是指个人拥有债权、股权而取得的利息、股息、红利所得。

（8）财产租赁所得。

财产租赁所得，是指个人出租建筑物、土地使用权、机器设备、车船及其他财产取得的所得。

个人取得的财产转租收入，属于“财产租赁所得”的征税范围，由财产转租人缴纳个人所得税。

（9）财产转让所得。

财产转让所得，是指个人转让有价证券、股权、建筑物、土地使用权、机器设备、车船及其他财产取得的所得。

（10）偶然所得。

偶然所得，是指个人得奖、中奖、中彩票及其他偶然性质的所得。

（11）经国务院财政部门确定征税的其他所得。

除上述列举的各项个人应税所得外，其他确有必要征税的个人所得，由国务院财政部门确定。

7.1.4　税率

（1）工资、薪金所得适用税率。工资、薪金所得适用七级超额累进税率，税率为 3%~45%（表 7-2）。

表 7-2　工资、薪金所得个人所得税适用税率表

级数	全月含税应纳税所得额	全月不含税应纳税所得额	税率	速算扣除数/元
1	不超过 1 500 元的	不超过 1 455 元的	3%	0
2	超过 1 500 元至 4 500 元的部分	超过 1 455 元至 4 155 元的部分	10%	105
3	超过 4 500 元至 9 000 元的部分	超过 4 155 元至 7 755 元的部分	20%	555
4	超过 9 000 元至 35 000 元的部分	超过 7 755 元至 27 255 元的部分	25%	1 005
5	超过 35 000 元至 55 000 元的部分	超过 27 255 元至 41 255 元的部分	30%	2 755
6	超过 55 000 元至 80 000 元的部分	超过 41 255 元至 57 505 元的部分	35%	5 505
7	超过 80 000 元的部分	超过 57 505 元的部分	45%	13 505

注：本表所称全月含税应纳税所得额和全月不含税应纳税所得额，是指依照税法的规定，以每月收入额减除免征额 3 500 元后的余额或者再减除附加减除费用后的余额

（2）个体工商户的生产、经营所得和对企事业单位的承包经营、承租经营适用税率。个体工商户的生产、经营所得和对企事业单位的承包经营、承租经营所得适用 5%~35%的五级超额累进税率（表 7-3）。

表 7-3　个体工商户的生产、经营所得和对企事业单位的承包经营、承租经营所得个人所得税适用税率表

级数	全年含税应纳税所得额	全年不含税应纳税所得额	税率	速算扣除数/元
1	不超过 15 000 元的	不超过 14 250 元的	5%	0
2	超过 15 000 元至 30 000 元的部分	超过 14 250 元至 27 750 元的部分	10%	750
3	超过 30 000 元至 60 000 元的部分	超过 27 750 元至 51 750 元的部分	20%	3 750
4	超过 60 000 元至 100 000 元的部分	超过 51 750 元至 79 750 元的部分	30%	9 750
5	超过 100 000 元的部分	超过 79 750 元的部分	35%	14 750

注：本表所称全年含税应纳税所得额和全年不含税应纳税所得额，对个体工商户的生产、经营所得，是指以每一纳税年度的收入总额，减除成本、费用、相关税费及损失后的余额；对企事业单位的承包经营、承租经营所得，是指每一纳税年度的收入总额，减除必要费用后的余额

个人独资企业和合伙企业的个人投资者取得的生产经营所得也适用 5%~35%的五级超额累进税率。

（3）劳务报酬所得适用税率。劳务报酬所得适用比例税率，税率为 20%。对劳务报酬所得一次收入畸高的，可以实行加成征收，具体办法由国务院规定。

《中华人民共和国个人所得税法实施条例》第十一条规定："税法第三条第四项所说的劳务报酬所得一次收入畸高，是指个人一次取得劳务报酬，其应纳税所得额超过20 000 元。对前款应纳税所得额超过 20 000 元至 50 000 元的部分，依照税法规定计算应纳税额后再按照应纳税额加征五成；超过50 000元的部分，加征十成。"如表7-4 所示。

表 7-4 劳务报酬所得个人所得税税率表

级数	每次应纳税所得额	税率	速算扣除数/元
1	不超过 20 000 元的部分	20%	0
2	超过 20 000 元至 50 000 元的部分	30%	2 000
3	超过 50 000 元的部分	40%	7 000

注：本表所称每次应纳税所得额，是指每次收入额减除费用 800 元（每次收入额不超过 4 000 元时）或者减除 20%的费用（每次收入额超过 4 000 元时）后的余额

（4）稿酬所得适用税率。稿酬所得适用比例税率，税率为 20%，并按应纳税额减征 30%，故其实际税负为 14%。

（5）特许权使用费所得，利息、股息、红利所得，财产租赁所得，财产转让所得，偶然所得和经国务院财政部门确定征税的其他所得适用税率。特许权使用费所得，利息、股息、红利所得，财产租赁所得，财产转让所得，偶然所得和经国务院财政部门确定征税的其他所得，适用比例税率，税率为 20%。其中，对个人按市场价格出租住房取得的所得，自 2001 年 1 月 1 日起暂减按 10%的税率征收个人所得税。储蓄存款自 2008 年 10 月 9 日起产生的利息，暂免缴纳个人所得税。

7.2 个人所得税的计算方法及会计处理

7.2.1 应纳税额的计算方法

1. 工资、薪金所得的计税方法

1）应纳税所得额

工资、薪金所得实行按月计征办法，以职工每月工资、薪金收入总额（含公务车补贴收入、提前退休获得的一次性补贴）扣除其每月计提的"五险一金"后，再减去免征额 3 500 元后的余额，为每月应纳税所得额。其计算公式为

$$应纳税额=月工资、薪金收入-3\ 500$$

2）减除费用的规定

第一，附加减除费用。《中华人民共和国个人所得税法》第六条规定："应纳税所得额的计算：一、工资、薪金所得，以每月收入额减除费用三千五百元后的余额，为应纳税所得额。"《中华人民共和国个人所得税法实施条例》第二十七条规定："税法第六条第三款所说的附加减除费用，是指每月在减除 3 500 元费用的基础上，再减除本条例第二十九条规定数额的费用。"第二十八条规定："税法第六条第三款所说的附加减除费用适用的范围，是指：（一）在中国境内的外商投资企业和外国企业中工作的外籍

人员；（二）应聘在中国境内的企业、事业单位、社会团体、国家机关中工作的外籍专家；（三）在中国境内有住所而在中国境外任职或者受雇取得工资、薪金所得的个人；（四）国务院财政、税务主管部门确定的其他人员。”第二十九条规定：“税法第六条第三款所说的附加减除费用标准为 1 300 元。”

其个人应纳税所得额的计算公式为

应纳税额=月工资、薪金收入−4 800

附加减除费用所使用的具体范围如下所述。

首先，在中国境内的外商投资企业和外国企业中工作并取得工资、薪金所得的外籍人员。

其次，应聘在中国境内的企事业单位、社会团体、国家机关中工作并取得工资、薪金所得的外籍专家。

再次，在中国境内有住所而在中国境外任职或者受雇并取得工资、薪金所得的个人。

最后，财政部确定的取得工资、薪金所得的其他人员。

此外，华侨和香港、澳门、台湾同胞参照上述附加减除费用标准执行。

第二，个人取得全年一次性奖金的费用扣除。全年一次性奖金是指行政机关、企事业单位等扣缴义务人根据其全年经济效益和对雇员全年工作业绩的综合考核情况，向雇员发放的一次性奖金。对纳税人取得的全年一次性奖金，应单独作为 1 个月工资、薪金所得计算纳税。

如果在发放年终一次性奖金的月份，当月工资薪金所得低于税法规定的费用扣除额 3 500 元，应将全年一次性奖金减除“雇员当月工资薪金所得与费用扣除额的差额”后的余额作为应纳税所得额；如果发放年终一次性奖金的当月工资、薪金所得高于（或等于）费用扣除额 3 500 元，则不再扣除费用，将奖金全额作为应纳税所得额。

此外，对雇员取得除全年一次性奖金以外的其他各种名目奖金，如半年奖、季度奖、加班奖、先进奖、考勤奖等，一律与当月工资、薪金收入合并计算缴纳个人所得税，不再单独减除费用。

第三，雇佣和派遣单位分别支付工资、薪金的费用扣除。在外商投资企业、外国企业和外国驻华机构工作的中方人员取得的工资、薪金收入，凡是由雇佣单位和派遣单位分别支付的，只由雇佣单位一方在支付工资、薪金时，按税法规定减除费用，计算扣缴个人所得税；派遣单位支付的工资、薪金不再减除费用，以支付金额直接确定适用税率，计算扣缴个人所得税。

第四，对在中国境内无住所的个人一次取得数月奖金或年终加薪、劳动分红的费用扣除。对该个人取得的奖金，可单独作为 1 个月的工资、薪金所得计算纳税，不再减除费用，全额作为应纳税所得额直接按适用税率计算应纳税款。

第五，从 2017 年 7 月 1 日起，将商业健康保险个人所得税税前扣除试点政策推至全国，对个人购买符合条件的商业健康保险产品的支出，允许按每年最高 2 400 元的限额予以税前扣除。

3）应纳税额的计算方法

第一，一般工资、薪金所得应纳个人所得税的计算。

工资、薪金所得按每月收入定额减除3 500元或4 800元的余额作为应纳税所得额，适用七级超额累进税率。其计算公式为

应纳税额=应纳税所得额×适用税率−速算扣除数=（每月收入额−3 500 元或 4 800 元）×适用税率−速算扣除数

由于工资、薪金所得在计算应纳个人所得税额时，适用的是超额累进税率，因此计算比较烦琐，运用速算扣除数计算法，可以简化计算过程。

【例题 7-1】某纳税人某月扣除“五险一金”后的月薪收入是 5 200 元，其应纳个人所得税计算如下：

应纳税所得额=5 200−3 500=1 700（元）

应纳税额=1 700×10%−105=65（元）

【例题 7-2】某外商投资企业中工作的英国专家（假设为非居民纳税义务人），201×年 2 月取得由该企业发放的含税工资收入 15 800 元，请计算该专家 201×年 2 月应缴纳的个人所得税税额。

应纳税所得额=15 800−4 800=11 000（元）

应纳税额=11 000×25%−1 005=1 745（元）

第二，个人取得一次性奖金的应纳个人所得税的计算。

对纳税人取得的全年一次性奖金，应单独作为 1 个月工资、薪金所得计算纳税，并按以下计税方法，由扣缴义务人发放时代扣代缴。

其一，将雇员当月取得的全年一次性奖金，除以 12 个月，按其商数确定适用税率和速算扣除数。

如果在发放年终一次性奖金的月份，当月工资薪金所得低于税法规定的费用扣除额 3 500 元，应将全年一次性奖金减除“雇员当月工资薪金所得与费用扣除额的差额”后的余额，按上述方法确定全年一次性奖金的适用税率和速算扣除数。

其二，雇员个人当月内取得的全年一次性奖金，按上述第（1）条确定的适用税率和速算扣除数计算征税，计算公式如下：

如果雇员当月工资、薪金所得高于（或等于）税法规定的费用扣除额的，适用公式为

应纳税额=雇员当月取得全年一次性奖金×适用税率−速算扣除数

如果雇员当月工资、薪金所得低于税法规定的费用扣除额的，适用公式为

应纳税额=（雇员当月取得全年一次性奖金−雇员当月工资薪金所得与费用扣除额的差额）×适用税率−速算扣除数

其三，在一个纳税年度内，对每一个纳税人，该计税办法只允许采用一次。

【例题 7-3】某企业员工张某每月工资 3 800 元，12 月又一次性领取年终含税奖金 36 000 元。请计算张某 12 月应缴纳的个人所得税。

工资应纳税额=（3 800−3 500）×3%=9（元）

年终奖按 12 个月分摊后，每月奖金=36 000 ÷ 12 = 3 000（元），适用的税率为

10%，速算扣除数为 105 元。

$$年终奖应纳税额=年终奖金收入\times适用的税率-速算扣除数$$
$$=36\,000\times10\%-105=3\,495（元）$$

$$12月应缴纳的个人所得税额=9+3\,495=3\,504（元）$$

第三，雇主为其雇员负担个人所得税的计算。

其一，雇主全额为雇员负担税款。此时应将雇员取得的不含税收入换算为含税的应纳税所得额后，再计算雇主应当代扣代缴的税款。计算公式为

$$应纳税所得额=\frac{不含税收入额-费用扣除标准-速算扣除数}{1-税率}$$

$$应纳税额=应纳税所得额\times适用税率-速算扣除数$$

其二，雇主为其雇员负担部分税款。这种情况又可分为定额负担部分税款和定率负担部分税款：①定额负担部分税款，应先将雇员取得的工资、薪金所得换算为含税的应纳税所得额后，再计算雇主应代扣代缴的税款。计算公式为

$$应纳税额=雇员取得的工资+雇主代雇员负担的税款-费用扣除标准$$

$$应纳税额=应纳税所得额\times适用税率-速算扣除数$$

②定率负担部分税款，是指雇主为雇员负担一定比例的工资应纳的税款或负担一定比例的实际应纳税款。计算公式为

$$应纳税所得额=\frac{未含雇主负担的税款的收入额-费用扣除标准-速算扣除数\times负担比例}{1-税率\times负担比例}$$

$$应纳税额=应纳税所得额\times适用税率-速算扣除数$$

【例题 7-4】某企业工程师王某 3 月取得工资收入 8 000 元，加班奖金 2 000 元，以上金额均为已由企业负担个人所得税后的净收入。请计算王某 3 月应缴纳的个人所得税。

$$应纳税所得额=\frac{8\,000+2\,000-3\,500-555}{1-20\%}=7\,431.25（元）$$

$$应纳税额=7\,431.25\times20\%-555=931.25（元）$$

2. 个体工商户的生产、经营所得的计税方法

1）应纳税所得额

以每一纳税年度的收入总额，减除成本、费用、税金、损失，其他支出及允许弥补的以前年度亏损后的余额，为应纳税所得额。

个体工商户应纳税所得额的计算，以权责发生制为原则，属于当期的收入和费用，不论款项是否收付，均作为当期的收入和费用；不属于当期的收入和费用，即使款项已经在当期收付，均不作为当期收入和费用。计算公式为

$$应纳税所得额=收入总额-（成本+费用+损失）$$

第一，准予扣除的其他项目及标准。

其一，自 2011 年 9 月 1 日起，个体工商户业主、个人独资企业和合伙企业自然人投资者的生产经营所得依法计征个人所得税，个体工商户业主、个人独资企业和合伙企业自然人投资者本人的费用扣除标准统一确定为 42 000 元/年，即 3 500 元/月。业主或自然

人投资者的工资不得在税前扣除。

其二，实际支付给从业人员合理的工资薪金支出，准予在税前据实扣除。

其三，按照国务院有关主管部门或省级人民政府规定的范围和标准为其业主和从业人员缴纳的“五险一金”，准予扣除。

其四，企业生产经营和投资者及其家庭生活公用的固定资产，难以划分的，由主管税务机关根据企业的生产经营类型、规模等情况，核定准予在税前扣除的折旧费用的数额或比例。

其五，个体工商户生产经营活动中，应当分别核算生产经营费用和个人、家庭费用。对于生产经营与个人、家庭生活混用难以分清的费用，其40%视为与生产经营有关费用，准予扣除。

其六，实际发生的工会经费、职工福利费、职工教育经费分别在工资总额的 2%、14%、2.5%的标准内据实扣除。

其七，发生的与生产经营活动有关的业务招待费，按照实际发生额的60%扣除，但最高不得超过当年销售（营业）收入的0.5%。

其八，每一纳税年度发生的与其生产经营活动直接相关的广告费和业务宣传费不超过当年销售（营业）收入15%的部分，可以据实扣除；超过部分，可无限期向以后纳税年度结转扣除。

其九，通过公益性社会团体或者县级以上人民政府及其部门发生的捐赠，金额不超过其应纳税所得额30%的部分可以据实扣除。

第二，不得在所得税前列支的项目。

其主要包括：资本性支出，包括为购置和建造固定资产、无形资产和其他资产的支出，以及对外投资的支出；缴纳的个人所得税税款；税收滞纳金；罚金、罚款和被没收财物的损失；各种赞助支出；用于个人和家庭的支出；分配给投资者的股利；个体工商户业主的工资支出；计提的各项准备金；与生产经营无关的其他支出；国家税务总局规定的不准扣除的其他支出。

2）应纳税额的计算方法

应纳税额=应纳税所得额×适用税率−速算扣除数

或应纳税额=（全年收入总额−成本、费用及损失）×适用税率−速算扣除数

【例题7-5】某个人独资企业201×年全年销售收入为1 000万元，销售成本和期间费用860万元，其中业务招待费10万元、广告费25万元、业务宣传费30万元、投资者工资8万元；增值税以外的各种税费120万元，没有其他涉税调整事项。该企业201×年应缴纳的个人所得税额计算如下：

允许扣除的投资者生计费用=0.35×12=4.2（万元）。

业务招待费实际发生额的60%=10×60%=6（万元）。

业务招待费列支限额=1 000×0.5%=5（万元），则按照限额5万元扣除。

广告费支出限额=1 000×15%=150（万元）。

实际发生额=25+30=55（万元），可以据实扣除。

应纳税所得额=1 000−860＋10−5＋8−4.2−120=28.8（万元）。

查表可得适用税率为 35%，速算扣除数为 14 750 元。

应纳税额=28.8×10 000×35%−14 750=86 050（元）。

3. 对企事业单位的承包经营、承租经营的计税方法

1）应纳税所得额

对企事业单位的承包经营、承租经营所得是以每一纳税年度的收入总额，减除必要费用后的余额为应纳税所得额，“必要费用”是指按月减除 3 500 元。计算公式为

应纳税所得额=个人承包经营、承租经营收入总额−每月 3 500 元×月数

2）应纳税额的计算方法

应纳税额=应纳税所得额×适用税率−速算扣除数

或=（纳税年度收入总额−必要费用）×适用税率−速算扣除数

这里需要说明的是，对企事业单位的承包经营、承租经营所得适用的速算扣除数，与个体工商户的生产、经营所得适用的速算扣除数相同。

【例题 7-6】我国公民赵某与某企事业单位签订承包合同经营招待所，承包期为 5 年。201×年招待所实现承包经营利润 200 000 元（未扣除承包人必要工资报酬），按合同规定，承包人每年应缴纳承包费 50 000 元。请计算赵某 201×年应缴纳的个人所得税税额。

201×年应纳税所得额=200 000−50 000−3 500×12=108 000（元）

应纳税额=108 000×35%−14 750=23 050（元）

4. 劳务报酬所得的计税方法

1）应纳税所得额

劳务报酬所得以个人每次取得的收入，定额或定率减除规定费用后的余额为应纳税所得额。每次收入不足 4 000 元的，定额减除费用 800 元；每次收入在 4 000 元以上的，定率减除 20%的费用。

2）应纳税额的计算方法

劳务报酬所得适用 20%的比例税率。

第一，每次收入不足 4 000 元的：

应纳税额=应纳税所得额×适用税率

或=（每次收入额−800）×20%

第二，每次收入在 4 000 元以上的：

应纳税额=应纳税所得额×适用税率

或=每次收入额×（1−20%）×20%

第三，每次收入的应纳税所得额超过 20 000 元的：

应纳税额=应纳税所得额×适用税率−速算扣除数

或应纳税额=每次收入额×（1−20%）×适用税率−速算扣除数

劳务报酬所得适用的速算扣除数见表 7-4。

【例题 7-7】明星王某一次取得表演收入 50 000 元，请计算其应缴纳的个人所得税税额。

应纳税所得额=50 000×（1−20%）=40 000（元）

经查表7-4，适用的税率为30%，速算扣除数为2 000元。

应纳税额=40 000×30%−2 000=10 000（元）

5. 稿酬所得的计税方法

1）应纳税所得额

稿酬所得以个人每次出版、发表作品取得的收入，定额或定率减除规定费用后的余额为应纳税所得额。每次收入不足4 000元的，定额减除费用800元；每次收入在4 000元以上的，定率减除20%的费用。

其中，每次收入具体又可细分为如下几种。

其一，同一作品再版取得的所得，应视为另一次稿酬所得计征个人所得税。

其二，同一作品先在报刊上连载，然后再出版，或者先出版，再在报刊上连载的，应视为两次稿酬所得征税，即连载作为一次，出版作为另一次。

其三，同一作品在报刊上连载取得收入的，以连载完成后取得的所有收入合并为一次，计征个人所得税。

其四，同一作品在出版和发表时，以预付稿酬或分次支付稿酬等形式取得的稿酬收入，应合并计算为一次。

其五，同一作品出版、发表后，因添加印数而追加稿酬的，应与以前出版、发表时取得的稿酬合并计算为一次，计征个人所得税。

2）应纳税额的计算方法

稿酬所得适用20%的比例税率，并按应纳税额减征30%。

其一，每次收入不足4 000元的：

应纳税额=应纳税所得额×适用税率×（1−30%）

或=（每次收入额−800）×20%×（1−30%）

其二，每次收入在4 000元以上的：

应纳税额=应纳税所得额×适用税率×（1−30%）

或=每次收入额×（1−20%）×20%×（1−30%）

【例题7-8】作家李某在某报刊上连载小说，共连载10篇，每篇稿酬800元。请计算其应缴纳的个人所得税。

应纳税所得额=800×10×（1−20%）=6 400（元）

应纳税额=6 400×20%×（1−30%）=896（元）

【例题7-9】某高校教师杨某6月10日因担任另一高校的硕士学位论文答辩会评委取得答辩费3 000元，同日晚上为该校做一场学术报告取得收入6 000元。请计算其应缴纳的个人所得税。

担任答辩会评委取得的收入与做学术报告取得的收入应作为两次收入，分别计算应纳税额。

答辩费收入应纳个人所得税额 =（3 000−800）×20% = 440（元）

学术报告收入应纳个人所得税额 = 6 000×（1−20%）×20% = 960（元）

合计应纳个人所得税 = 440 + 960 = 1 400（元）

6. 特许权使用费所得的计税方法

1）应纳税所得额

特许权使用费所得以个人每次取得的收入，定额或定率减除规定费用后的余额为应纳税所得额。每次收入不足4 000元的，定额减除费用800元；每次收入在4 000元以上的，定率减除 20%的费用。其中，每次收入是指一项特许权的一次许可使用所取得的收入。

2）应纳税额的计算方法

第一，每次收入不足4 000元的：

应纳税额=应纳税所得额×适用税率=（每次收入额−800）×20%

第二，每次收入在4 000元以上的：

应纳税额=应纳税所得额×适用税率=每次收入额×（1−20%）×20%

【例题 7-10】我国公民孙某 201×年取得两项专利，其中一项专利许可给甲公司使用，获得特许权使用费 3 000 元，另外一项专利许可给乙公司使用，获得特许权使用费20 000元。请计算孙某201×年应缴纳的个人所得税税额。

两笔特许权转让收入应分别计算应缴纳的个人所得税税额。

第一笔特许权使用费应纳税额=（3 000−800）×20%=440（元）

第二笔特许权使用费应纳税额=20 000×（1−20%）×20% = 3 200（元）

孙某201×年应缴纳的个人所得税=440 + 3 200 = 3 640（元）

7. 利息、股息、红利所得的计税方法

1）应纳税所得额

利息、股息、红利所得以个人每次取得的收入额为应纳税所得额，不得从收入额中减除任何费用。

自2015年9月8日起，对个人从公开发行和转让市场取得的上市公司股票，持股期限超过1年的，股息红利所得暂免征收个人所得税。

2）应纳税额的计算方法

利息、股息、红利所得适用20%的税率。计算公式为

应纳税额=应纳税所得额×适用税率

=每次收入额×20%

【例题 7-11】钱某是 A 公司股东，并于 201×年 8 月取得该公司分配的股息 5 000元。请计算其应纳税额。

应纳税所得额=5 000（元）

应纳税额=5 000×20%=1 000（元）

8. 财产租赁所得的计税方法

1）应纳税所得额

财产租赁所得以个人每次取得的收入，定额或定率减除规定费用后的余额为应纳税所得额，每次收入不足4 000元的，定额减除费用800元；每次收入在4 000元以上的，

定率减除 20%的费用。

其中，财产租赁收入以一个月内取得的收入为一次收入。纳税人在出租财产过程中缴纳的各项税金和附加，可持完税（缴款）凭证，从其财产租赁收入中扣除。此外，由纳税人负担的能够提供有效、准确凭证的该出租财产实际开支的修缮费用也可以从收入中扣除（每次以 800 元为限，一次扣不完的下次继续扣除，直到扣完为止）。应纳税所得额的计算公式如下所述。

第一，每次（月）收入不超过 4 000 元的：

应纳税所得额=每次（月）收入额−准予扣除项目−修缮费用（800 元为限）−800

第二，每次（月）收入超过 4 000 元的：

应纳税所得额=［每次（月）收入额−准予扣除项目−修缮费用（800 元为限）］×（1−20%）

2）应纳税额的计算方法

财产租赁所得适用 20%的税率。对个人按市场价格出租的居民住房取得的所得，自 2001 年 1 月 1 日起暂减按 10%的税率征收个人所得税。计算公式为

应纳税额=应纳税所得额×适用税率

【例题 7-12】刘某于 201×年 1 月将其自有的单元房按市场价出租给张某居住，每月取得租金收入 3 500 元，全年租金收入 42 000 元。请计算刘某全年租金收入应缴纳的个人所得税。

财产租赁收入以每月取得的收入为一次，按市场价出租给个人居住适用 10%的税率。

每月应纳税所得额=3 500−800=2 700（元）

每月应纳税额=2 700×10%=270（元）

全年应纳税额=270×12=3 240（元）

9. 财产转让所得的计税方法

1）应纳税所得额

财产转让所得以个人每次转让财产取得的收入额减除财产原值和合理费用后的余额为应纳税所得额。其中，合理费用是指纳税人按照规定实际支付的住房装修费用、住房贷款利息、手续费、公证费、税费等费用。

2）应纳税额的计算方法

财产转让所得适用 20%的税率。计算公式为

应纳税额=应纳税所得额×适用税率=（收入总额−财产原值−合理费用）×20%

【例题 7-13】我国公民张先生 3 月转让以前购买的三居室精装修房屋一套，售价 180 万元，转让过程中支付的相关税费 18 万元。该套房屋的购进价为 100 万元，购房过程中支付的相关税费为 3 万元。所有税费支出均取得合法凭证。请计算张先生转让房屋应缴纳的个人所得税。

应纳税所得额=180−100−18−3=59（万元）

应纳税额=59×20%=11.8（万元）

10. 偶然所得的计税方法

1）应纳税所得额

偶然所得以个人每次取得的收入额为应纳税所得额。若个人购买福利、体育彩票（奖券）一次中奖收入不超过 1 万元（含 1 万元）的暂免征收个人所得税；一次中奖收入超过 1 万元的，应按税法规定全额征税。

2）应纳税额的计算方法

偶然所得适用 20%的税率。计算公式为

应纳税额=应纳税所得额×适用税率=每次收入额×20%

【例题 7-14】郑某 201×年 2 月在某公司举行的有奖销售活动中获得奖金 18 800 元，领奖时发生交通费 1 000 元、食宿费 500 元（均由郑某承担）。请计算郑某中奖应缴纳的个人所得税。

偶然所得按收入全额计征个人所得税，不扣除任何费用。

所以应纳税所得额=18 800（元）

应纳税额=18 800×20%=3 760（元）

11. 其他所得的计税方法

1）应纳税所得额

其他所得以个人每次取得的收入额为应纳税所得额。

2）应纳税额的计算方法

其他所得适用 20%的税率。计算公式为

应纳税额=应纳税所得额×适用税率=每次收入额×20%

7.2.2 个人所得税的会计处理

1. 企业代扣代缴个人所得税的会计处理

企业作为个人所得税的扣缴义务人，应按规定代扣代缴该职工应缴纳的个人所得税。由于企业代扣税款与实际上缴之间有一段时间的间隔，故企业代扣的个人所得税必须通过“应交税费　　代扣代缴个人所得税”账户来核算，贷方登记按规定应代扣的个人所得税，借方登记已缴纳的代扣税款，期末贷方余额为尚未上缴的代扣的个人所得税。

1）支付工资、薪金所得代扣代缴税款的账务处理

企业扣缴的个人所得税税款实际上是个人工资、薪金所得的一部分，所以代扣个人所得税时，借记“应付职工薪酬——工资”账户，贷记“应交税费——代扣代缴个人所得税”账户；上缴代扣的个人所得税时，借记“应交税费——代扣代缴个人所得税”账户，贷记“银行存款”或“现金”账户。

企业为职工代扣代缴个人所得税有两种情况：第一，职工自己承担个人所得税，企业只负有扣缴义务；第二，企业既承担税款，又负有扣缴义务。

【例题 7-15】某企业高管王某、张某每月工资收入都为 8 500 元，但王某的收入为含税所得，张某的收入为税后所得（说明：为方便阅读，本题相关计算进行过修约处理）。

（1）为王某扣缴个人所得税时：

王某应纳所得税额=（8 500−3 500）×20%−555=445（元）

会计处理如下：

企业计提工资和个人所得税时：

借：管理费用 8 500

　　贷：应付职工薪酬——工资 8 500

实际发放工资时：

借：应付职工薪酬——工资 8 500

　　贷：应交税费——代扣代缴个人所得税 445

　　　　银行存款（或现金） 8 055

上缴税款时：

借：应交税费——代扣代缴个人所得税 445

　　贷：银行存款 445

（2）由于张某的工资为税后所得，需要换算为税前所得，再计算个人所得税。

$$\text{应纳税所得额} = \frac{\text{不含税收入额} - \text{费用扣除标准} - \text{速算扣除数}}{1 - \text{税率}}$$

=（8 500−3 500−555）÷（1−20%）=5 556（元）

企业为张某承担的税款=5 556×20%−555=556 元

会计分录为：

借：管理费用 9 056

　　贷：应付职工薪酬——工资 9 056

实际发放工资时：

借：应付职工薪酬——工资 9 056

　　贷：应交税费——代扣代缴个人所得税 556

　　　　银行存款（或现金） 8 500

上缴税款时：

借：应交税费——代扣代缴个人所得税 556

　　贷：银行存款 556

2）支付其他所得代扣代缴税款的账务处理

企业支付给个人的劳务报酬、稿酬、特许权使用费、财产租赁费，一般由支付单位作为扣缴义务人为纳税人扣缴税款，并计入该企业的有关期间费用账户。企业在支付上述费用时，借记“管理费用”“财务费用”“销售费用”“生产成本”“应付利润”等账户，贷记“应交税费——代扣代缴个人所得税”账户。

【例题 7-16】某企业因一项设计任务，支付给设计方徐工程师设计费 10 000 元。请计算支付设计费时企业应代扣代缴的个人所得税。

应纳税额=10 000×（1−20%）×20%=1 600（元）

企业的会计分录为：

支付设计费时：

借：管理费用　　10 000

　　贷：应交税费——代扣代缴个人所得税　　1 600

　　　　银行存款　　8 400

上缴税款时：

借：应交税费——代扣代缴个人所得税　　1 600

　　贷：银行存款　　1 600

【例题 7-17】某报社 201×年 2 月支付给作家唐某稿酬 5 000 元。请计算该报社应代扣代缴的个人所得税。

应纳税额=5 000×（1−20%）×20%×（1−30%）=560（元）

报社的会计分录为：

支付稿酬时：

借：生产成本　　5 000

　　贷：应交税费——代扣代缴个人所得税　　560

　　　　银行存款　　4 440

上缴税款时：

借：应交税费——代扣代缴个人所得税　　560

　　贷：银行存款　　560

【例题 7-18】胡某 201×年取得持有的企业债券利息 2 000 元。请计算企业支付利息时应代扣代缴的个人所得税。

应纳税额=2 000×20%=400（元）

企业的会计分录为：

支付利息时：

借：财务费用　　2 000

　　贷：应交税费——代扣代缴个人所得税　　400

　　　　银行存款　　1 600

上缴税款时：

借：应交税费——代扣代缴个人所得税　　400

　　贷：银行存款　　400

3）企业未按税法规定履行代扣代缴义务，被处以罚款、上交罚款的账务处理

借：营业外支出——税收罚款

　　贷：银行存款

2. 非法人企业个人所得税的会计处理

非法人企业是指按税法规定缴纳个人所得税的企业，包括个体工商户、个人独资企业和合伙企业。非法人企业应设置“本年应税所得”账户，并在该账户下设“本年经营

所得”和“应弥补的亏损”两个明细账户。

（1）“本年经营所得”明细账户核算个体工商户本年生产经营活动取得的收入扣除成本费用后的余额。如果收入大于应扣除的成本费用总额，即为本年经营所得，在不存在税前弥补亏损的情况下，即为本年应税所得，应由“本年应税所得——本年经营所得”账户转入“留存利润”账户；如果计算出的结果为经营亏损，则应将本年发生的经营亏损由“不能经营所得”明细账户转入“应弥补的亏损”明细账户。

（2）个体工商户应在“应交税费”账户下设置“应交个人所得税”明细账户，核算预缴和应缴的个人所得税，以及年终汇算清缴个人所得税的补缴和退回情况。个体工商户按月预缴税款时，借记“应交税费——应交个人所得税”账户，贷记“银行存款”或“现金”账户；年度终了，计算出全年实际应纳的个人所得税，借记“留存利润”账户，贷记“应交税费——应交个人所得税”账户。“应交个人所得税”明细账户贷方金额大于借方金额的差额，为预缴税款小于应缴税款的差额。补缴个人所得税时，计入“应交个人所得税”明细账户的借方；收到退回的多缴税款时，计入“应交个人所得税”明细账户的贷方。

【例题 7-19】某饭店系个体工商户，账证比较健全。201×年营业收入为 150 万元，购进米、面、油、肉、蛋、菜等原材料费共计 80 万元，缴纳水电燃气费 2 万元，缴纳各项税费、房租合计 3 万元，发生业务招待费 5 万元。当年支付 4 名雇员工资共 9.6 万元，向希望工程捐款 8 万元。

（1）计算该个体工商户 201×年应缴纳的个人所得税额。

（2）假设该个体工商户经主管税务机关核定，按上年实际应缴纳的个人所得税金额 120 000 元，确定本年各月预缴的个人所得税额，编制有关会计分录。

该个体工商户 201×年应纳个人所得税额计算过程如下所述。

（1）准予扣除的业务招待费限额=1 500 000 × 0.5%=7 500（元）。

50 000 × 60%=30 000（元）

因为业务招待费应以 30 000 元为扣除限额。

（2）捐赠前应纳税所得额=1 500 000−800 000−20 000−30 000−30 000−96 000−42 000=482 000（元）。

（3）准予扣除的公益捐赠限额=482 000 × 30%=144 600（元）。

实际捐款 80 000 元未超过限额，可全额扣除。

（4）应纳税所得额=482 000−80 000=402 000（元）。

（5）应纳税额=402 000 × 35%−14 750=125 950（元）。

企业的会计分录为：

（1）每月预缴个人所得税时：

借：应交税费——应交个人所得税　　10 000

　　贷：银行存款　　10 000

（2）年终结转本年收入和成本费用时：

借：营业收入　　1 500 000

　　贷：本年应税所得　　1 500 000

借：本年应税所得　　1 098 000
　　贷：营业成本　　938 000
　　　　营业费用　　80 000
　　　　营业外支出　　80 000

（3）结转经营所得时：

借：本年应税所得　　402 000
　　贷：留存利润　　402 000

（4）计算全年应纳税额时：

借：留存利润　　125 950
　　贷：应交税费——应交个人所得税　　125 950

（5）补缴个人所得税时：

借：应交税费——应交个人所得税　　5 950
　　贷：银行存款　　5 950

个人独资企业的投资人和合伙企业的合伙人，应缴纳的个人所得税不在企业业务中核算。企业作为会计主体，只核算自身业务盈亏，对投资人或合伙人应缴纳的个人所得税进行代扣代缴，其会计核算与个人所得税中其他代扣代缴情况下的核算方法相同。

7.3 个人所得税纳税申报

个人所得税的纳税办法，分为自行申报纳税和代扣代缴纳税两种。

7.3.1 自行申报纳税

自行申报纳税，是纳税人自行在税法规定的纳税期限内，向税务机关申报取得的应税所得项目和数额，如实填写个人所得税纳税申报表（表 7-5），并按照税法规定计算应纳税额，据此缴纳个人所得税的一种方法。

表 7-5 个人所得税纳税申报表

<table>
<tr><td colspan="2">纳税人识别号</td><td colspan="2"></td><td colspan="2">纳税人姓名</td><td colspan="3"></td><td colspan="1">身份证照类型</td><td colspan="2"></td><td colspan="4">身份证照号码</td><td colspan="6"></td></tr>
<tr><td colspan="2">国籍</td><td colspan="2"></td><td colspan="2">职业</td><td colspan="1"></td><td colspan="3">任职受雇单位</td><td colspan="5"></td><td colspan="1">抵华日期</td><td colspan="6"></td></tr>
<tr><td colspan="2">在中国境内住址</td><td colspan="3"></td><td colspan="2">邮政编码</td><td colspan="4"></td><td colspan="2">联系电话</td><td colspan="3"></td><td colspan="1">经常居住地</td><td colspan="5"></td></tr>
<tr><td rowspan="2">所得项目</td><td rowspan="2">所得期间</td><td rowspan="2">扣缴义务人（国家名称）</td><td rowspan="2">境内收入</td><td rowspan="2">境外收入</td><td rowspan="2">免税收入额</td><td rowspan="2">允许扣除的税费</td><td rowspan="2">费用扣除标准</td><td rowspan="2">准予扣除的捐赠额</td><td rowspan="2">应纳税所得额</td><td rowspan="2">税率/%</td><td rowspan="2">速算扣除数</td><td rowspan="2">应纳税额</td><td colspan="3">境内收入实际扣缴税额</td><td rowspan="2">境外收入实际缴纳税额</td><td rowspan="2">抵扣限额</td><td colspan="3">抵扣额</td><td rowspan="2">应补（退）税额</td></tr>
<tr><td>合计</td><td>扣缴</td><td>自缴</td><td>本期</td><td>上期结转</td><td>结转下期</td></tr>
</table>

续表

<table>
<tr><td>1</td><td>2</td><td>3</td><td>4</td><td>5</td><td>6</td><td>7</td><td>8</td><td>9</td><td>10</td><td>11</td><td>12</td><td>13</td><td>14</td><td>15</td><td>16</td><td>17</td><td>18</td><td>19</td><td>20</td><td>21</td><td>22</td></tr>
<tr><td colspan="3">合计</td><td></td><td></td><td></td><td></td><td></td><td></td><td></td><td></td><td></td><td></td><td></td><td></td><td></td><td></td><td></td><td></td><td></td><td></td><td></td></tr>
<tr><td colspan="8">如纳税人填报，由纳税人填写以下各栏</td><td colspan="14">如委托税务代理机构填报，由税务代理机构填写以下各栏</td></tr>
<tr><td rowspan="6">申报声明</td><td colspan="7" rowspan="6">此纳税申报表是根据国家税收法律的规定填报的，我确信它是真实的、可靠的、完整的。

声明人：</td><td colspan="4">税务代理机构名称</td><td colspan="6"></td><td colspan="4" rowspan="2">税务代理机构
（公章）</td></tr>
<tr><td colspan="4">税务代理机构地址</td><td colspan="6"></td></tr>
<tr><td colspan="3">代理人
（签章）</td><td colspan="2"></td><td>联系
电话</td><td colspan="3"></td><td colspan="5"></td></tr>
<tr><td colspan="14">以下由税务机关填写</td></tr>
<tr><td colspan="4" rowspan="2">收到申报表日期</td><td rowspan="2"></td><td colspan="2" rowspan="2">受理机关</td><td colspan="2" rowspan="2"></td><td rowspan="2">接收人</td><td colspan="4" rowspan="2"></td></tr>
<tr></tr>
</table>

1. 自行申报纳税的纳税义务人

（1）自 2006 年 1 月 1 日起，年所得 12 万元以上的。

（2）在中国境内两处，或者两处以上取得工资、薪金所得的。

（3）在中国境外取得所得的。

（4）取得应税所得，没有扣缴义务人的。

（5）国务院规定的其他情形。

其中，年所得12万元以上的纳税人，不包括在中国境内无住所，且在一个纳税年度中在中国境内居住不满一年的人。

2. 自行申报纳税的纳税地点

申报地点一般应为收入来源地的主管税务机关。但是纳税人从两处或两处以上取得工资、薪金所得的，可选择并固定在其中一地税务机关申报纳税；从境外取得所得的，应向境内户籍所在地或居住地税务机关申报纳税。纳税人要求变更申报纳税地点的，须经原主管税务机关批准。

个人独资企业和合伙企业投资者应向企业实际经营管理所在地主管税务机关申报缴纳个人所得税。

3. 自行申报纳税的纳税期限

（1）年所得 12 万元以上的纳税人，在纳税年度终了后 3 个月内向主管税务机关办理纳税申报。

（2）个体工商户和个人独资，合伙企业投资者取得的生产、经营所得应纳的税款，分月、季预缴的，纳税人在每月、每季度终了后 15 日内办理纳税申报；按年缴纳的，纳税人在年度终了后的 3 个月内进行汇算清缴。

4. 自行申报纳税的纳税方式

纳税人可以采取邮寄、数据电文等方式申报，也可以直接到主管税务机关申报，或者采取符合主管税务机关规定的其他方式申报。

纳税人也可委托有税务代理资质的中介机构或他人代为办理纳税申报。

7.3.2　代扣代缴纳税

代扣代缴，是指按照税法规定负有扣缴税款义务的单位或者个人，在向个人支付应纳税所得时，应计算个人所得税应纳税额，从其所得中扣除并缴入国库，同时向税务机关报送扣缴个人所得税报告表。采取这种方法，有利于从源头控制税款缴纳，防止漏税和逃税。

1. 扣缴义务人

税法规定，凡支付应纳税所得的单位或个人，都是个人所得税的扣缴义务人。扣缴义务人在向纳税人支付各项应纳税所得（个体工商户的生产经营所得除外）时，必须履行代扣代缴税款的义务。

2. 代扣代缴所得项目

扣缴义务人在向个人支付下列所得时，应代扣代缴个人所得税：工资、薪金所得；对企事业单位的承包经营、承租经营所得；劳务报酬所得；稿酬所得；特许权使用费所得；利息、股息、红利所得；财产租赁所得；财产转让所得；偶然所得，以及经国务院财政部门确定征税的其他所得。

3. 代扣代缴期限

扣缴义务人每月所扣的税款，应当在次月15日内缴入国库，并向主管税务机关报送《扣缴个人所得税报告表》（表 7-6），代扣代收税款凭证和包括每一纳税人姓名、单位、职务、收入、税款等内容的支付个人收入明细表。因特殊困难不能按期报送的，经县级税务机关批准，可以延期申报。

表 7-6　扣缴个人所得税报告表

扣缴义务人编码：

扣缴义务人名称（公章）：　　　　填表日期：　年　月　日　　　　金额单位：元（列至角分）

序号	纳税人姓名	身份证照类型	身份证照号码	国籍	所得项目	所得期间	收入额	免税收入额	允许扣除的税费	费用扣除标准	准予扣除的捐赠额	应纳税所得额	税率/%	速算扣除数	应扣（纳）税额	已扣（纳）税额	备注
1	2	3	4	5	6	7	8	9	10	11	12	13	14	15	16	17	18
合计																	

扣缴义务人声明	我声明：此扣缴报告表是根据国家税收法律、法规的规定填报的，我确定它是真实的、可靠的、完整的。声明人签字：
会计主管签字：	负责人签字：　　扣缴单位（或法定代表人）（签章）：
受理人（签章）：	受理日期：年　月　日　　受理税务机关（章）：

本表一式两份，一份扣缴义务人留存，一份报主管税务机关

4. 扣缴义务人的义务及应承担的责任

扣缴义务人向个人支付应纳税所得时，不论纳税人是否属于本单位人员，均应代扣代缴其应纳的个人所得税税款。扣缴义务人依法履行代扣代缴税款义务，纳税人不得拒绝。扣缴义务人在扣缴税款时，必须向纳税人开具税务机关统一印制的代扣代缴税款凭证，并详细注明纳税人姓名、工作单位、家庭住址和身份证或护照号码等个人情况。扣缴义务人应设立代扣代缴税款账簿，正确反映个人所得税的扣缴情况，并如实填写《扣缴个人所得税报告表》及其他有关资料。

扣缴义务人对纳税人应扣未扣的税款，其应纳税款仍然由纳税人缴纳，扣缴义务人应承担应扣未扣税款50%以上至3倍的罚款。

补充：2016年11月8日，财政部税政司流转税处改名增值税处，原来的所得税处分为两个处——企业和个人所得税处。个人所得税改革的配套改革措施将加速推进，包括制定个人收入和财产信息系统建设总体方案，推动建立适应个税改革的自然人税收管理体系，进一步完善个税风险分析系统，以及研究提出配套管理办法等。个人所得税制的综合与分类结合取代目前的分类所得税制也提上了议事日程。财政部长在两会上明确提出“将适当增加与家庭生计相关的专项开支扣除项目，如有关二孩家庭的教育等支出”。

◆本章小结

（1）个人所得税根据住所和居住时间的不同把纳税人划分为居民纳税义务人和非居民纳税义务人。居民纳税义务人来源于中国境内、境外的所得都要依法缴纳个人所得税；非居民纳税义务人仅就其来源于中国境内的所得缴纳个人所得税。

（2）我国现行个人所得税采用的是分类所得税制，将个人取得的各种所得划分为11类，对不同的应税项目分别适用不同的费用减除规定、不同的计税方法和不同的税率。

（3）对纳税人的应纳税额分别采取由支付单位源泉扣缴和纳税人自行申报两种办法。

◆复习思考题

1. 简述居民纳税义务人和非居民纳税义务人的判定标准。
2. 简述个人所得税的征税范围。
3. 纳税人代扣代缴工资、薪金的个人所得税款应如何计算？如何进行会计处理？
4. 纳税人代扣代缴劳务报酬的个人所得税款应如何计算？如何进行会计处理？

◆练习题

一、单项选择题

1. 下列各项中，应当按“偶然所得”项目征收个人所得税的是（　　）。

A. 企业雇员取得认股权证

B. 个人将珍藏的古董拍卖所得

C. 个人将文字作品手稿原件拍卖所得

D. 企业对累积消费达到一定额度的顾客给予额外抽奖机会，个人的获奖所得

2. 居民B某201×年3月将商铺出租，取得租金收入9 000元，当月发生修缮费400元。B某应缴纳个人所得税额为（　　）。

A. 1 425元　　B. 1 350元　　C. 1 226元　　D. 1 376元

3. 下列项目中，不构成工资薪金所得应税项目的是（　　）。

A. 加班费　　B. 特殊工种补助　　C. 外聘讲学所得　　D. 奖金

4. 我国现行个人所得税采用的是（　　）。

A. 分类所得税制　　B. 综合所得税制

C. 混合所得税制　　D. 个别所得税制

5. 下列项目中以一个月取得的收入为一次计算应纳税所得额的是（　　）。

A. 偶然所得　　B. 财产租赁所得　　C. 财产转让所得　　D. 稿酬

6. 某演员演出一次获得收入40 000元，通过当地民政部门向贫困地区捐赠10 000元，该演员本次劳务收入应缴纳的个人所得税为（　　）。

A. 4 600元　　B. 4 720元　　C. 5 200元　　D. 5 600元

7. 某公司201×年12月支付给中国公民王某工资5 500元，并代其负担个人所得税款。公司代王某缴纳的个人所得税款为（　　）。

A. 95元　　B. 105.6元　　C. 400元　　D. 470.6元

二、多项选择题

1. 下列项目中，属于劳务报酬所得的有（　　）。

A. 个人书画展取得的报酬

B. 提供著作的版权而取得的报酬

C. 将国外的作品翻译出版取得的报酬

D. 高校教师受出版社委托进行审稿取得的报酬

2. 下列各项中，适用5%~35%的五级超额累进税率征收个人所得税的有（　　）。

A. 个体工商户的生产经营所得　　B. 合伙企业的生产经营所得

C. 个人独资企业的生产经营所得　　D. 对企事业单位的承包、承租经营所得

3. 下列各项所得，在计算个人所得税时，不得扣除费用的是（　　）。

A. 股息红利所得　　B. 偶然所得

C. 特许权使用费收入　　D. 财产租赁所得

4. 我国个人所得税的纳税义务人依据（　　）两个标准，区分为居民纳税义务人和非居民纳税义务人。

A. 住所　　B. 365天　　C. 居住时间　　D. 现居住地

5. 下列各项中，纳税人应当自行申报缴纳个人所得税的有（　　）。

A. 年所得12万元以上的

B. 从中国境外取得所得的

C. 取得应税所得没有扣缴义务人的

D. 从中国境内两处或者两处以上取得工资、薪金所得的

6.《中华人民共和国个人所得税法实施条例》规定，个人将其所得用于对教育事业和其他公益事业的捐赠，其捐赠额未超过应纳税所得额（　　）的部分，可在税前扣除。

A. 5%　　B. 10%　　C. 20%　　D. 30%

三、计算题

1. 中国公民王某为某文艺团体演员，201×年6月收入情况如下所述。

（1）每月取得工薪收入6 000元，第二季度的奖金4 000元。

（2）录制个人专辑取得劳务报酬45 000元，与报酬相关的个人所得税由支付单位代付。

（3）为他人提供贷款担保获得报酬5 000元。

（4）在乙国出版自传作品一部，取得稿酬160 000元，已按乙国税法规定在该国缴纳了个人所得税16 000元。

要求：按下列顺序回答问题。

（1）计算6月王某工资和奖金收入应缴纳的个人所得税。

（2）计算录制个人专辑公司应代付的个人所得税。

（3）计算担保所得应缴纳的个人所得税。

（4）计算在乙国出版自传作品收入在我国应缴纳的个人所得税。

2. 中国公民张某就职于国内某上市公司，201×年收入情况如下所述。

（1）2月取得上年度一次性奖金36 000元，王某当月的工资为4 500元。

（2）3月1日起将其位于市区的一套公寓住房按市价出租，每月收取租金3 000元。3月因卫生间漏水发生修缮费用1 200元，已取得合法有效的支出凭证。

（3）5月赴国外进行技术交流期间，在甲国演讲取得收入折合人民币12 000元，在乙国取得专利转让收入折合人民币60 000元，分别按照收入来源国的税法规定缴纳了个人所得税折合人民币1 600元和10 000元。

（4）6月与一家培训机构签订了半年的劳务合同，合同规定从6月起每周六为该培训中心授课1次，每次报酬为2 000元。6月为培训中心授课4次。

（5）9月为某企业提供技术服务，取得报酬60 000元，与其报酬相关的个人所得税由该企业承担。

要求：根据以上资料，按照下列序号计算回答问题，每问需计算合计数。

（1）计算王某2月应当缴纳的个人所得税。

（2）计算王某3~4月出租房屋应缴纳的个人所得税（不考虑其他税费）。

（3）计算王某5月从国外取得收入应在国内补缴的个人所得税。

（4）计算培训中心6月支付王某授课费应代扣代缴的个人所得税。

（5）计算支付技术服务报酬的单位应代付的个人所得税。

◆案例讨论题

我国个人所得税对工资、薪金采用超额累进税率，应纳税所得额越多，适用税率越高。某单位实行业绩工资及奖励制度，奖金为年基本工资的 5%，绩效工资为年基本工资总额的 30%，且奖金和绩效工资年末统一发放，小王基本工资为 2 500 元，试问应该缴纳多少个人所得税？针对本案例进行讨论，探讨对于小王的收入来说是否有筹划空间。

第8章

资源税类会计

【学习目标】

通过本章的学习，熟悉资源税会计、城镇土地使用税会计、土地增值税会计、烟叶税会计以及耕地占用税会计这五个资源税类的税法规定的相关内容，并熟练掌握这五类税种所涉及的纳税时间、税目、税率、计税依据等具体知识，同时通过实际案例掌握对其进行相应计算及会计处理的方法。

【内容提要】

本章介绍资源税、城镇土地使用税、土地增值税、烟叶税、耕地占用税等资源税类所涉及的纳税时间、税目、税率、计税依据等税法所规定的具体内容，同时介绍其相对应的会计科目以及会计处理方法。

【思维导图】

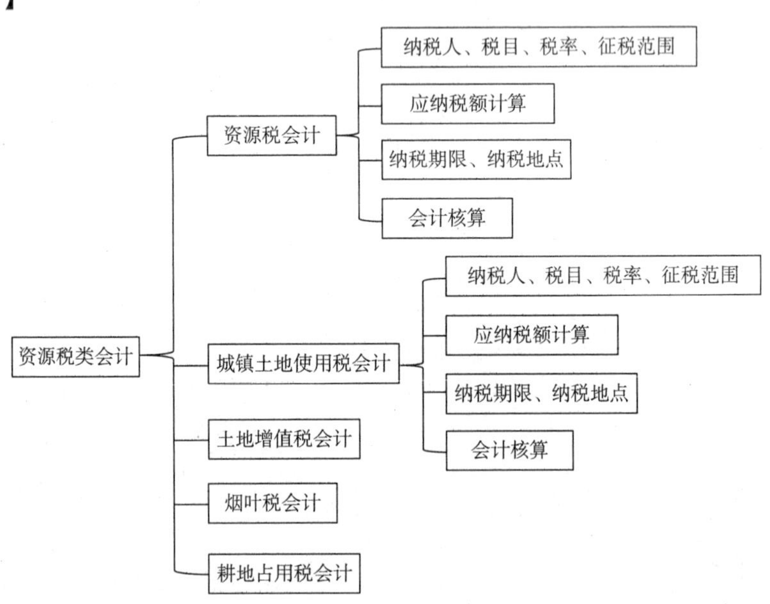

【引言】

本章所介绍的资源税类主要包括资源税、城镇土地使用税、土地增值税、烟叶税、耕地占用税这五类，虽然这五类属于小税种，相对于流转税和所得税等主体税种内容较少，但也是我国税法中不可缺少的组成部分，是对主体税种的补充和完善。

8.1 资源税会计

资源税是对我国领域及管辖海域从事应税矿产品开采和生产盐的单位和个人课征的一种税，属于自然资源占用课税的范围。征收资源税的主要依据是受益原则、公平原则和效率原则。从受益原则来考虑，资源属于国家所拥有的财产，开采者因开采国有资源而得益，所以有责任向所有者支付地租；从公平原则来看，条件公平是有效竞争的前提；从效率原则分析，稀缺资源由社会净效率高的企业来开采，可以有效阻止资源开采过程中对资源的掠夺和浪费行为。所以征收资源税是为了促进企业之间开展公平竞争，促进对自然资源的合理开发利用以及为国家筹集财政资金。

8.1.1 纳税义务人

资源税是对在我国领域及管辖海域从事应税矿产品开采和生产盐的单位和个人课征的一种税，所以说在中华人民共和国领域及管辖海域从事应税矿产品开采和生产盐的单位和个人，为资源税的纳税人。也就是说能否成为资源税的纳税人要受开采地点、组织形式和开采品目限制。对于资源税的开采地点实行“进口不征、出口不退”的政策，也就是说对于进口的应税产品我国实行的是不征收资源税的政策，对于出口的应税产品也不会退还已征税款。

8.1.2 税目

资源税的征税范围分为原油、天然气、盐、黑色金属矿原矿、有色金属矿原矿、煤炭、其他非金属矿原矿七个税目。现行的资源税税目及子税目主要是根据资源税应税产品和纳税人开采资源的行业特点设置的。

（1）原油，是指开采的天然石油，不包括人造石油。

（2）天然气，是指专门开采的天然气或者是与原油同时开采的天然气，不包括煤炭生产的天然气和煤炭瓦斯。

（3）煤炭，是指开采的原煤和以未税原煤加工的洗选煤，不包括已税原煤加工的洗选煤或其他煤炭制品。企业在销售过程中如果同时有已税原煤和未税原煤加工的洗选煤，已税原煤和未税原煤应分开核算，未分开核算的一律按未税原煤计算资源税。

（4）其他非金属矿原矿，是指上列产品以及井矿盐以外的非金属矿原矿。

（5）黑色金属矿原矿，包括铁矿石、锰矿石和铬矿石。

（6）有色金属矿原矿，包括铜矿石、锡矿石、铝矿石等。

（7）固体盐，包括海盐原盐、湖盐原盐和井矿盐。

（8）液体盐，是指氯化钠含量达到一定浓度的溶液，适用于生产碱和其他产品的原料。

8.1.3 税率

资源税的应纳税额，按照从价定率或从量定额的办法实施“级差调节”原则。原油、天然气、煤炭采用比例税率，其中原油、天然气矿产资源适用税率为 6%，煤炭资源税税率幅度为 2%~10%；其他非金属矿原矿、黑色金属矿原矿、有色金属矿原矿、盐采用定额税率。

8.1.4 资源税的计税依据

1. 从价定率征收的计税依据

从价定率计算资源税的销售额，包括纳税人销售应税产品向购买方收取的全部价款和价外费用，但不包括收取的增值税销项税额。

煤炭应税产品包括原煤和以未税原煤加工的洗选煤。

（1）纳税人开采原煤直接对外销售的，以原煤销售额作为应税煤炭销售额计算缴纳资源税。原煤销售额不含从坑口到车站、码头等的运输费用。

（2）纳税人将其开采的原煤，自用于连续生产洗选煤的，在原煤移送使用环节不缴纳资源税；自用于其他方面的，视同销售原煤，计算缴纳资源税。

（3）纳税人将其开采的原煤加工为洗选煤销售的，以洗选煤销售额乘以折算率作为应税煤炭销售额计算缴纳资源税。洗选煤销售额包括洗选副产品的销售额，不包括洗选煤从洗选煤厂到车站、码头等的运输费用。

（4）纳税人将其开采的原煤加工为洗选煤自用的，视同销售洗选煤，计算缴纳资源税。

（5）纳税人同时销售应税原煤和洗选煤的，应当分别核算原煤和洗选煤的销售额；未分别核算或者不能准确提供原煤和洗选煤销售额的，一并视同销售原煤计算缴纳资源税。

除了上述计税依据之外，税法中还规定当纳税人开采应税产品其关联单位对外销售的，按其关联单位的销售额征收。如果纳税人既有对外销售应税产品，又有将应税产品用于除连续生产应税产品以外的其他方面的，则自用的这部分应税产品按纳税人对外销售应税产品的平均价格计算销售额征收资源税。纳税人将其开采的应税产品直接出口的，按其离岸价格（不含增值税）计算销售额征收资源税。

其中价外费用，包括向购买方收取的手续费、补贴、基金、集资费、返还利润、奖励费、违约金、滞纳金等价外收费，但不包括以下费用。

（1）同时符合以下条件的代垫运输费用：①承运部门的运输费用发票开具给购买方的；②纳税人将发票转交给购买方的。

（2）同时符合以下条件代为收取的政府性基金或者行政事业性收费：①由国务院或者财政部批准设立的政府性基金，由国务院或者省级人民政府及其财政、价格主管部门批准设立的行政事业性收费；②收取时开具省级以上财政部门印制的财政票据；③所收款项全额上缴财政。

另外，纳税人以人民币以外的货币结算销售额的，应当折合成人民币计算，可选择销售额发生的当天或者当月 1 日的人民币汇率的中间价，且确定后的折合率计算方法一年内不得变更。

2. 从量定额征收的计税依据

从量定额征收是以销售数量为计税依据，销售数量，包括纳税人开采或者生产应税产品的实际销售数量和视同销售的自用数量。纳税人不能准确提供应税产品销售数量或移送使用数量的，以应税产品的产量或主管税务机关确定的折算比，换算成的数量为课税数量。金属和非金属矿产品原矿，因无法准确掌握纳税人移送使用原矿数量的，可将其精矿按选矿比折算成原矿数量，以此作为课税数量。

选矿比=精矿数量 ÷ 耗用原矿数量

原矿课税数量=精矿数量 ÷ 选矿比（%）

【例题 8-1】某公司 201×年销售铜矿原矿 60 000 吨，另外移送入选精矿 25 000 吨选矿比为 25%，计算该矿当年应缴纳资源税的计税依据（注：此题假设精矿当月全部销售）。

该公司当年应缴纳资源税计税依据=60 000 + 25 000 ÷ 25%=160 000（吨）

纳税人以自产的液体盐加工固体盐，按固体盐税额征税，以加工的固体盐数量为课税数量。纳税人以外购的液体盐加工成固体盐，其加工固体盐所耗用液体盐的已纳税额准予抵扣。

凡同时开采多种资源产品的要分别核算，不能准确划分不同资源产品课税数量的，从高适用税率。

【例题 8-2】某产盐企业，201×年 7 月以自产液体盐 5 000 吨加工成固体盐 1 000 吨，以外购液体盐 1 500 吨加工成固体盐 600 吨，当月销售固体盐 2 000 吨，取得销售收入 300 万元。已知液体盐每吨单位税额 5 元，固体盐每吨单位税额 40 元，计算该产盐企业 7 月应缴纳资源税。

应缴纳资源税=2 000 × 40−1 500 × 5=72 500（元）

8.1.5　应纳税额的计算

（1）从价定率的税额计算。

应纳税额=销售额 × 适用税率

洗选煤应纳税额=洗选煤销售额 × 折算率 × 适用税率

（2）从量定额的税额计算。

应纳税额=课税数量 × 适用的单位税额

代扣代缴税额=收购的未税矿产品数量 × 适用的单位税额

例如，例题 8-1 中铜矿的适用税率为 2 元/吨，计算该公司当年应缴纳的资源税。

应缴纳资源税−160 000×2=320 000（元）

8.1.6 资源税纳税义务发生时间及纳税期限

1. 资源税纳税义务发生时间

（1）纳税人销售自产应税产品的纳税义务发生时间：①纳税人采用分期收款结算方式的，为销售合同规定的收款日期当天；②采取预收货款结算方式的，为发出应税产品的当天；③采取其他结算方式的，为收讫销货款或者取得索取销货款凭据的当天。

（2）纳税人自产自用应税产品的纳税义务发生时间，为移送使用应税产品的当天。

2. 资源税纳税期限

纳税人的纳税期限为 1 日、3 日、5 日、10 日、15 日或者一个月，具体纳税期限由税务机关根据具体情况核定，以一个月为纳税期限的纳税人，要自期满之日起的 10 日内申报纳税。

8.1.7 资源税的纳税地点

（1）资源税纳税人应向资源开采地主管税务机关缴纳资源税。

（2）如果纳税人在本省、自治区、直辖市开采或者生产应税产品且其纳税地点需要调整的，应由所在地省、自治区、直辖市税务机关决定。

（3）如果纳税人应纳资源税属于跨省开采，其下属生产单位与核算单位不在同一个省、自治区、直辖市的，对其开采或者生产的应税产品，一律在开采地或者生产地纳税。

（4）扣缴义务人代扣代缴的资源税，也应该向收购地主管税务机关缴纳。

8.1.8 资源税的会计核算

资源税应通过“应交税金——应交资源税”账户核算，分为以下情况。

（1）企业销售应税产品，纳税人需要交纳增值税和资源税。

企业销售时：

借：银行存款等

　　贷：主营业务收入

　　　　应交税金——应交增值税（销项税额）

借：主营业务税金及附加

　　贷：应交税费——应交资源税

上缴资源税时：

借：应交税费——应交资源税

　　贷：银行存款

（2）企业自产自用应缴资源税的核算。

借：生产成本

　　贷：应交税金——应交增值税

（3）企业收购未税矿产品应缴资源税核算。

企业收购未税矿产品，按实际支付货款时：

借：物资采购

贷：银行存款

按代扣代缴资源税额时：

借：物资采购

贷：应交税金——应交资源税

（4）企业外购液体盐加工固体盐应纳资源税核算。

购入时：

借：应交税金——应交资源税（企业购入固体盐按所允许抵扣的资源税）

物资采购（外购价款扣除允许抵扣后的余额）

贷：银行存款（或应付贷款）

销售时：

借：主营业务税金及附加

贷：应交税金——应交资源税

抵扣液体盐已纳税后的差额上交

借：应交税金——应交资源税

贷：银行存款等

8.2 城镇土地使用税会计

城镇土地使用税法是指国家制定的调整城镇土地使用税收与缴纳权利与义务关系的法律规范，现行的城镇土地使用税法的基本规范，是 2006 年 12 月 31 日国务院修改并颁布的《中华人民共和国城镇土地使用税暂行条例》，2013 年 12 月 4 日国务院第 32 次常委会议作了部分修改，并于 2013 年 12 月 7 日起实施。征收城镇土地使用税有利于促进土地的合理利用、调节土地差收入，也有利于筹集地方财政资金。

8.2.1 纳税义务人

城镇土地使用税是以国有土地或集体土地为征税对象，对拥有土地使用权的单位和个人征收的一种税。在城市、县城、建制镇、工矿区范围内使用土地的单位和个人，为城镇土地使用税的纳税人，具体规定如下所述。

（1）拥有土地使用权的单位和个人，为纳税义务人。

（2）拥有土地使用权的单位和个人不在土地所在地的，其土地的实际使用人和代管人为纳税义务人。

（3）土地使用权未确定或权属纠纷未解决的，其实际使用人为纳税义务人。

（4）土地使用权共有的，共有各方都是纳税义务人，由共有各方分别纳税。

8.2.2 征税范围

城镇土地使用税的征税范围，包括在城市、县城、建制镇和工矿区内的国家所有和集体所有的土地。对建立在城市、县城、建制镇和工矿区以外的工矿企业则不需要缴纳城镇土地使用税。

8.2.3 税率

城镇土地使用税采用定额税率，每平方米土地年税额规定如下：①大城市 1.5~30 元；②中等城市 1.2~24 元；③小城市 0.9~18 元；④县城、建制镇、工矿区 0.6~12 元。

城镇土地使用税采用幅度税额，拉开档次，每个幅度税额的差距规定为 20 倍。

经济落后地区、城镇土地使用税的适用税额标准可适当降低，但降低额不得超过上述规定最低税额标准的 30%。经济发达地区的适用税额标准可以适当提高，但须报财政部批准。

8.2.4 计税依据

城镇土地使用税以纳税义务人实际占用的土地面积为计税依据。纳税义务人实际占用土地面积，按下列方法确定。

（1）凡有由省、自治区、直辖市人民政府确定的单位组织测定土地面积的，以测定的面积为准。

（2）尚未组织测量，但纳税人持有政府部门核发的土地使用证书的，以证书确认的土地面积为准。

（3）尚未核发土地使用证书的，应由纳税人申报土地面积，据以纳税，等到核发土地使用证以后再作调整。

（4）对在城镇土地使用税征税范围内单独建造的地下建筑用地，按规定征收城镇土地使用税。其中，已取得地下土地使用权证的，按土地使用权证确认的土地面积计算应征税款；未取得地下土地使用权证或地下土地使用权证上未标明土地面积的，按地下建筑垂直投影面积计算应征税款。对上述地下建筑用地暂按应征税款的 50%征收城镇土地使用税。

8.2.5 应纳税额的计算

全年应纳税额=实际占用应税土地面积（平方米）×适用税额

单独建造的地下建筑物的税额计算公式为

全年应纳税额=证书确认应税土地面积或地下建筑物垂直投影面积（平方米）×适用税额×50%

【例题 8-3】某企业位于 A 市，201×年 12 月取得一宗土地的使用权，同时该企业取得了政府部门核发的土地使用证书，上面注明的土地面积为 4 000 平方米。当地政府规定的固定税额为每平方米 6 元，计算该企业第 2 年应该缴纳的城镇土地使用税。

应该缴纳的城镇土地使用税=4 000×6=24 000 元

8.2.6 纳税期限

城镇土地使用税实行按年计算、分期缴纳的征收办法，具体纳税期限由省、自治区、直辖市人民政府确定。

8.2.7 纳税义务发生时间

（1）纳税人购置新建商品房，自房屋交付使用之次月起缴纳城镇土地使用税。

（2）纳税人购置存量房，自房地产权属登记机关签发房屋权属证书之次月起缴纳城镇土地使用税。

（3）纳税人出租、出借房地产，自交付出租、出借房产之次月起缴纳城镇土地使用税。

（4）纳税人以出让或转让方式有偿取得土地使用权的，应由受让方从合同约定交付土地时间的次月起缴纳城镇土地使用税；合同未约定交付土地时间的，由受让方从合同签订的次月起缴纳城镇土地使用税。

（5）纳税人新征用的耕地，自批准征用之日起满一年时缴纳城镇土地使用税。

（6）纳税人新征用的非耕地，自批准征用次月起缴纳城镇土地使用税。

（7）纳税人因土地权利状态发生变化而依法终止土地使用税的纳税义务的，其应纳税款的计算应截至实物或权利发生变化的当月末。

8.2.8 纳税地点和征收机构

城镇土地使用税在土地所在地缴纳，纳税人使用的土地不属于同一省、自治区、直辖市管辖的，由纳税人分别向土地所在地的税务机关缴纳土地使用税，在同一省、自治区、直辖市管辖范围内，纳税人跨地区使用的土地，其纳税地点由省、自治区、直辖市地方税务局确定。土地使用权共有的，由税务机关指定一方作为纳税人，计算缴纳城镇土地使用税。

8.2.9 税收优惠

下列土地免缴城镇土地使用税。

（1）国家机关、人民团体、军队自用的土地。

（2）由国家财政部门拨付事业经费的单位自用的土地。

（3）宗教寺庙、公园、名胜古迹自用的土地。

（4）市政街道、广场、绿化地等公共用地。

（5）直接用于农、林、牧、渔业的生产用地。

（6）经批准开山填海整治的土地和改造的废弃土地，从使用的月份起免缴土地使用税五年至十年。

（7）由财政部另行规定免税的能源交通、水利设施用地和其他用地。

下列土地减半计征城镇土地使用税：物流企业自有的大宗商品仓储设施用地减半计

征城镇土地使用税。

8.2.10 城镇土地使用税的会计核算

按规定，企业交纳的土地使用税应通过“应交税金——应交土地使用税”科目核算。该科目贷方反映企业应缴的土地使用税；借方反映企业已经缴纳的土地使用税；余额在贷方，表示应缴而未缴的土地使用税。

每月末，企业应按规定计算出应缴纳的土地使用税，作如下会计分录：

借：管理费用

　　贷：应交税金——应交土地使用税

企业按照规定的纳税期限缴纳税款时，作如下会计分录：

借：应交税金——应交土地使用税

　　贷：银行存款

企业应当按照当地税务机关确定的纳税期限，按照纳税申报表确定的应纳税额，如期足额地缴纳城镇土地使用税税额。

8.3 土地增值税会计

土地增值税法是指国家制定的用以调整土地增值税征收与缴纳之间的权利及义务之间关系的法律。土地增值税是对有偿转让国有土地使用权及地上建筑物和其他附着物产权取得增值收入的单位和个人征收的一种税。征收土地增值税增强了政府对房地产开发和交易市场的调控，有利于抑制炒买炒卖土地获取暴利的行为，也增加了国家收入。现行土地增值税的基本规范，是国务院颁布的《中华人民共和国增值税暂行条例》及实施细则。

8.3.1 纳税义务人

土地增值税的纳税义务人是转让国有土地使用权、地上建筑物及其附着物并取得收入的单位和个人，包括内外资企业、行政事业单位、中外籍个人等。

8.3.2 征税范围

土地增值税是对转让国有土地使用权及其地上建筑物和附着物的行为征税，基本征税范围包括：①转让国有土地使用权，“国有土地”是指按国家法律规定属于国家所有的土地；出售国有土地使用权是指土地所有者通过出让方式，向政府缴纳了土地的出让金，有权受让土地使用权后，仅对土地进行通水、通电、通路和平整地面等土地开发，不进行房产开发。②地上建筑物及其附着物连同国有土地使用权一并转让，“附着物”是指附着于土地上的不能移动或者一经移动即受损坏的物品。纳税人取得国有土地使用权后进行房屋开发建造然后出售的，这种情况即是一般所说的房地产开发。由于这种情况既发生了产权的转让，又取得了收入，所以应该纳入土地增值税的征税范围。③存量房地产买卖。存量房地产是指已经建成并已投入使用的房地产，其房屋所有人将房屋产权和土地使用权一并转让给其他单位和个人，这种行为按照国家有关的房地产法律法规，应当到有关部门办理房产产权和土地使用权的变更手续。

8.3.3　税率

土地增值税实行四级超率累进税率（表 8-1）。

表 8-1　土地增值税四级超率累进税率表

级数	增值额与扣除项目金额的比率	税率	速算扣除数
1	不超过 50%的部分	30%	0
2	超过 50%~100%的部分	40%	5
3	超过 100%~200%的部分	50%	15
4	超过 200%的部分	60%	35

8.3.4　应纳税额计算及计税依据

增值额=收入额−扣除项目金额

增值率=增值额÷扣除项目金额

应纳税额=增值额×适用税率−扣除项目金额×速算扣除系数

土地增值税=收入总额−准许扣除的项目金额

（1）转让房地产收入总额包括货币收入、实物收入及其他收入等全部收入。

（2）扣除项目金额包括：①取得土地使用权所支付的价款，即土地出让金和按国家统一规定缴纳的有关费用；②土地开发的成本、费用，主要包括土地征用及拆迁补偿费、前期工程费、建筑安装工程费、基础设施费、公共配套设施费用等间接费用；③新建房及配套设施的成本费用或者存量房的评估价格（政府指定的评估部门评定的重置价格乘以新旧程度折扣率后的价值）；④与转让房地产有关的税金，包括在出售房地产时所支付的营业税，城市维护建设税等；⑤财政部规定的其他扣除项目及金额（对于从事房地产开发的纳税人可以加计扣除取得土地使用权所支付的金额和房地产开发成本之和的 20%）。

纳税人有以下情形之一的，按照房地产评估价额计算征收：①隐瞒、虚报房地产成交价格的；②提供扣除项目金额不实的；③转让房地产的成交价格低于房地产评估价格，又无正当理由的。

8.3.5　土地增值税申报纳税

纳税人应自转让房地产合同签订之日起 7 日内，向房地产所在地的主管税务机关办理申报纳税，以一次交割、付清价款方式转让房地产的，应在办理过户登记手续前，一次性缴纳全部税款；以分期方式转让房地产的，可根据收款日期确定具体的纳税期限；项目全部竣工结算前转让房地产的，可以预征土地增值税。

其中以下情况免征：①纳税人建造普通标准住宅出售，增值额未超过扣除项目金额 20%的；②因国家建设需要依法征用、收回的房地产。

8.3.6 纳税地点

不论纳税人的机构所在地、经营所在地、居住所在地设在何处，均应在房地产的所在地申报纳税。

【例题 8-4】某房地产开发公司转让办公楼一栋，获得货币收入 20 000 万元，该公司在建造办公楼时为取得该片区的土地使用权，支付了 600 万元，之后开发土地、建房以及建筑安装工程费、基础设施费等费用共计支付 3 000 万元，相关税金支付 50 万元，计算该公司应纳土地增值税。

扣除项目金额=600+3 000+40+（600+3 000）×20%=4 360（万元）

土地增值额=20 000−4 360=15 640（万元）

土地增值额占扣除项目比例金额=15 640÷4 360×100%=358.72%

应纳土地增值税=15 640×60%−4 360×35%=7 858（万元）

8.3.7 土地增值税会计核算

1. 房地产企业的土地增值税会计处理

（1）计算土地增值税时：

借：主营业务税金及附加

　　贷：应交税金——应交土地增值税

（2）实际上缴时：

借：应交税金——应交土地增值税

　　贷：银行存款

（3）兼营房地产业务的企业因转让房地产收入而应缴纳土地增值税时：

借：其他业务支出

　　贷：应交税金——应交土地增值税

2. 非房地产企业转让或销售房地产缴纳土地增值税的会计处理

企业转让国有土地使用权同地上已完工交付使用的建筑物及附着物，并且计算土地增值税时：

借：固定资产清理

　　贷：应交税金——应交土地增值税

上缴税金时：

借：应交税金——应交土地增值税

　　贷：银行存款

8.4 烟叶税会计

烟叶税是以纳税人收购金额为计税依据征收的一种税。

烟叶税是中华人民共和国成立之后慢慢形成的一个税种，最初农业特产农业税征收范围不包括烟叶，对烟叶另外征收产品税和工商统一税。2004 年 6 月，财政部、国家税务总局下发《关于取消除烟叶税外的农业特产农业税有关问题的通知》，规定从 2004 年起，对烟叶税仍征收农业特产农业税。取消对其他农业特产品征收的农业特产农业税。2005 年 12 月 29 日，十届全国人大常委会第十九次会议决定，自 2006 年 1 月 1 日起废止《中华人民共和国农业税条例》，2006 年 4 月 28 日国务院公布《中华人民共和国烟叶税暂行条例》，自公布之日起实施。

8.4.1 纳税义务人

在中华人民共和国境内收购烟叶的单位为烟叶税纳税人，按《中华人民共和国烟叶税暂行条例》的规定缴纳烟叶税。

8.4.2 征税范围

按《中华人民共和国烟叶税暂行条例》的规定，烟叶税的征税范围是指晾晒烟叶、烤烟叶。

8.4.3 税率

烟叶税实行比例税率，税率为 20%，烟叶税税率的调整由国务院决定。

8.4.4 应纳税额的计算

按《中华人民共和国烟叶税暂行条例》的规定，烟叶税的应纳税额按照纳税人收购烟叶的收购金额和规定的税率计算。应纳税额的计算公式为

应纳税额=烟叶收购金额×税率

收购金额包括纳税人支付给烟叶销售者的烟叶收购价款和价外补贴，按照简化手续、方便增收的原则，对价外补贴统一暂按烟叶收购价款的 10%计入收购金额增税。

【例题 8-5】甲烟草公司为增值税一般纳税人，于 201×年 3 月收购烟叶 200 000 千克，烟叶的收购价格为 12 元/千克，总计 2 400 000 元，货款全部支付完毕，计算该公司 3 月收购烟叶应该缴纳的烟叶税金额。

应缴纳烟叶税=2 400 000×（1+10%）=2 640 000（元）

8.4.5 纳税时间

烟叶税的纳税义务发生时间为纳税人收购烟叶的当天。纳税人应当自纳税义务发生之日起 30 日内申报纳税，具体纳税期限由主管税务的机关核定。

8.4.6 纳税地点

烟叶税由地方税务机关征收。纳税人收购烟叶，应当向烟叶收购地的主管税务机关（县级地方税务局或者其所指定的税务分局、所）申报纳税。

8.4.7 会计处理

借：物资采购

　　贷：应交税金——应交烟叶税

8.5 耕地占用税会计

耕地占用税是对占用耕地建房或从事其他非农业生产建设的单位和个人，就其实际占用的耕地面积征收的一种税，它属于对特定土地资源占用课税。耕地是土地资源中最重要的组成部分，是农业生产最基本的生产资料。但我国人口众多，耕地资源相对较少，为了遏制并逐步改变这种状况，政府决定开征耕地占用税。这对保护国土资源、促进农业可持续发展，以及强化耕地管理都具有十分重要的意义。

8.5.1 纳税义务人

耕地占用税的纳税义务人是指占用耕地建房或者从事非农业建设的单位或者个人，包括各类性质的企业、事业单位、社会团体、国家机关、部队及其他单位；也包括个体工商户以及其他个人。

8.5.2 征税范围

其征税范围包括用于建房或从事其他非农业建设征（占）用的国家和集体所有的耕地。耕地包括从事农业种植的土地，也包括菜地；花圃、苗圃、茶园、果园、桑园等园地和其他种植经济林木的土地，占用鱼塘及其他农用土地建房或从事其他非农业建设，也视同占用耕地。

8.5.3 税率

由于我国的不同地区之间人口和耕地资源分布极不均衡，有些地区人烟稠密，耕地资源相对匮乏，有些地区人烟稀少，耕地资源相对比较丰富。所以考虑到不同地区之间客观条件的差别以及与此相关的税收调节力度和负担能力方面的差别，耕地占用税实行地区差别幅度定额税率。人均耕地面积越少，单位税额越高，具体规定如下所述。

（1）人均耕地不超过 1 亩（1 亩≈666.66 平方米）的地区（以县级行政区域为单位，下同），每平方米为 10~50 元；

（2）人均耕地超过 1 亩但不超过 2 亩的地区，每平方米为 8~40 元；

（3）人均耕地超过 2 亩但不超过 3 亩的地区，每平方米为 6~30 元；

（4）人均耕地面积超过 3 亩以上的地区，每平方米为 5~25 元。

经济特区、经济技术开发区和经济发达、人均耕地面积特别稀少的地区，适用税率可以适当提高，但最多不得超过当地适用税率的 50%。

8.5.4　计税依据

耕地占用税以纳税人占用耕地的面积为计税依据，以每平方米为计量单位。

8.5.5　税额计算

耕地占用税以纳税人实际占用的耕地面积为计税依据，按照规定的适用税额标准计算应纳税额，实行一次性征收。

应纳税额=纳税人实际占用的耕地面积×适用税额标准

8.5.6　纳税地点

耕地占用税由地方税务机关负责征收。

8.5.7　纳税期限

获准占用耕地的单位或者个人应当在收到土地管理部门的通知之日起 30 日内缴纳耕地占用税。土地管理部门凭耕地占用税完税凭证或者免税凭证和其他有关文件发放建设用地批准书。

临时占用耕地先纳税，恢复原状后再退税。

建设直接为农业生产服务的生产设施占用林地、牧草场等规定的农用地的，不征收耕地占用税。

8.5.8　会计处理

对于耕地占用税，由于是按照实际占用耕地面积计算并一次性缴纳的，因此可以不通过“应交税金”科目进行核算，而直接计入有关项目的成本费用之中。

1. 工厂类企业

借：在建工程
　　贷：银行存款

2. 房地产开发类

借：开发成本
　　贷：银行存款

◆本章小结

本章主要介绍了如下内容。

（1）资源税，介绍了资源税的纳税义务人、税目、税率、计税依据，包括从价定率征收的计税依据和从量定额征收的计税依据、资源税应纳税额的计算、资源税纳税义务发生时间及纳税期限、资源税的纳税地点、资源税的会计核算。

（2）城镇土地使用税，介绍了城镇土地使用税的纳税义务人、征税范围、税率、计税依据、应纳税额的计算、纳税期限、纳税义务发生时间、纳税地点和征收机构、税收优惠、城镇土地使用税的会计核算。

（3）土地增值税，包括纳税义务人、征税范围、税率、应纳税额计算及计税依据、土地增值税申报纳税、纳税地点、土地增值税会计核算。

（4）烟叶税会计，包括纳税义务人、征税范围、税率、应纳税额的计算、纳税时间、纳税地点、会计处理。

（5）耕地占用税会计，包括纳税义务人、征税范围、税率、计税依据、税额计算、纳税地点、纳税期限、会计处理。

◆复习思考题

1. 资源税和所得税、增值税之间有什么关系？

2. 各类税目中视同销售的类型分别有哪些？不同税目中视同销售的规定有何相同点？

3. 所学税目中纳税环节有何不同？哪些数目属于一次课征？纳税期限和纳税地点有何不同？

4. 各税目中会计核算有何区别？

◆练习题

一、单项选择题

1. 下列各项中，属于资源税纳税义务人的是（　　）。

A. 进口铜矿石的外贸企业

B. 销售液体盐的商店

C. 开采海洋油气资源的自营油气田

D. 销售外购原煤的煤矿企业

2. 下列选项中，属于土地增值税征税范围的是（　　）。

A. 房地产的继承

B. 将房地产无偿赠送给关联方企业

C. 房地产开发公司为客户提供的代建房行为

D. 国有企业房地产评估增值

3. 土地增值税实行的税率是（　　）。

A. 比例税率　　　　B. 定额税率

C. 超率累进税率　　　　D. 超额累进税率

4. 某企业201×年2月将境内开采的原油100吨对外销售，该企业原油平均每吨销售价格5 675元（不考虑增值税）当月全部销售。已知该企业开采原油适用的资源税税率为6%，该企业就此业务应缴纳资源税（　　）元。

A. 0　　　　B. 33 450

C. 34 050　　　　D. 340.5

5. 根据土地增值税法的相关规定，下列情形中，不属于纳税人应进行土地增值税清算的是（　　）。

A. 整体转让未竣工决算房地产开发项目的

B. 直接转让土地使用权的

C. 纳税人申请注销税务登记但未办理土地增值税清算手续的

D. 房地产开发项目全部竣工、完成销售的

6. 根据土地增值税法的相关规定，下列各项中，说法不正确的是（　　）。

A. 对于分期开发的项目，以分期项目为单位清算

B. 土地增值税清算时，已全额开具商品房销售发票的，按照发票所载金额确认收入；未开具发票或未全额开具发票的暂不确认收入

C. 除另有规定外，房地产开发企业不能提供房地产开发成本的合法有效凭证的，不予在计算土地增值税时扣除

D. 房地产开发企业的预提费用，除另有规定外，不得扣除

7. 经济特区、经济技术开发区和经济发达、人均耕地特别少的地区，耕地占用税的适用税额可以适当提高，但最多不得超过当地适用税额的（　　）。

A. 20%　　　　B. 30%

C. 50%　　　　D. 60%

8. 下列关于耕地占用税的说法，不正确的是（　　）。

A. 耕地占用税的纳税义务人，是占用耕地建房或从事其他非农业建设的单位和个人

B. 耕地占用税以纳税人实际占用耕地的面积为计税依据

C. 获准占用耕地的单位或者个人应当在收到土地管理部门的通知之日起 60 日内缴纳耕地占用税

D. 免征或者减征耕地占用税后，纳税人改变原占地用途，不再属于免征或者减征耕地占用税情形的，应当按照当地适用税额补缴耕地占用税

9. 下列有关城镇土地使用税的说法中，正确的有（　　）。

A. 土地使用权共有的，由税务机关指定一方作为纳税人，计算缴纳城镇土地使用税

B. 经济落后地区，土地使用税的适用税额标准可适当降低，但降低额不得超过规定最低税额的 40%

C. 城镇土地使用税采用有幅度的差别税额

D. 城镇土地使用税以纳税人实际占用的土地面积为计税依据

10. 根据城镇土地使用税法的有关规定，下列各项中，说法正确的有（　　）。

A. 对在城镇土地使用税征税范围内单独建造的地下建筑用地，不征收城镇土地使用税

B. 对在城镇土地使用税征税范围内单独建造的地下建筑用地，暂按应征税款的 80%征收城镇土地使用税

C. 对在城镇土地使用税征税范围内单独建造的地下建筑用地，已取得地下土地使用权证的，按土地使用权证确认的土地面积计算应征税款

D. 对在城镇土地使用税征税范围内单独建造的地下建筑用地，未取得地下土地使用权证或地下土地使用权证上未标明土地面积的，按地下建筑垂直投影面积计算应征税款

11. 下列关于城镇土地使用税纳税义务发生时间的表述中，不正确的有（　　）。

A. 纳税人购置存量房，自办理房屋权属转移、变更登记手续，房地产权属登记机关签发房屋权属证书之次月起，缴纳城镇土地使用税

B. 纳税人新征用的耕地，自批准征用次月起缴纳城镇土地使用税

C. 纳税人以出让或转让方式有偿取得土地使用权的，合同未约定交付时间的，由受让方从合同签订的当月起缴纳城镇土地使用税

D. 纳税人以出让或转让方式有偿取得土地使用权的，合同约定交付时间的，自合同约定交付土地时间的当月起缴纳城镇土地使用税

12. 甲烟草公司收购一批晾晒烟叶，支付收购价款为 234 万元，同时支付了价外补贴。则甲烟草公司应缴纳烟叶税（　　）万元。

A. 45.56　　B. 51.48

C. 44　　D. 46.8

13. 根据烟叶税的有关规定，下列说法正确的有（　　）。

A. 在境内收购晾晒烟叶的单位和个人是烟叶税的纳税人

B. 烟叶税的纳税义务发生时间为纳税人向烟叶销售者收购付讫收购烟叶款项或者开具收购烟叶凭据的当天

C. 纳税人收购烟叶，应当向烟叶收购地的县级地方税务局或者其所指定的税务分局、所申报纳税

D. 烟叶税实行定额税率

14. 下列各项中，表述不正确的有（　　）。

A. 增值税、消费税由国家税务局征收管理，城建税由地方税务局征收管理

B. 城建税、教育费附加、地方教育附加均适用《中华人民共和国征收管理法》

C. 烟叶税税率的调整，由财政部决定

D. 烟叶税纳税人应当自纳税义务发生之日起 30 日内申报纳税

15. 根据资源税法的相关规定，纳税人将其开采的天然气直接出口则应（　　）。

A. 免征资源税

B. 按其同类资源平均销售价格计算销售额征收资源税

C. 按其同类资源最高销售价格计算销售额征收资源税

D. 按其离岸价格（不含增值税）计算销售额征收资源税

二、计算题

1. 某煤矿 201×年 3 月开采原煤 12 万吨，将其中 6 万吨对外销售，取得不含增值税销售额 6 000 万元；将其中 1 万吨原煤用于职工食堂；将其中部分原煤自用于连续生产洗煤，生产出来的洗煤当月全部销售，取得不含增值税销售额 4 000 万元；剩余原煤留存待售。已知煤炭资源税税率为 8%，当地省财税部门确定的洗煤折算率为 60%，计算该煤矿应缴纳的资源税。

2. 某烟草企业向农民收购烟叶，开具的收购发票上注明收购价款 60 000 元，公司按照规定缴纳了烟叶税，将烟叶运至位于市区的某加工厂（增值税一般纳税人）加工烟

丝，计算该公司应该缴纳的烟叶税。

3. 201×年甲企业生产经营用地分布于某市的甲、乙两个区域，甲区域土地使用权属于 A 企业，占地面积 15 000 平方米，其中企业办医院占地 1 000 平方米，厂区内绿化占地 3 000 平方米；乙区域的土地使用权属于 A 企业与 B 企业共同拥有，占地面积共 3 000 平方米，实际使用面积各 50%。已知 A 企业所在地城镇土地使用税的年税额为每平方米 5 元，计算 A 企业全年应缴纳的城镇土地使用税。

◆案例讨论题

某煤矿企业位于 A 市，属于自产煤矿企业，该企业从事的业务包括煤矿的开采、洗选、销售等，以下是该煤矿生产企业与 201×年 3 月发生的相应业务，3 月 3 日该企业销售自产原煤 10 000 000 吨，销售价格 80 元/吨；3 月 5 日该企业将原煤 300 吨用于本企业职工宿舍供暖；3 月 12 日该企业将开采的原煤 200 000 吨向某发电厂进行投资，协议确定价格为 100 元/吨；3 月 17 日，该企业用所开采的原煤 400 吨抵偿以往欠 A 公司的债务 6 万元；3 月 20 日该企业从外单位购入一批材料，价格 500 000 元，对方要求用该企业开采的原煤做交易，协商原煤价格为 80 元/吨；本月该企业还以开采的原煤支付外单位投资利润 500 000 元，协议价格为 80 元/吨。地区主管税务机关对该煤矿企业所开采的原煤规定的适用资源税税率为 0.5 元/吨。分析该企业应交资源税以及会计处理。

第9章

财产行为税类会计

【学习目标】

通过本章的学习，要求掌握房产税、车船税和印花税的纳税基本要素、应纳税额的计算和会计账务处理。

【内容提要】

本章要学习房产税的征税对象、征税范围、纳税人、计税依据、税率及其会计核算；车船税的征税对象、纳税人、税目和税率、计算方式及会计核算；印花税的征税对象、纳税人、税目税率及会计核算。

【思维导图】

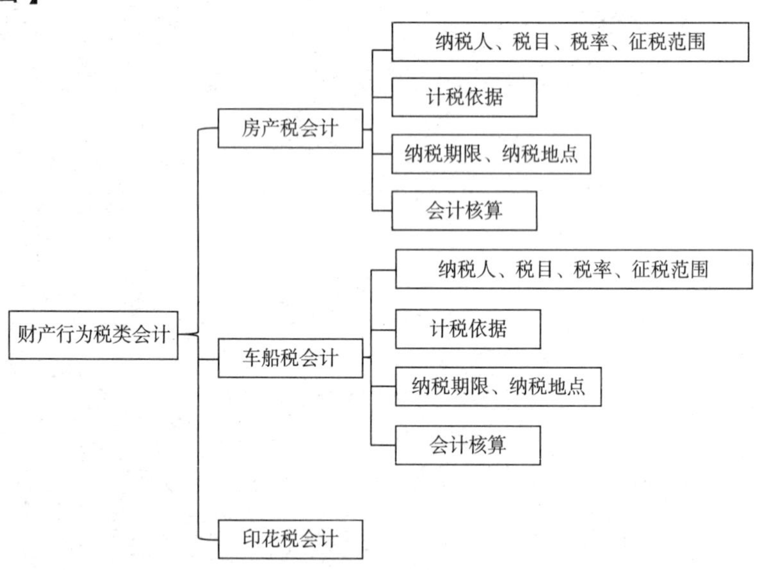

【引言】

企业、组织在生产经营过程中，不仅对其销售、提供劳务的营业额、所得额等负有纳税义务，对其拥有的某些财产、进行的某些法律行为也负有一定的纳税义务。例如，企业自有的厂房、办公楼、仓库可能需要缴纳房产税；企业用于运输的车辆、船舶可能需要缴纳车船税；企业签订购货合同、借款合同、建造合同、租赁合同等须缴纳印花税。作为会计人员必须要弄清各项财产、行为税的税法规定及会计核算，才能保障企业、组织按时合法地履行纳税义务，也能更好地避免不必要的税务负担。

9.1 房产税会计

9.1.1 房产税概述

房产税是以房屋为课税对象，以房屋的计税余值或租金收入为计税依据，向产权所有人征收的一种财产税。

1. 房产税的征税对象

“房产”是以房屋形态表现的财产。房屋是指有屋面和围护结构（有墙或两边有柱），能够遮风避雨，可供人们在其中生产、工作、学习、娱乐、居住或储藏物资的场所。

独立于房屋之外的建筑物，如围墙、烟囱、水塔、变电塔、油池油柜、酒窖菜窖、酒精池、蜜糖池、室外游泳池、玻璃暖房、砖瓦石灰窑及各种油气罐等，不属于房产。

2. 房产税的征税范围

房产税在城市、县城、建制镇和工矿区征收。

城市是指经国务院批准设立的市，其征税范围为市区、郊区和市辖县县城，不包括农村；县城是指未设立建制镇的县人民政府所在地；建制镇是指经省、自治区、直辖市人民政府批准设立的建制镇，征税范围为镇人民政府所在地，不包括所辖的行政村；工矿区是指工商业比较发达，人口比较集中，符合国务院规定的建制镇标准，但尚未设立镇建制的大中型工矿企业所在地。

3. 房产税的纳税人

房产税由房屋产权所有人缴纳，具体规定如下所述。

（1）产权属于国家所有的，由经营管理的单位缴纳。

（2）产权出典的，由承典人缴纳。

（3）融资租赁的房产，由承租人缴纳。

（4）产权所有人、承典人不在房产所在地的，或者产权未确定及租典纠纷未解决的，由房产代管人或者使用人缴纳。

（5）纳税单位和个人无租使用房产管理部门、免税单位及纳税单位的房产，应由使用人缴纳房产税。

4. 房产税的计税依据

我国现行房产税的计税依据是房产余值或房产的租金收入。

（1）一般情况下，房产税按房产余值计征。

房产余值指房产原值一次减除 10%~30%后的余值，具体减除幅度，由省、自治区、直辖市人民政府规定。没有房产原值作为依据的，由房产所在地税务机关参考同类房产核定。

房产原值是指纳税人按照会计制度规定，在账簿“固定资产”科目中记载的房屋原价。因此，凡按会计制度规定在账簿中记载有房屋原价的，即应以房屋原价按规定减除一定比例后作为房产余值计征房产税；没有记载房屋原价的，参照同类房屋确定房产原值，计征房产税。

房产原值应包括与房屋不可分割的各种附属设备或一般不单独计算价值的配套设施，主要有暖气、卫生、通风、照明、煤气等设备；各种管线，如蒸气、压缩空气、石油、给水排水等管道及电力、电信、电缆导线；电梯、升降机、过道、晒台等。

（2）房产出租的（不包括融资租赁），以房产租金收入为房产税的计税依据。

5. *房产税的税率*

房产税的税率，依照房产余值计算缴纳的，税率为 1.2%；依照房产租金收入计算缴纳的，税率为 12%。

9.1.2 房产税的会计核算

纳税人应当在“应交税费”科目下设置“应交房产税”明细科目来核算房产税。该科目借方记录已经上缴税务局的房产税，贷方记录按规定计提的房产税，余额通常在贷方，表示应缴未缴的房产税。

1. *经营自用的房屋*

纳税人期末按税法规定计提本期应当缴纳的房产税时，借记“管理费用”科目，贷记“应交税费——应交房产税”科目；缴纳房产税时，借记“应交税费——应交房产税”科目，贷记“银行存款”科目。

【例题 9-1】某企业坐落在某城市内，其生产厂房原值为 5 000 万元，在郊区以外的农村还有一个仓库，原值为 200 万元，当地规定允许减除房产原值的 30%，计算该企业全年应缴纳的房产税，并做会计处理。

坐落于市内的生产厂房：

$$年应纳房产税 = 5\,000 \times（1-30\%）\times 1.2\% = 42（万元）$$

其会计分录为：

计提应缴纳房产税时：

借：管理费用　　420 000

　　贷：应交税费——应交房产税　　420 000

缴纳房产税时：

借：应交税费——应交房产税　　420 000

　　贷：银行存款　　420 000

坐落在农村的仓库不属于房产税的征税范围，不需缴纳房产税。

2. 出租的房屋

纳税人将房屋出租，按税法规定计提当期应缴房产税时，借记“营业税金及附加”科目，贷记“应交税费——应交房产税”科目；缴纳房产税时，借记“应交税费——应交房产税”科目，贷记“银行存款”等科目。

【例题 9-2】某公司将闲置未用房产出租给某企业经营，每年收取租金 100 万元，计算其出租房产应缴纳房产税，并做会计分录。

房租收入应纳房产税 = 100 × 12% = 12（万元）

其会计分录为：

计提应缴纳房产税时：

借：营业税金及附加　　120 000

　　贷：应交税费——应交房产税　　120 000

缴纳房产税时：

借：应交税费——应交房产税　　120 000

　　贷：银行存款　　120 000

补充：针对个人拥有房产的房地产税未来开征的可能性很大，需要对其政策趋势进行密切关注。

9.2　车船税会计

9.2.1　车船税概述

车船税是以车船为课税对象，按车辆、船舶的种类、数量和吨位，向车船的所有人或者管理人征收的一种财产税。

1. 车船税的征税对象

车船税的征税对象是我国境内行驶或航行的属于《中华人民共和国车船税法》中《车船税税目税额表》规定的车船。

2. 车船税的纳税人

在我国境内属于《车船税税目税额表》规定的车船的所有人或者管理人，为车船税的纳税人。

3. 车船税的税率

车船税适用定额税率，具体税额见表 9-1。

表 9-1　车船税税目税额表

税目		计税单位	年基准税额	备注
乘用车［按发动机汽缸容量（排气量）分档］	1.0 升（含）以下的	每辆	60~360 元	核定载客人数 9 人（含）以下
	1.0 升以上至 1.6 升（含）的		300~540 元	
	1.6 升以上至 2.0 升（含）的		360~660 元	

续表

税目		计税单位	年基准税额	备注
乘用车［按发动机汽缸容量（排气量）分档］	2.0 升以上至 2.5 升（含）的	每辆	660~1 200 元	核定载客人数 9 人（含）以下
	2.5 升以上至 3.0 升（含）的		1 200~2 400 元	
	3.0 升以上至 4.0 升（含）的		2 400~3 600 元	
	4.0 升以上的		3 600~5 400 元	
商用车	客车	每辆	480~1 440 元	核定载客人数 9 人以上，包括电车
	货车	整备质量每吨	16~120 元	包括半挂牵引车、三轮汽车和低速载货汽车等
挂车		整备质量每吨	按照货车税额的 50%计算	
其他车辆	专用作业车	整备质量每吨	16~120 元	不包括拖拉机
	轮式专用机械车		16~120 元	
摩托车		每辆	36~180 元	
船舶	机动船舶	净吨位每吨	3~6 元	拖船、非机动驳船分别按照机动船舶税额的 50%计算
	游艇	艇身长度每米	600~2000 元	

4. 车船税的计算

根据《车船税税目税额表》的规定，不同的车船按不同的计税依据计算应纳税额。

（1）乘用车、客车、摩托车。

应纳税额 = 适用单位税额 × 应纳税车辆数量

（2）货车、挂车、专用作业车、轮式专用机械车。

应纳税额 = 适用单位税额 × 整备质量

（3）机动船舶（拖船、非机动驳船分别按照机动船舶税额的 50%计算）。

应纳税额 = 适用单位税额 × 净吨位数

（4）游艇。

应纳税额 = 适用单位税额 × 艇身长度

5. 车船税的减免

下列车船免征车船税：①捕捞、养殖渔船；②军队、武装警察部队专用的车船；③警用车船；④依照法律规定应当予以免税的外国驻华使领馆、国际组织驻华代表机构及其有关人员的车船。

自 2012 年 1 月 1 日起，对节约能源的车船，减半征收车船税；对使用新能源的车船，免征车船税。

对受严重自然灾害影响纳税困难以及有其他特殊原因确需减税、免税的，可以减征或者免征车船税。具体办法由国务院规定，并报全国人民代表大会常务委员会备案。

省、自治区、直辖市人民政府根据当地实际情况，可以对公共交通车船，以及农村居民拥有并主要在农村地区使用的摩托车、三轮汽车和低速载货汽车定期减征或者免征车船税。

9.2.2　车船税的会计核算

纳税人应当设置“应交车船税”明细科目来核算车船税。该科目借方记录企业已上缴的车船税，贷方记录按规定应缴纳的车船税，余额通常在贷方，表示应缴未缴的车船税。

月份终了，企业计算出应交纳的车船税税额：

借：管理费用

　　贷：应交税费——应交车船税

企业在缴纳税款时：

借：应交税费——应交车船税

　　贷：银行存款

【例题 9-3】某企业有货车 10 辆，挂车 6 辆，每辆自重吨位均为 5 吨，货车年税额 50 元/吨；有发动机汽缸容量 2.0 的乘用车 5 辆，每辆年税额 660 元。计算该企业年应缴纳的车船税，并编制会计分录。

年应纳车船税 = 10 × 5 × 50+6 × 5 × 50 × 50%+5 × 660 = 6 550（元）

其会计分录为：

计提应缴纳车船税时：

借：管理费用	6 550	
贷：应交税费——应交车船税		6 550

缴纳车船税时：

借：应交税费——应交车船税	6 550	
贷：银行存款		6 550

9.3　印花税会计

9.3.1　印花税概述

印花税是以应纳税凭证为征税对象，以应纳税凭证所记载的金额、费用、收入额或凭证的件数为计税依据，向书立、领受应纳税凭证的单位和个人征收的一种行为税。

1. 印花税的征税对象

印花税的征税对象是在中华人民共和国境内书立、领受《中华人民共和国印花税暂行条例》所列举的凭证，包括如下对象。

（1）购销、加工承揽、建设工程勘察设计、财产租赁、货物运输、仓储保管、借款、财产保险、技术合同或者具有合同性质的凭证。

（2）产权转移书据。

（3）营业账簿，指单位或者个人记载生产、经营活动的财务会计核算账簿。

（4）权利、许可证照，包括政府部门发给的房屋产权证、工商营业执照、商标注册证、专利证、土地使用证等。

（5）经财政部确定征税的其他凭证。

现行印花税只对《中华人民共和国印花税暂行条例》列举的凭证征收，没有列举的凭证不征税。

2. 印花税的纳税人

在中华人民共和国境内书立、领受应纳税凭证的单位和个人，都是印花税的纳税义务人，包括下列所述。

（1）立合同人，指合同的当事人，即对凭证有直接权利义务关系的单位和个人，不包括保人、证人、鉴定人。当事人的代理人有代理纳税的义务。

（2）立据人，指书立产权转移书据的当事人。

（3）立账簿人，指设立并使用营业账簿的单位和个人。

（4）领受人，指领取或接受政府部门发给的权利、许可证照的单位和个人。

（5）使用人，在国外书立、领受，但在国内使用的应税凭证，也应纳印花税，使用人为纳税人。

需要说明的是，由两方及以上当事人共同书立的应税凭证，各方当事人都是印花税纳税人；签订电子应税凭证的，也应缴纳印花税。

3. 印花税的税目、税率

根据《中华人民共和国印花税暂行条例》，印花税共有 13 个税目。纳税人根据应纳税凭证的性质，分别按比例税率或者按件定额计算应纳税额，具体见表 9-2。

表 9-2 印花税税目税率表

序号	税目	范围	税率	纳税人	说明
1	购销合同	包括供应、预购、采购、购销、结合及协作、调剂等合同	按购销金额 0.3‰贴花	立合同人	
2	加工承揽合同	包括加工、定作、修缮、修理、印刷广告、测绘、测试等合同	按加工或承揽收入 0.5‰贴花	立合同人	
3	建设工程勘察设计合同	包括勘察、设计合同	按收取费用 0.5‰贴花	立合同人	
4	建筑安装工程承包合同	包括建筑、安装工程承包合同	按承包金额 0.3‰贴花	立合同人	
5	财产租赁合同	包括租赁房屋、船舶、飞机、机动车辆、机械、器具、设备等合同	按租赁金额 1‰贴花，税额不足 1 元，按 1 元贴花	立合同人	
6	货物运输合同	包括民用航空运输、铁路运输、海上运输、联运合同	按运输费用 0.5‰贴花	立合同人	单据作为合同使用的，按合同贴花
7	仓储保管合同	包括仓储、保管合同	按仓储保管费用 1‰贴花	立合同人	仓单或栈单作为合同使用的，按合同贴花
8	借款合同	银行及其他金融组织和借款人	按借款金额 0.05‰贴花	立合同人	单据作为合同使用的，按合同贴花
9	财产保险合同	包括财产、责任、保证、信用等保险合同	按保险费收入 1‰贴花	立合同人	单据作为合同使用的，按合同贴花
10	技术合同	包括技术开发、转让、咨询、服务等合同	按所载金额 0.3‰贴花	立合同人	

续表

序号	税目	范围	税率	纳税人	说明
11	产权转移书据	包括财产所有权、版权、商标专用权、专利权、专有技术使用权、土地使用权出让合同、商品房销售合同等	按所载金额 0.5‰贴花	立据人	
12	营业账簿	生产、经营用账册	记载资金的账簿，按实收资本和资本公积的合计金额 0.5‰贴花，其他账簿按件计税 5 元/件	立账簿人	
13	权利、许可证照	包括政府部门发给的房屋产权证、工商营业执照、商标注册证、专利证、土地使用证	按件贴花，5 元/件	领受人	

4. 印花税的计算

印花税根据应纳税凭证的性质，分别按比例税率或者按件定额计算应纳税额。

适用比例税率的应税凭证：应纳税额 = 计税金额 × 适用税率

适用定额税率的应税凭证：应纳税额 = 计税件数 × 定额税率（5 元）

有些合同在签订时无法确定计税金额，如技术转让合同中的转让收入，是按销售收入的一定比例收取或是按实现利润分成的；财产租赁合同，只是规定了月（天）租金标准而无租赁期限的。对这类合同，可在签订时先按定额五元贴花，以后结算时再按实际金额计税，补贴印花。

9.3.2 印花税的会计核算

印花税的会计处理不通过“应交税费”科目。按税法规定，印花税由纳税人根据规定自行计算应纳税额，购买并一次贴足印花税票的缴纳办法。纳税人应当于书立或领受应税凭证时购买印花税票并贴花，借记“管理费用”科目，贷记“银行存款”科目。为简化贴花手续，应纳税额较大或者贴花次数频繁的，纳税人可向税务机关提出申请，采取以缴款书代替贴花或者按期汇总缴纳的办法，汇总缴纳时，借记“管理费用”科目，贷记“银行存款”科目。若纳税人预先购买印花税票备用，则借记“预付账款”科目，贷记“银行存款”科目；待贴花划销时，借记“管理费用”科目，贷记“预付账款”科目。

【例题 9-4】某企业 201×年 12 月有关资料如下：

（1）实收资本增加 200 万元。

（2）与银行签订一年期借款合同，借款金额 500 万元，年利率 5%。

（3）与甲公司签订购销合同，销售货物价格 400 万元。

（4）与乙公司签订受托加工合同，乙公司提供价值 80 万元的原材料，该企业提供价值 15 万元的辅助材料并收加工费 20 万元。

（5）与货运公司签订运输合同，载明运输费用 10 万元。

该企业采用按月汇总缴纳印花税。计算该企业 201×年 12 月应缴纳印花税，并编制会计分录。

（1）实收资本增加应纳印花税=2 000 000 × 0.5‰=1 000（元）。

（2）借款合同应纳印花税=5 000 000×0.05‰=250（元）。

（3）购销合同应纳印花税=4 000 000×0.3‰=1 200（元）。

（4）委托加工合同以加工费和辅助材料金额之和为计税依据，加工合同应纳印花税=（150 000+200 000）×0.5‰=175（元）。

（5）运输合同应纳印花税=100 000×0.5‰=50（元）。

201×年 12 月应缴纳印花税 = 1 000+250+1 200+175+50 = 2 675（元）

其会计分录为：

按月汇总缴纳印花税时：

借：管理费用　　2 675

　　贷：银行存款　　2 675

◆本章小结

本章主要介绍了如下内容。

（1）房产税的征税对象、征税范围、纳税人、计税依据、税率及其会计核算。

（2）车船税的征税对象、纳税人、税目和税率、计算方法及会计核算。

（3）印花税的征税对象、纳税人、税目税率、计算方法及会计核算。

◆复习思考题

1. 如何确定房产税的计税依据？
2. 如何确定各类应税凭证印花税的计税依据及计算方法？

◆单选题

1. 下列各项中，符合房产税纳税义务人规定的是（　　）。

A. 集体产权出租的由承租人缴纳　　B. 房屋产权出典的由出典人缴纳

C. 产权纠纷未解决的由代管人或使用人缴纳　　D. 产权属于国家所有的不缴纳

2. 下列房产税的纳税人是（　　）。

A. 房屋的出典人　　B. 拥有农村房产的农村农民

C. 允许他人无租使用房产的房管部门　　D. 产权不明的房屋的使用人

3. 以下应缴纳房产税的项目有（　　）

A. 集团公司的仓库　　B. 合伙企业的露天游泳池

C. 股份制企业的围墙　　D. 工厂的独立烟囱

4. 融资租赁房屋，在租赁期内房产税的纳税人是（　　）。

A. 租出方　　B. 租入方

C. 免税　　D. 当地税务机关根据实际情况确定

5. 对以房产投资收取固定收入的，应由（　　）缴房产税。

A. 租方按租金收入　　B. 出租方按租金收入

C. 承租方按房产余值　　D. 定出租方按房产余值

6. 车辆适用的车船税税率形式是（　　）。

A. 比例税率　　B. 超额累进税率

C. 超率累进税率　　D. 定额税率

7. 依据车船税的相关规定，对城市、农村公共交通车船可给予定期减税、免税的优惠，有权确定定期减税、免税的部门是（　　）。

A. 省级人民政府　　B. 省级税务机关

C. 县级人民政府　　D. 县级税务机关

8. 某运输公司拥有并使用以下车辆：农业机械部门登记的拖拉机 5 辆，自重吨位为 2 吨；自重 5.7 吨的载货卡车 10 辆；自重吨位为 4.5 吨的汽车挂车 5 辆。中型载客汽车 10 辆，其中包括 2 辆电车。当地政府规定，载货汽车的车辆税额为 60 元/吨，载客汽车的税额是 420 元/年。该公司当年应纳的车船税为（　　）元。

A. 9 750　　B. 9 570

C. 9 150　　D. 8 970

9. 某船运公司 201×年初登记注册的船舶如下：①净吨位为 400 吨的机动船 15 艘；②净吨位为 28.5 吨的小型机动船 15 艘；③净吨位为 10 吨的非机动驳船 10 艘；④100 马力的拖船 10 艘。当地省政府规定，船舶的单位税额为净吨位每吨 4 元，则 201×年该船运公司应纳的车船税为（　　）元。

A. 27 880　　B. 26 880

C. 26 380　　D. 25 380

10. 某小型运输公司 201×年 7 月底购入客货两用车 3 辆，可乘 4 人，自重吨位为每辆 1.3 吨，8 月取得车船管理部门核发的车船登记证书。当地政府规定，载货汽车的车辆税额为 80 元/吨，4 人座客车每年税额 200 元。则 201×年该运输公司应纳的车船税是（　　）元。

A. 150　　B. 180

C. 130　　D. 156

11. 某货运公司 201×年拥有 3 辆四门六座客货两用车，载货自重吨位为 3 吨；四座小轿车 2 辆。该公司所在省规定载货汽车年应纳税额每吨 30 元，九座以下乘人汽车年纳税额每辆 420 元。该公司 201×年应缴的车船税为（　　）元。

A. 5 620　　B. 1 110

C. 1 240　　D. 1 690

12. 某运输公司拥有净吨位 4 000 吨的机动船 15 艘，税额为 5 元/吨；净吨位 1 600 吨的 B 型机动船 5 艘，税额为 4 元/吨；3 200 马力的拖船 6 艘，税额为 4 元/吨；净吨位 200 吨的非机动驳船 10 艘，税额为 3 元/吨。该运输公司应纳的车船税为（　　）元。

A. 354 200　　B. 395 700

C. 391 500　　D. 389 700

13. 在确定合同计税依据时应当注意，有时合同在签订时无法确定计税金额，对于此类合同，一般按（　　）贴花，以后结算时，再予以补贴印花。

A. 定额 10 元　　B. 预期金额 5 元

C. 定额 15 元　　D. 定额 5 元

14. 下列应税凭证中，可免纳印花税的有（　　）。

A. 无息、贴息贷款合同

B. 合同的副本或抄本

C. 外国政府或国际金融组织向我国企业提供的优惠贷款所书立的合同

D. 仓储保管合同

◆练习题

1. 某企业 201×年 1 月 1 日的房产原值为 3 000 万元，4 月 1 日将其中原值为 1 000 万元的临街房出租给某餐饮店，月租金 5 万元。当地政府规定允许按房产原值减除 20%后的余值计税。计算该企业当年应缴纳的房产税，并编制会计分录。

2. 某运输公司拥有载货汽车 15 辆（每辆货车整备质量为 10 吨）；乘人大型商用车 20 辆；乘人中型商用车 10 辆；拥有非机动驳船 4 艘，每艘净吨位 3 000 吨；拖船 2 艘，每艘净吨位 2 100 吨。计算该公司年应纳车船税，并编制会计分录。（注：载货汽车整备质量每吨年税额 90 元，乘人大型商用车每辆年税额 1 200 元，乘人中型商用车每辆年税额 800 元。当地机动船舶的车船税计税标准为：净吨位 2 001~10 000 吨的，每吨 5 元）

3. 长江公司某年度印花税相关情况如下所述。

（1）2 月与 A 企业签订 1 份以货易货合同，合同规定，公司以价值 30 万元的产品换取 A 企业 45 万元的货物作为原材料，该合同在规定期限内并未履行。

（2）3 月接受 B 企业委托加工产品，合同载明，原料及主要材料由 B 企业提供，价值 35 万元，另收取加工费 10 万元，价款合计 45 万元。

（3）7 月与某办公用品公司签订 1 份复印机租赁合同，合同金额 850 元；签订 1 份 1 个月的传真机租赁合同，合同金额 80 元。

（4）12 月与某研究所签订技术转让合同 1 份，合同注明按该技术研制的产品实际销售收入支付给研究所 10%的报酬，当月该产品无销售收入。

计算该企业年度应缴纳的印花税，并编制会计分录。

◆案例讨论题

某上市公司 201×年初固定资产管理台账的部分内容如表 9-3 所示。

表 9-3　某上市公司 201×年初固定资产管理台账部分内容

资产编码	类别名称	折旧方法	使用状况	原值	货币单位	累计折旧	净值
01010001	房屋	平均年限法	在用	3 800 000	元	3 450 000	350 000
01010002	房屋	平均年限法	在用	1 500 000	元	1 200 000	300 000
01010003	房屋	平均年限法	在用	8 400 000	元	4 500 000	3 900 000
01010004	房屋	平均年限法	在用	120 000 000	元	62 000 000	58 000 000
01010005	办公楼 1 号电梯	平均年限法	在用	380 000	元	54 000	326 000
01010006	办公楼 2 号电梯	平均年限法	在用	350 000	元	49 000	301 000
01010007	办公楼 3 号电梯	平均年限法	在用	300 000	元	42 000	258 000

续表

资产编码	类别名称	折旧方法	使用状况	原值	货币单位	累计折旧	净值
01010008	乘用车（2.0L）	平均年限法	在用	300 000	元	120 000	180 000
01010009	乘用车（2.0L）	平均年限法	在用	350 000	元	140 000	210 000
01010010	乘用车（2.0L）	平均年限法	在用	500 000	元	80 000	420 000
01010011	乘用车（2.5L）	平均年限法	在用	600 000	元	300 000	300 000
01010012	乘用车（2.5L）	平均年限法	在用	800 000	元	160 000	640 000
01010013	客车（19 座）	平均年限法	在用	1 000 000	元	320 000	680 000
01010014	客车（19 座）	平均年限法	在用	1 000 000	元	320 000	680 000
01010015	货车（5 吨）	平均年限法	在用	700 000	元	280 000	420 000

该上市公司所在地车船税征税标准为：乘用车（1.5L）每年 540 元/辆；乘用车（2.0L）每年 660 元/辆；乘用车（2.5L）每年 1 000 元/辆；客车（载客人数大于 9 人且小于 20 人）每年 540 元/辆；客车（载客人数大于 20 人）每年 600 元/辆；货车按自重每吨 96 元。

1 月，该上市公司法务部门统计的合同如表 9-4 所示。

表 9-4　1 月某上市公司法务部门统计合同

序号	合同名称	份数	总金额
1	购销合同	33	29 500 000
2	加工承揽合同	2	27 000 000
3	建设工程勘察设计合同	6	2 130 000
4	建筑安装工程承包合同	13	9 000 000
5	财产保险合同	1	3 500 000
6	技术合同	3	1 260 000

计算该上市公司 201×年应纳的房产税、车船税及 201×年 1 月应纳的印花税，并做相应会计处理。

第10章

环境保护税会计

【学习目标】

1. 理解环境保护税的概念及规定。
2. 掌握环境保护税的计算、会计处理。

【内容提要】

本章分为2个小节。10.1节讲授环境保护税的基本概念、规定及计算；10.2节讲授环境保护税的会计核算。

【思维导图】

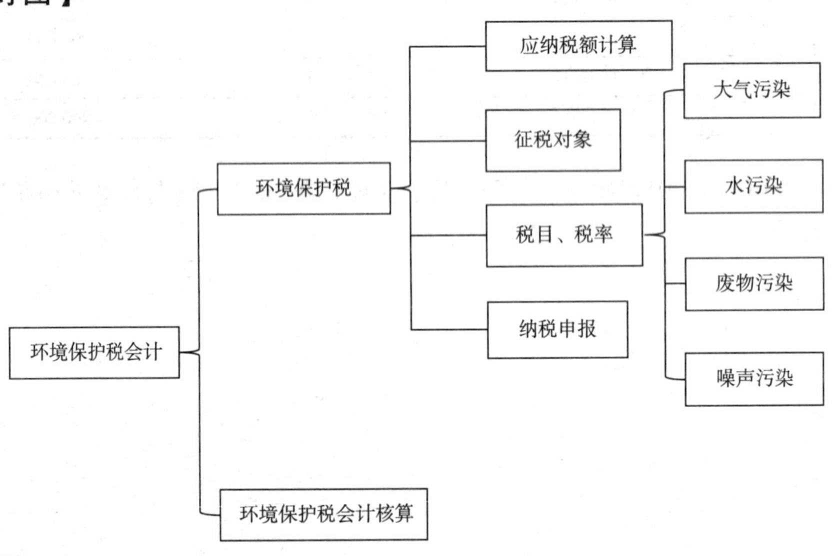

【引言】

随着生态环境的日益恶化，环境保护就显得尤为重要。但是在市场经济的发展进程中，许多商家为了降低成本增加盈利而对我们赖以生存的环境进行肆意破坏，各种污水、污染物、废气的排放及噪声影响我们正常的生活以及健康。

环境保护税的设立就是为了通过税收制度来进行对环境保护的刺激，对资源的合理利用，以及对生产经营中产生的污染进行后续完善处理，使污染者的污染行为所产生的外部不经济性内部化，从而约束污染者的污染行为，使企业负担应有的责任。

10.1 环境保护税

《中华人民共和国环境保护税法》是为了保护和改善环境，减少污染物排放，推进生态文明建设而制定的税法。应税大气污染物和水污染物的具体适用税额的确定和调整，是由省（自治区、直辖市）人民政府统筹考虑地区环境承载能力、污染物排放现状和经济社会生态发展目标要求而制定的。《环境保护税税目税额表》规定的税额幅度内提出，报同级人民代表大会常务委员会决定，并报全国人民代表大会常务委员会和国务院备案。《中华人民共和国环境保护税法》附表二规定了大气污染物、水污染物、固体污染物和噪声的污染物当量值。

10.1.1 纳税义务人

环境保护税的纳税人为在中华人民共和国领域和中华人民共和国管辖的其他海域，直接向环境排放应税污染物的企事业单位和其他生产经营者，依法设立的城乡污水集中处理、生活垃圾集中处理场所超过国家和地方规定的排放标准向环境排放应税污染物的，以及贮存或者处置固体废物不符合国家和地方环境保护标准的企事业单位和其他生产经营者，应当缴纳环境保护税。

环境保护税的纳税人不包括向依法设立的污水集中处理、生活垃圾集中处理场所排放应税污染物的，在符合国家和地方环境保护标准的设施、场所贮存或者处置固体废物的企事业单位和其他生产经营者。

10.1.2 税目及税率

我国税务活动中常见的环境保护税税目税额如表 10-1 所示。

表 10-1 环境保护税税目税额表

税目		计税单位	税额	备注
大气污染物		污染当量	1.2~12 元	
水污染物		污染当量	1.4~14 元	
固体废物	煤矸石	吨	5 元	
	尾矿	吨	15 元	
	危险废物	吨	1 000 元	
	冶炼渣、粉煤灰、炉渣、其他固体废物（含半固态、液态废物）	吨	25 元	

续表

税目		计税单位	税额	备注
噪声	工业噪声	超标 1~3 分贝	每月 350 元	（1）一个单位边界上有多处噪声超标，根据最高一处超标声级计算应纳税额；当沿边界长度超过 100 米有两处以上噪声超标，按照两个单位计算应纳税额 （2）一个单位有不同地点作业场所的，应当分别计算应纳税额，合并计征 （3）昼、夜均超标的环境噪声，昼、夜分别计算应纳税额，累计计征 （4）声源一个月内超标不足 15 天的，减半计算应纳税额 （5）夜间频繁突发和夜间偶然突发厂界超标噪声，按等效声级和峰值噪声两种指标中超标分贝值高的一项计算应纳税额
		超标 4~6 分贝	每月 700 元	
		超标 7~9 分贝	每月 1 400 元	
		超标 10~12 分贝	每月 2 800 元	
		超标 13~15 分贝	每月 5 600 元	
		超标 16 分贝以上	每月 11 200 元	

10.1.3 计税依据

环境保护税的应税大气污染物按照污染物排放量折合的污染当量数确定；应税水污染物按照污染物排放量折合的污染当量数确定；应税固体废物按照固体废物的排放量确定；应税噪声按照超过国家规定标准的分贝数确定。应税大气污染物、水污染物、固体废物的排放量和噪声的分贝数，按照下列方法和顺序计算。

（1）纳税人安装使用符合国家规定和监测规范的污染物自动监测设备的，按照污染物自动监测数据计算。

（2）按照监测规范的监测数据计算。

（3）因排放污染物种类多等原因不具备监测条件的，按照国务院环境保护主管部门规定的排污系数、物料衡算方法计算。

（4）不能按照（1）~（3）规定的方法计算的，按照省（自治区、直辖市）人民政府环境保护主管部门规定的抽样测算的方法核定计算。

具体而言，每种应税大气污染物、水污染物的具体污染当量值，依照税法所附《应税污染物和当量值表》执行，具体规定参见本章附件（附表 10-1、附表 10-2 和附表 10-3）。

10.1.4 应纳税额的计算

应税大气污染物的应纳税额=污染当量数×具体适用税额

应税水污染物的应纳税额=污染当量数×具体适用税额

应税固体废物的应纳税额=固体废物排放量×具体适用税额

应税噪声的应纳税额=超过国家规定标准的分贝数对应的具体适用税额

10.1.5 纳税义务发生时间及纳税期限

纳税义务发生时间为纳税人排放应税污染物的当日。

环境保护税按月计算，按季申报缴纳。不能按固定期限计算缴纳的，可以按次申报缴纳。纳税人申报缴纳时，应当向税务机关报送所排放应税污染物的种类、数量，大气污染物、水污染物的浓度值，以及税务机关根据实际需要要求纳税人报送的其他纳税资料。纳税人按季申报缴纳的，应当自季度终了之日起 15 日内，向税务机关办理纳税申报并缴纳税款。纳税人按次申报缴纳的，应当自纳税义务发生之日起 15 日内，向税务机关办理纳税申报并缴纳税款。

10.1.6　纳税地点

纳税人应当向应税污染物排放地的县级以上地方人民政府税务机关申报缴纳环境保护税。

10.2　环境保护税会计核算

环境保护税的会计分录为：

借：管理费用

　　贷：银行存款

本章附表

附表 10-1　第一类水污染物污染当量值

污染物	污染当量值/千克
1.总汞	0.000 5
2.总镉	0.005
3.总铬	0.04
4.六价铬	0.02
5.总砷	0.02
6.总铅	0.025
7.总镍	0.025
8.苯并（a）芘	0.000 000 3
9.总铍	0.01
10.总银	0.02

附表 10-2　第二类水污染物污染当量值

污染物	当量值/千克	污染物	当量值/千克
11.悬浮物	4	19.硫化物	0.125
12.生化需氧量（BOD_5）	0.5	20.氨氮	0.8
13.化学需氧量（COD）	1	21.氟化物	0.5
14.总有机碳（TOC）	0.49	22.甲醛	0.125
15.石油类	0.1	23.苯胺类	0.2
16.动植物油	0.16	24.硝基苯类	0.2
17.挥发酚	0.08	25.阴离子表面活性剂（LAS）	0.2
18.氰化物	0.05	26.总铜	0.1

续表

污染物	当量值/千克	污染物	当量值/千克
27.总锌	0.2	35.马拉硫磷	0.05
28.总锰	0.2	36.对硫磷	0.05
29.彩色显影剂（CD-2）	0.2	37.五氯酚及五氯酚钠	0.25
30.总磷	0.25	38.三氯甲烷	0.04
31.元素磷（以P计）	0.05	39.可吸附有机卤化物（AOX）（以Cl计）	0.25
32.有机磷农药（以P计）	0.05	40.四氯化碳	0.25
33.乐果	0.05	41.三氯已烯	0.04
34.甲基对硫磷	0.05		

附表 10-3　大气污染物污染当量值

污染物	当量值/千克	污染物	当量值/千克
1. 二氧化硫	0.95	23.二甲苯	0.27
2. 氮氧化物	0.95	24.苯并（a）芘	0.000 002
3. 一氧化碳	16.7	25.甲醛	0.09
4. 氯气	0.34	26.乙醛	0.45
5. 氯化氢	10.75	27.丙烯醛	0.06
6. 氟化物	0.87	28.甲醇	0.67
7. 氰化氢	0.005	29.酚类	0.35
8. 硫酸雾	0.6	30.沥青烟	0.19
9. 铬酸雾	0.000 7	31.苯胺类	0.21
10.汞及其化合物	0.000 1	32.氯苯类	0.72
11.一般性粉尘	4	33.硝基苯	0.17
12.石棉尘	0.53	34.丙烯腈	0.22
13.玻璃棉尘	2.13	35.氯乙烯	0.55
14.碳黑尘	0.59	36.光气	0.04
15.铅及其化合物	0.02	37.硫化氢	0.29
16.镉及其化合物	0.03	38.氨	9.09
17.铍及其化合物	0.000 4	39.三甲胺	0.32
18.镍及其化合物	0.13	40.甲硫醇	0.04
19.锡及其化合物	0.27	41.甲硫醚	0.28
20.烟尘	2.18	42.二甲二硫	0.28
21.苯	0.05	43.苯乙烯	25
22.甲苯	0.18	44.二硫化碳	20

◆本章小结

本章主要介绍了如下内容。

（1）环境保护税：纳税义务人、税目及税率、计税依据、应纳税额的计算、纳税义务发生时间及纳税期限、纳税地点。

（2）环境保护税会计核算。

参 考 文 献

安仲文，蒙丽珍. 2013. 纳税会计实务[M]. 大连：东北财经大学出版社.

财政部会计资格评价中心. 2016. 初级会计实务[M]. 北京：中国财政经济出版社.

盖地. 2008. 税务筹划[M]. 第二版. 北京：首都经济贸易大学出版社.

盖地. 2013. 税务会计[M]. 第八版. 北京：首都经济贸易大学出版社.

计金标. 2012. 税收筹划[M]. 第四版. 北京：中国人民大学出版社.

李克桥，安存红. 2012. 税务会计[M]. 北京：北京大学出版社.

梁俊娇. 2014. 纳税会计[M]. 第六版. 北京：中国人民大学出版社.

刘捷. 2013. 税务会计实务[M]. 第二版. 北京：电子工业出版社.

刘萍. 2014. 进出口企业税收筹划探究[J]. 中外企业家，（27）：42-43.

毛夏鸾. 2010. 税务会计[M]. 北京：机械工业出版社.

潘兆国. 2013. 税务会计[M]. 厦门：厦门大学出版社.

企业会计准则编审委员会. 2015. 企业会计准则[M]. 上海：立信会计出版社.

宋霞. 2012. 税务会计[M]. 北京：清华大学出版社.

王迪，张春风. 2012. 税务会计（修订本）[M]. 北京：清华大学出版社，北京交通大学出版社.

王树锋，汪永忠. 2015. 纳税会计与税收筹划[M]. 北京：机械工业出版社.

杨虹. 2012. 中国税制[M]. 北京：中国人民大学出版社.

余海宗. 2014. 纳税会计[M]. 成都：西南财经大学出版社.

张国永，钱东红. 2014. 资源税会计与纳税筹划[M]. 武汉：武汉理工大学出版社.

中国注册会计师协会. 2015. 税法[M]. 北京：经济科学出版社.

中国注册会计师协会. 2016a. 会计[M]. 北京：中国财政经济出版社.

中国注册会计师协会. 2016b. 税法[M]. 北京：经济科学出版社.